Zivilprozessrecht

Pfändung und Vollstreckung im Grundbuch

Rechtsgemeinschaften
Rechte am Grundstück
Zwangssicherungshypothek
Arresthypothek

4. Auflage 2015

von

Professor Dipl.-Rechtspfleger **Udo Hintzen**, Berlin

Zitiervorschlag:
Hintzen, Pfändung und Vollstreckung im Grundbuch, § 1 Rn 1

Hinweis
Die Formulierungsbeispiele in diesem Buch wurden mit Sorgfalt und nach bestem Wissen erstellt. Sie stellen jedoch lediglich Arbeitshilfen und Anregungen für die Lösung typischer Fallgestaltungen dar. Die Eigenverantwortung für die Formulierung von Verträgen, Verfügungen, Schriftsätzen etc. trägt der Benutzer. Autor und Verlag übernehmen keinerlei Haftung für die Richtigkeit und Vollständigkeit der in dem Buch enthaltenen Ausführungen und Formulierungsbeispiele.

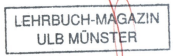

Anregungen und Kritik zu diesem Werk senden Sie bitte an
kontakt@zap-verlag.de
Autor und Verlag freuen sich auf Ihre Rückmeldung.

www.zap-verlag.de
Alle Rechte vorbehalten.
© ZAP Verlag GmbH, Wachsbleiche 7, 53111 Bonn

Satz: Griebsch + Rochol Druck GmbH, Hamm
Druck: Medienhaus Plump GmbH, Rheinbreitbach
Umschlaggestaltung: gentura, Holger Neumann, Bochum
ISBN 978-3-89655-789-6

Das Werk einschließlich aller seiner Teile ist urheberrechtlich geschützt. Jede Verwertung außerhalb der engen Grenzen des Urheberrechtsgesetzes ist ohne Zustimmung des Verlages unzulässig und strafbar. Das gilt insbesondere für Vervielfältigungen, Übersetzungen, Mikroverfilmungen und die Einspeicherung und Verarbeitung in elektronische Systeme.

Bibliografische Information der Deutschen Nationalbibliothek
Die Deutsche Nationalbibliothek verzeichnet diese Publikation in der Deutschen Nationalbibliografie; detaillierte bibliografische Daten sind im Internet abrufbar über http://dnb.d-nb.de.

Vorwort

Die Zwangsvollstreckung in Vermögensrechte, die sich aus dem Grundbuch ergeben bzw. sich auf das Grundstück beziehen, wird nur selten in Anspruch genommen. Der Grund liegt möglicherweise in den praktischen und rechtlichen Problemen, die aus der Verzahnung des allgemeinen Zwangsvollstreckungsrechts mit Fragen des materiellen und formellen Grundbuchrechts und nicht zuletzt mit dem Recht der Zwangsversteigerung resultieren. Diese äußerst komplexen Fragen sind nicht immer einfach und eindeutig zu beantworten.

Die Rechtspfändung und mögliche Sicherung im Grundbuch bietet aber durchaus vielversprechende Realisierungschancen, die der Gläubiger nicht ungenutzt lassen sollte. Das vorliegende Werk stellt eine praktische Anleitung zur Vorgehensweise bei der Pfändung von Vermögens- und Auseinandersetzungsansprüchen dar, erläutert die Möglichkeiten der Absicherung im Grundbuch und behandelt Fragen des Antragsrechts zur Auseinandersetzungsversteigerung. Neben den Themenkomplexen Rechtsgemeinschaft und Rechte am Grundstück werden auch die Zwangssicherungshypothek und die Arresthypothek ausführlich erläutert.

Das Werk will dem Gläubiger eine praxisgerechte Hilfestellung geben. Mit Übersichten, hervorgehobenen taktischen Hinweisen und Formulierungsvorschlägen erhält der Leser alle wichtigen Informationen und Hilfsmittel. Der Leitfaden orientiert sich an der aktuellen Rechtsprechung, insbesondere des BGH. Bei der Auswahl der Pfändungsmöglichkeiten sind nur die Vollstreckungsansprüche intensiver erörtert, die bei der Auswertung des Grundbuchs in der Praxis auch tatsächlich vorkommen.

Dem Verlag gilt mein Dank für die Herausgabe und Betreuung dieses Werkes sowie der Werke „Vollstreckung durch den Gerichtsvollzieher", „Forderungspfändung" und „Zwangsversteigerung von Immobilien".

Kritik und Anregungen aus der Leserschaft werden jederzeit dankbar entgegengenommen.

Berlin, im Dezember 2014 *Udo Hintzen*

Inhaltsverzeichnis

Vorwort 5
Abkürzungsverzeichnis 13
Literaturverzeichnis 19

§ 1 Pfändung in Rechtsgemeinschaften 21
  A. Einleitung 21
    I. Erbenermittlung 21
    II. Nachlassgläubiger – Eigengläubiger 22
  B. Miterbenanteil 26
    I. Erbengemeinschaft 26
      1. Auseinandersetzungsanspruch 26
      2. Künftiger Erbanteil 27
      3. Nacherbschaft 27
      4. Pflichtteilsanspruch 28
    II. Pfändung 29
      1. Verfahren 29
      2. Pfändungsumfang und -wirkung 30
      3. Übertragung trotz Pfändung 31
        a) Nachlassanteil 31
        b) Einzelner Nachlassgegenstand 32
    III. Sicherung des Pfandrechts 32
      1. Eintragung im Grundbuch 32
      2. Vorpfändung 33
      3. Grundbuchsperre 34
      4. Mehrfache Pfändungen 35
    IV. Verwertung 35
      1. Verfahren 35
      2. Rechte des Gläubigers 36
      3. Rechtsgeschäftliche Verwertung 37
      4. Zwangsweise Verwertung 38
        a) Teilungsversteigerung 38
        b) Antragsrecht 38
        c) Anfechtung der Erbteilsübertragung 39
        d) Großes – Kleines Antragsrecht 40
        e) Vor- und Nacherbfolge 40
        f) Wirkung der Auseinandersetzungsversteigerung 41
      5. Anderweitige Verwertung 41
    V. Formulierungsvorschläge für die Pfändung 42

Inhaltsverzeichnis

C. Gesellschaft bürgerlichen Rechts	43
I. Gesellschaftsanteil	43
II. Pfändung	44
1. Die GbR als „juristische Person"	44
2. Pfändungsverfahren	46
3. Wirkung der Pfändung	46
4. Rechte des Gläubigers	47
5. Gewinnanteil	47
6. Kündigungsrecht	48
III. Sicherung des Pfandrechts	48
IV. Verwertung	50
1. Verfahren	50
2. Rechtsgeschäftliche Verwertung	50
3. Zwangsweise Verwertung	51
a) Teilungsversteigerung	51
b) Ehegattenzustimmung	53
V. Formulierungsvorschlag für die Pfändung	53
D. Bruchteilsgemeinschaft	54
I. Auseinandersetzungsanspruch	54
1. Zugewinngemeinschaft	54
2. Besonderheit: Neue Bundesländer	55
II. Pfändung	56
1. Verfahren	56
2. Pfändungswirkung und -sicherung	56
III. Verwertung	57
1. Teilungsversteigerung	57
2. Anfechtung der Anteilsübertragung	58
3. Zustimmung des Ehegatten	58
4. Besonderheit: Nießbrauch	59
a) 1. Möglichkeit	59
b) 2. Möglichkeit	59
c) 3. Möglichkeit	60
IV. Formulierungsvorschlag für die Pfändung	60
§ 2 Dingliche Vermögensrechte – Rechte der Abt. II im Grundbuch	63
A. Dienstbarkeit	63
B. Nießbrauch	63
I. Ausübungsrecht	63
II. Pfändung	64
III. Sicherung der Pfändung	65
IV. Verwertung	66
V. Besonderheit: Insolvenz	67

C. Beschränkte persönliche Dienstbarkeit 67
    I. Ausübungsrecht 67
    II. Pfändung 69
    III. Sicherung der Pfändung 69
    IV. Verwertung 69
        1. Kündigung 70
        2. Besonderheit: Wertersatz 70
        3. Insolvenz 70
D. Vorkaufsrecht 71
    I. Übertragungsrecht 71
    II. Pfändung 71
    III. Sicherung der Pfändung 72
    IV. Verwertung 72
E. Reallast 72
    I. Subjektiv dingliche Reallast 73
        1. Pfändung 73
        2. Sicherung 74
        3. Verwertung 74
    II. Subjektiv persönliche Reallast 75
        1. Pfändung und Sicherung 75
        2. Verwertung 75
        3. Besonderheit: Altenteil 75
F. Altenteil 76
    I. Rechtemehrheit 76
    II. Pfändung und Verwertung 76
G. Erbbaurecht 76
H. Erbbauzins 78
    I. Pfändung 79
    II. Sicherung und Verwertung 79
I. Dauerwohnrecht/Dauernutzungsrecht 79
    I. Pfändung 79
    II. Verwertung 80
J. Vormerkung 80
K. Rangvorbehalt 80
L. Wiederkaufsrecht 81
    I. Pfändung und Sicherung 81
    II. Verwertung 81
M. Formulierungsvorschläge für die Pfändung 82

§ 3 Eigentumverschaffungsanspruch – Anwartschaftsrecht 89

- A. Vor der Auflassung 89
  - I. Eigentumverschaffungsanspruch 89
  - II. Pfändung 90
    - 1. Verfahren 90
    - 2. Sequesterbestellung 90
    - 3. Aufgaben des Sequesters 91
  - III. Sicherung der Pfändung 92
    - 1. Vermerk bei der Auflassungsvormerkung 92
    - 2. Praktische Fallgestaltungen 93
    - 3. Wirkung des Pfändungsvermerks 94
  - IV. Die Sicherungshypothek 95
- B. Nach der Auflassung 95
  - I. Anwartschaftsrecht 95
  - II. Praktische Fallgestaltungen 96
  - III. Pfändung 99
  - IV. Sicherung der Pfändung 99
  - V. Doppelpfändung 100
  - VI. Rang der Sicherungshypothek 100
  - VII. Beispiele 101
  - VIII. Verwertung 104
  - IX. Mehrfache Pfändung 104
  - X. Formulierungsvorschläge für die Pfändung 105

§ 4 Pfändung von Grundpfandrechten 109

- A. Hypothek 109
  - I. Pfändung der Hypothekenforderung 109
  - II. Überweisung der Hypothekenforderung 110
  - III. Rückständige Hypothekenzinsen 111
  - IV. Einheitsbeschluss von Pfändung und Überweisung 111
  - V. Herausgabe des Hypothekenbriefs 114
    - 1. Brief befindet sich beim Schuldner 114
    - 2. Brief befindet sich bei einem Dritten 115
    - 3. Teilpfändung und Briefbesitz 116
  - VI. Vorpfändung 117
  - VII. Grundbucheintragung 117
  - VIII. Verwertung durch Zwangsversteigerung 117
- B. Grundschuld 118
  - I. Fremdgrundschuld 118
    - 1. Pfändung 118
    - 2. Einheitsbeschluss von Pfändung und Überweisung 119
    - 3. Verwertung 119

II.	Eigentümergrundschuld	120
	1. Offene Eigentümergrundschuld	120
	2. Pfändung	120
	3. Verwertung	121
III.	Vorläufige Eigentümergrundschuld	121
IV.	Künftiges Eigentümerrecht	122
	1. Pfändung	123
	2. Briefrecht	123
	3. Teilpfändung	124
	4. Buchrecht	124
C. Rückgewähransprüche		126
I.	Wahlmöglichkeiten	126
II.	Pfändung	128
III.	Pfändbare Ansprüche	128
IV.	Verwertung	129
V.	Wirkung der Pfändung	130
VI.	Wirkung der Erfüllung des Rückgewähranspruchs	131
	1. Aufhebung der Grundschuld	131
	2. Rückübertragung der Grundschuld	132
	3. Verzicht auf die Grundschuld	132
VII.	Sicherung der Pfändung	134
VIII.	Abgetretene Rückgewähransprüche	134
	1. Pfändbarer Anspruch	135
	2. Weiter abgetretener Rückgewähranspruch	135
	3. Praktische Anwendung	135
	4. Verwertung	136
	5. Auswirkungen bei „Einzel"-Vollstreckung	136
IX.	Formulierungsvorschläge für die Pfändung	147

§ 5 Zwangssicherungshypothek ... 149

A. Das Grundbuch als Vollstreckungsorgan		149
B. Der Eintragungsantrag		150
I.	Belastungsgegenstand	150
II.	Rechtsschutzinteresse	151
III.	Zeitpunkt des Antragseingangs	152
IV.	Inhalt des Antrags	153
V.	Antragsrücknahme	153
C. Vollstreckungsvoraussetzungen		154
I.	Titel	154
	1. Titelarten	154
	2. Zinsen im Titel	155
	3. Währung	156
	4. Weitere Besonderheiten	157

Inhaltsverzeichnis

  II. Klausel 158
  III. Zustellung 160
  IV. Sicherungsvollstreckung 161
  V. Fälligkeit 161
  VI. Sicherheitsleistung 161
  VII. Zug-um-Zug-Leistung 162
  VIII. Wartefristen 163
  IX. Mindestgrenze 163
  X. Verteilungserklärung 164
    1. Wahlrecht des Gläubigers 164
    2. Besonderheit: Hausgeldansprüche 165
    3. Fehlende Verteilungserklärung 166
D. Voreintragung 168
E. Gläubiger – mehrere Titelgläubiger 168
F. Eintragungshindernisse 171
  I. Vollstreckungsbeschränkung 171
  II. Vollstreckungshindernisse 172
G. Rechtsbehelf 174
H. Vollstreckung aus der Zwangssicherungshypothek 174
I. Formulierungsvorschlag für die Eintragung einer Zwangssicherungshypothek 175
J. Checkliste 176

§ 6 Arresthypothek 177

A. Grundlagen 177
B. Das Grundbuch als Vollstreckungsorgan 177
C. Rechtsnatur der Arresthypothek 177
D. Eintragungsantrag 178
E. Vollstreckungsvoraussetzungen 178
  I. Titel 178
  II. Klausel 178
  III. Zustellung 178
  IV. Vollziehungsfrist 179
  V. Sicherheitsleistung 180
  VI. Mindestgrenze 180
  VII. Verteilungserklärung 180
F. Voreintragung 180
G. Mehrere Gläubiger 180
H. Eintragungshindernisse 180
I. Rechtsbehelf 181
J. Vollstreckung aus der Arresthypothek 181
K. Formulierungsvorschlag für die Eintragung einer Arresthypothek 182

Stichwortverzeichnis 183

Abkürzungsverzeichnis

a.A.	anderer Ansicht
a.a.O.	am angeführten Ort
Abl.	Amtsblatt
abl.	ablehnend
Abs.	Absatz
Abschn.	Abschnitt
Abt.	Abteilung
abw.	abweichend
AcP	Archiv für die civilistische Praxis (Zs.)
a.E.	am Ende
a.F.	alte Fassung
AG	Amtsgericht
AktG	Aktiengesetz
allg.M.	allgemeine Meinung
Alt.	Alternative
a.m.	anderer Meinung
AnfG	Anfechtungsgesetz
Anh.	Anhang
Anl.	Anlage
Anm.	Anmerkung
AnwBl	Anwaltsblatt (Jahr und Seite)
AO	Abgabenordnung
ArbG	Arbeitsgericht
ArbGG	Arbeitsgerichtsgesetz
Art.	Artikel
Aufl.	Auflage
AV	Allgemeine Verfügung
BAnz.	Bundesanzeiger
BauGB	Baugesetzbuch
BayObLG	Bayerisches Oberstes Landesgericht
BayObLGZ	Amtliche Sammlung des Bayerischen Obersten Landesgerichts in Zivilsachen (Bd. und Seite)
BB	Betriebs-Berater (Jahr und Seite)
Bd.	Band
bestr.	bestritten
Betrieb	Der Betrieb (Jahr und Seite)
BeurkG	Beurkundungsgesetz
BFH	Bundesfinanzhof
BGB	Bürgerliches Gesetzbuch

Abkürzungsverzeichnis

BGBl. I/II	Bundesgesetzblatt Teil I/Teil II
BGH	Bundesgerichtshof
BGHZ	Entscheidungssammlung des BGH in Zivilsachen
Bl.	Blatt
BR-Drucks.	Bundesratsdrucksache
Bsp.	Beispiel
BT-Drucks.	Bundestagsdrucksache
BtG	Betreuungsgesetz
BVerfG	Bundesverfassungsgericht
BVerfGE	Bundesverfassungsgericht Entscheidungssammlung
BVerwG	Bundesverwaltungsgericht
BWNotZ	Baden Württembergische Notarzeitschrift
bzw.	beziehungsweise
DB	Der Betrieb (Jahr und Seite)
DDR-FGB	Familiengesetzbuch der DDR
DGVZ	Deutsche Gerichtsvollzieher-Zeitschrift (Jahr und Seite)
d.h.	das heißt
Diss.	Dissertation
DNotZ	Deutsche Notarzeitschrift (Jahr und Seite)
DtZ	Deutsch-Deutsche Rechts-Zeitschrift (Zs.)
DWW	Deutsche Wohnungswirtschaft
DZWIR	Deutsche Zeitschrift für Wirtschafts- und Insolvenzrecht
EFG	Eigentumsfristengesetz
EG	Europäische Gemeinschaft
EGBGB	Einführungsgesetz zum BGB
EGInsO	Einführungsgesetz zur Insolvenzordnung
EG-ZGB	Einführungsgesetz zum Zivilgesetzbuch der DDR
EGZVG	Einführungsgesetz zum ZVG
Einl.	Einleitung
einschl.	einschließlich
ErbbauRG	Gesetz über das Erbbaurecht
EStG	Einkommensteuergesetz
EU	Europäische Union
EuroEG	Euro-Einführungsgesetz
e.V.	eingetragener Verein
evtl.	eventuell
EWiR	Entscheidungen zum Wirtschaftsrecht (Jahr und Seite)
f.	folgend
FamRZ	Zeitschrift für das gesamte Familienrecht (Jahr und Seite)
ff.	folgende
FGB-DDR	Familiengesetzbuch der DDR

Abkürzungsverzeichnis

FGG	Gesetz über die freiwillige Gerichtsbarkeit
FlurbG	Flurbereinigungsgesetz
Fn.	Fußnote
FS	Festschrift
GBA	Grundbuch(amt)gericht
GBBerG	Grundbuchbereinigungsgesetz v. 20.12.1993 (BGBl. I, 2192)
GBMaßnG	Grundbuchmaßnahmengesetz
GBO	Grundbuchordnung
GBV	Grundbuchverfügung (Neufassung v. 24.1.1995, BGBl. I, 114)
gem.	gemäß
GesO	Gesamtvollstreckungsordnung
GG	Grundgesetz
ggf.	gegebenenfalls
GKG	Gerichtskostengesetz
GmbHG	Gesetz über die Gesellschaft mit beschränkter Haftung
GNotKG	Gesetz über Kosten der freiwilligen Gerichtsbarkeit für Gerichte und Notare (Gerichts- und Notarkostengesetz)
GrdStVG	Grundstücksverkehrsgesetz
GVG	Gerichtsverfassungsgesetz
GVGA	Geschäftsanweisung für Gerichtsvollzieher
HGB	Handelsgesetzbuch
HinterlG	Hinterlegungsgesetz
h.M.	herrschende Meinung
HöfeO	Höfeordnung
HRR	Höchstrichterliche Rechtsprechung (Entscheidungssammlung)
Halbs.	Halbsatz
i.d.F.	in der Fassung
i.d.R.	in der Regel
InsO	Insolvenzordnung
InVo	Insolvenz & Vollstreckung (Zs.) (erscheint nicht mehr)
i.S.	im Sinne
i.V.m.	in Verbindung mit
JBeitrO	Justizbeitreibungsordnung
jew.	jeweils
JFG	Jahrbuch für Entscheidungen in Angelegenheiten der Freiwilligen Gerichtsbarkeit und des Grundbuchrechts (Bd. und Seite)
JMBl.	NW Justizministerialblatt Nordrhein-Westfalen (Jahr und Seite)
JR	Juristische Rundschau (Jahr und Seite)
JurBüro	Das Juristische Büro (Jahr und Seite)
JuS	Juristische Schulung (Zs.)
JZ	Juristenzeitung (Jahr und Seite)

Abkürzungsverzeichnis

Kap.	Kapitel
KfB	Kostenfestsetzungsbeschluss
KG	Kammergericht in Berlin
KGJ	Jahrbuch für Entscheidungen des Kammergerichts (Bd. und Seite)
KKZ	Kommunal Kassenzeitschrift (Jahr und Seite)
KostO	Kostenordnung (ersetzt durch GNotKG)
krit.	kritisch
KTS	Zeitschrift für das Konkurs-, Treuhand- und Schiedsgerichtswesen (Jahr und Seite)
L	Leitsatz
LAG	Landesarbeitsgericht
lfd. Nr.	laufende Nummer
LG	Landgericht
LPG	Landwirtschaftliche Produktionsgenossenschaft
m. Anm.	mit Anmerkung
MDR	Monatsschrift für Deutsches Recht (Jahr und Seite)
m.E.	meines Erachtens
MittBayNot	Mitteilungen des Bayerischen Notarvereins (Jahr und Seite)
Mittlg.	Mitteilungen
MittRhNotK	Mitteilungen der Rheinischen Notarkammer (Jahr und Seite)
MünchKomm	Münchener Kommentar
m.w.N.	mit weiteren Nachweisen
NdsRpfl	Niedersächsische Rechtspflege (Jahr und Seite)
n.F.	neue Fassung
NJ	Neue Justiz (Zs.)
NJW	Neue Juristische Wochenschrift (Jahr und Seite)
NJW-RR	NJW Rechtsprechungs-Report (Jahr und Seite)
NJWE-FER	NJW-Entscheidungsdienst Familien- und Erbrecht
Nr.	Nummer
NZA	Neue Zeitschrift für Arbeitsrecht
NZI	Neue Zeitschrift für das Recht der Insolvenz und Sanierung
NZM	Neue Zeitschrift für Miet- und Wohnungsrecht
OHG	Offene Handelsgesellschaft
OLG	Oberlandesgericht
OLGE	s. OLGRspr.
OLGRspr.	Rechtsprechung der OLG in Zivilsachen
OLGZ	Entscheidungen der OLG in Zivilsachen (Jahr und Seite)
PartG	Partnerschaftsgesellschaft
PartGG	Partnerschaftsgesellschaftsgesetz
PKH	Prozesskostenhilfe

Abkürzungsverzeichnis

Prot.	Protokoll
RAG	Rechtsanwendungsgesetz
RegVBG	Registerverfahrensbeschleunigungsgesetz
RG	Reichsgericht
Rg.	Rang
Rg.-Kl.	Rangklasse
RGZ	Sammlung der Reichsgerichtsrechtsprechung in Zivilsachen (Bd. und Seite)
RHeimStG	Reichsheimstättengesetz
RNotZ	Rheinische Notar-Zeitschrift (vormals: Mitteilungen der Rheinischen Notarkammer)
Rn	Randnummer
Rpfleger	Der Deutsche Rechtspfleger (Jahr und Seite)
RPflG	Rechtspflegergesetz
RSG	Reichssiedlungsgesetz
RVG	Rechtsanwaltsvergütungsgesetz
RVO	Reichsversicherungsordnung
S.	Seite oder Satz
s.	siehe
SachenRÄndG	Sachenrechtsänderungsgesetz
SachenRBerG	Sachenrechtsbereinigungsgesetz
SchlHA	Schleswig-Holsteinische Anzeigen (Jahr und Seite)
sog.	so genannte
Sp.	Spalte
StGB	Strafgesetzbuch
str.	streitig
ThürOLG	Oberlandesgericht Thüringen
u.a.	unter anderem
UdG	Urkundsbeamter der Geschäftsstelle
UG	Unternehmergesellschaft (haftungsbeschränkt)
v.A.w.	von Amts wegen
VerbrKrG	Verbraucherkreditgesetz
VermG	Gesetz zur Regelung offener Vermögensfragen
VersR	Versicherungsrecht (Jahr und Seite)
VG	Verwaltungsgericht
VGH	Verwaltungsgerichtshof
vgl.	vergleiche
VKH	Verfahrenskostenhilfe
VIZ	Zeitschrift für Vermögens- und Investitionsrecht (Jahr und Seite)
VO	Verordnung

Abkürzungsverzeichnis

VwGO	Verwaltungsgerichtsordnung
WährG	Währungsgesetz
WEG	Wohnungseigentumsgesetz
WM	Wertpapiermitteilungen (Jahr und Seite)
WRP	Wettbewerb in Recht und Praxis (Jahr und Seite)
WuM	Wohnungswirtschaft und Mietrecht (Jahr und Seite)
z.B.	zum Beispiel
ZAP	Zeitschrift für die Anwaltspraxis (Jahr und Seite)
ZEV	Zeitschrift für Erbrecht und Vermögensnachfolge (Jahr und Seite)
ZfIR	Zeitschrift für Immobilienrecht (Jahr und Seite)
ZGS	Zeitschrift für das gesamte Schuldrecht (Jahr und Seite)
ZInsO	Zeitschrift für das gesamte Insolvenzrecht (Jahr und Seite)
ZIP	Zeitschrift für Wirtschaftsrecht und Insolvenzpraxis (Jahr und Seite)
ZMR	Zeitschrift für Miet- und Raumrecht (Jahr und Seite)
ZNotP	Zeitschrift für die NotarPraxis (Jahr und Seite)
ZOV	Zeitschrift für offene Vermögensfragen (Jahr und Seite)
ZPO	Zivilprozessordnung
ZVG	Gesetz über die Zwangsversteigerung und Zwangsverwaltung
ZZP	Zeitschrift für Zivilprozeß (Jahr und Seite)

Literaturverzeichnis

Arnold/Meyer-Stolte/Herrmann/Rellermeyer/Hintzen, Rechtspflegergesetz, Kommentar, 7. Aufl., 2009; zitiert: Arnold/Meyer-Stolte/*Bearbeiter*

Bauer/von Oefele, Kommentar zur GBO, 3. Aufl., 2013

Baumbach/Lauterbach/Albers/Hartmann, Kommentar zur ZPO, 72. Aufl., 2014; zitiert: Baumbach/*Bearbeiter*

Böhringer, Besonderheiten des Liegenschaftsrechts in den neuen Bundesländern, 1994

Böttcher, ZVG, Kommentar, 5. Aufl., 2010

ders., Zwangsvollstreckung im Grundbuch, 2. Aufl., 2002

Brox/Walker, Zwangsvollstreckungsrecht, 10. Aufl., 2014

Clemente, Recht der Sicherungsgrundschuld, 4. Aufl., 2008

Dassler/Schiffhauer/Hintzen/Engels/Rellermeyer, Zwangsversteigerungsrecht, 14. Aufl., 2013; zitiert: Dassler/Schiffhauer/*Bearbeiter*

Demharter, Grundbuchordnung, 29. Aufl., 2014

Depré/Mayer, Die Praxis der Zwangsverwaltung, 7. Aufl., 2013

Diepold/Hintzen, Musteranträge Pfändung und Überweisung, 10. Aufl., 2015

Gaul/Schilken/Becker-Eberhard, Zwangsvollstreckungsrecht, 12. Aufl., 2010

Haarmeyer/Hintzen Handbuch zur Zwangsverwaltung, 3. Aufl., 2012

Haarmeyer/Wutzke/Förster/Hintzen, Zwangsverwaltung, Kommentar, 5. Aufl., 2011

Hintzen, Forderungspfändung, 3. Aufl., 2008 (Neuauflage in Vorbereitung für 2015)

ders., Vollstreckung durch den Gerichtsvollzieher, 3. Aufl., 2008 (Neuauflage in Vorbereitung für 2015)

ders., Versteigerung von Immobilien, 2. Aufl., 2009 (Neuauflage in Vorbereitung für 2015)

Hintzen/Wolf, Zwangsvollstreckung, Zwangsversteigerung und Zwangsverwaltung, Handbuch, 2006

HK-InsO, Heidelberger Kommentar zur Insolvenzordnung, 7. Aufl., 2014

Ingenstau/Hustedt, Erbbaurechtsgesetz, 10. Aufl., 2014

Jennißen, Kommentar zum WEG, 4. Aufl., 2015

Korintenberg/Wenz, Zwangsversteigerungsgesetz, 6. Aufl., 1934

Kuntze/Ertl/Herrmann/Eickmann, Grundbuchrecht, 6. Aufl., 2006; zitiert: K/E/H/E/*Bearbeiter*

Meikel, Grundbuchrecht, 10. Aufl., 2009; zitiert: Meikel/*Bearbeiter*

Münchener Kommentar zum Bürgerlichen Gesetzbuch, 6. Aufl.; zitiert: MüKo/*Bearbeiter* BGB

Literaturverzeichnis

Münchener Kommentar zur Insolvenzordnung, 3. Aufl., 2013; zitiert: MüKo/ *Bearbeiter* InsO

Münchener Kommentar zur Zivilprozessordnung, 4. Aufl., 2012; zitiert: MüKo/ *Bearbeiter* ZPO

Musielak, Zivilprozessordnung, Kommentar, 11. Aufl., 2014

Niedenführ/Kümmel/Vandenhouten, WEG, 10. Aufl., 2013

Palandt, Kurzkommentar zum BGB, 73. Aufl., 2014; zitiert: Palandt/*Bearbeiter*

Prütting/Gehrlein, Kommentar zur ZPO, 25. Aufl. 2013; zitiert: Prütting/*Bearbeiter*

Prütting/Wegen/Weinreich, Kommentar zum BGB, 8. Aufl., 2013; zitiert: Prütting/ *Bearbeiter*

Riecke/Schmid, Kommentar zum WEG, 4. Aufl., 2014

Schneider/Herget, Streitwert, Kommentar, 13. Aufl., 2011

Schöner/Stöber, Grundbuchrecht, 15. Aufl., 2012

Schröder/Bergschneider, Familienvermögensrecht, 2. Aufl., 2007

Schuschke/Walker, Vollstreckung und Vorläufiger Rechtsschutz, 5. Aufl., 2011

Soergel, Bürgerliches Gesetzbuch, 13. Aufl.; zitiert: Soergel/*Bearbeiter*

Staudinger, Kommentar zum Bürgerlichen Gesetzbuch, 13. Bearbeitung; zitiert: Staudinger/*Bearbeiter*

Stein/Jonas, Kommentar zur ZPO, 22. Aufl., 2013; zitiert: StJ/*Bearbeiter*

Stöber, Forderungspfändung, 16. Aufl., 2013

ders., Zwangsversteigerungsgesetz, Kommentar, 20. Aufl., 2012

Storz/Kiderlen, Praxis des Zwangsversteigerungsverfahrens, 12. Aufl., 2014

dies., Praxis der Teilungsversteigerung, 5 Aufl., 2011

Thomas/Putzo, Kommentar zur ZPO, 35. Aufl., 2014

Uhlenbruck, Insolvenzordnung, 13. Aufl., 2010

Weitnauer, Wohnungseigentumsgesetz, 10. Aufl., 2015

Wieczorek, ZPO, Kommentar, 4. Aufl., 2014

Zimmermann, ZPO, Kommentar, 9. Aufl., 2011

Zöller, Kommentar zur ZPO, 30. Aufl., 2014; zitiert: Zöller/*Bearbeiter*

§ 1 Pfändung in Rechtsgemeinschaften

A. Einleitung

I. Erbenermittlung

Zwangsvollstreckungen dauern oft über Jahre und Jahrzehnte an. Hin und wieder kommt es zu der Situation, dass der Schuldner verstirbt, bevor der Gläubiger seinen titulierten Anspruch beitreiben konnte. Zwar kann der Gläubiger eine Zwangsvollstreckung, die zzt. des Todes des Schuldners begonnen hat, ohne Klauselumschreibung und erneute Zustellung in seinen Nachlass fortsetzen (§ 779 Abs. 1 ZPO),[1] jedoch muss ihm der Nachlass auch bekannt sein. Regelmäßig wird der Gläubiger zunächst die Erben ermitteln, um dann den Titel gegen den oder die Erben umschreiben zu lassen (§ 727 ZPO).

Um den **Tod des Schuldners** festzustellen, kann der Gläubiger

- beim Einwohnermeldeamt (erweiterte Melderegisterauskunft),
- beim Nachlassgericht, wo der Schuldner zuletzt gewohnt hat,
- beim Standesamt des Geburtsortes des Schuldners, da dieses von dem Standesamt des Sterbeortes informiert wird und
- vorsichtshalber auch beim Standesamt des letzten Wohnsitzes des Schuldners

nachfragen.[2]

Wurde die Geburt nicht im Geltungsbereich des Grundgesetzes beurkundet, hat jahrzehntelang die Hauptkartei für Testamente beim AG Schöneberg die Funktion des Geburtsstandesamts eines Erblassers übernommen. Beim AG Schöneberg wurden vor dem 1.1.2012 Verwahrungsnachrichten für erbfolgerelevante Urkunden registriert, wenn der Erblasser nicht im Inland geboren war, wozu zu Zeiten der deutschen Teilung auch das Gebiet der ehemaligen DDR gehörte. Für Sterbefälle, die nach dem 30.4.2014 beurkundet wurden, erteilt nunmehr das Zentrale Testamentsregister bei der Bundesnotarkammer Auskunft; das AG Schöneberg hat den Betrieb des Hauptverzeichnisses eingestellt.

Alle Behörden sind dem Gläubiger bei Vorlage der Vollstreckungsunterlagen **zur Auskunft verpflichtet** (§ 792 ZPO).

Zur **Klauselumschreibung auf den Erben** oder zur **Grundbuchberichtigung** auf den Erben (§ 35 GBO) benötigt der Gläubiger entweder einen Erbschein oder ein notarielles Testament mit dem nachlassgerichtlichen Eröffnungsprotokoll. Auch

---

1 LG Stuttgart vom 14.10.1986, 2 T 694/86, DGVZ 1987, 12; vgl. Zöller/Stöber, ZPO, § 779 Rn 5.
2 Vgl. Behr, Rpfleger 2002, 2 ff.

diese Unterlagen kann der Gläubiger vom Nachlassgericht heraus verlangen (§ 792 ZPO). Sofern kein notarielles Testament vorhanden ist, kann der Gläubiger auch den Erbscheinsantrag selbst stellen und die notwendige eidesstattliche Erklärung abgeben.[3]

II. Nachlassgläubiger – Eigengläubiger

5 **Nachlassgläubiger** ist derjenige, der bereits vor dem Erbfall einen Anspruch gegen den Erblasser hatte.

6 **Eigengläubiger** ist derjenige, der erst nach dem Erbfall gegen den Erben einen Anspruch erlangt hat.

7 **Vor Annahme der Erbschaft** kann der Eigengläubiger nur in das Eigenvermögen des Schuldners vollstrecken und nicht in den Nachlass (§ 778 Abs. 2 BGB). Sollte der Schuldner die Erbschaft ausschlagen, ist der an seine Stelle tretende Erbe kein Rechtsnachfolger.

8 Der **Nachlassgläubiger** kann eine Nachlassverbindlichkeit (§ 1967 Abs. 2 BGB) vor Erbschaftsannahme nur in den Nachlass vollstrecken (§ 778 Abs. 1 ZPO), gegen den Erben selbst hat er „noch" keinen persönlichen Anspruch (§ 778 Abs. 2 ZPO). Hatte die Vollstreckung noch nicht begonnen, ist auf Antrag des Gläubigers ein Nachlasspfleger für die unbekannten Erben zu bestellen (§§ 1961, 1960 Abs. 3 BGB),[4] auf den die Klausel umzuschreiben ist.[5]

9 Hatte die Vollstreckung bereits begonnen, kann sie **ohne Klauselumschreibung** und erneute Zustellung in den Nachlass fortgesetzt werden. Auch neue Vollstreckungsmaßnahmen können eingeleitet werden (§ 779 Abs. 1 ZPO).[6]

10 Ist für die Vollstreckung die Anwesenheit des Schuldners erforderlich, kann auf Antrag des Gläubigers durch das Vollstreckungsgericht ein einstweiliger besonderer Vertreter bestellt werden (§ 779 Abs. 2 ZPO).[7]

11 Eine Anwesenheit oder Mitwirkung des Schuldners ist z.B. notwendig für die Zustellung des Pfändungs- und Überweisungsbeschlusses (§ 829 Abs. 2 ZPO), für die Anhörung durch das Vollstreckungsgericht im Pfändungsverfahren (z.B. nach

---

3 OLG Hamm vom 10.6.1985, 15 W 131/85, FamRZ 1985, 1185; LG Leipzig vom 19.5.2008, 4 T 445/08, Rpfleger 2008, 655; LG Essen vom 2.6.1986, 7 T 254/86, Rpfleger 1986, 387; LG München I vom 30.1.1996, 16 T 22904/95, FamRZ 1998, 1067.
4 LG Oldenburg vom 7.12.1981, 5 T 389/81, Rpfleger 1982, 105; einschränkend KG vom 24.2.1998, 1 W 364/98, NJW-RR 1999, 157: kein Nachlasspfleger bei hoher Wahrscheinlichkeit der Erbenfeststellung.
5 BayObLG vom 18.7.1991, 3 Z 82/91, Rpfleger 1992, 28.
6 LG Stuttgart vom 14.10.1986, 2 T 694/86, DGVZ 1987, 12; Zöller/Stöber, ZPO, § 779 Rn 4; Behr, JurBüro 1996, 120; ders., Rpfleger 2002, 2 ff.
7 Vgl. LG Oldenburg vom 7.12.1981, 5 T 389/81, Rpfleger 1982, 105.

A. Einleitung § 1

§ 850b ZPO) und für die Bekanntmachung einer Anschlusspfändung durch den Gerichtsvollzieher (§ 826 Abs. 3 ZPO).

Ist **Testamentsvollstreckung** angeordnet und hat der Testamentsvollstrecker sein Amt angenommen, ist er der ausschließliche Vertreter für die Erben. **12**

Ist der Schuldner **Miterbe in einer Erbengemeinschaft**, besteht zunächst kein Unterschied in der Vollstreckung zur Alleinerbfolge. Der Eigengläubiger kann vor der Erbschaftsannahme nicht vollstrecken, auch nicht den Erbanteil pfänden. Der Nachlassgläubiger kann mit seinem Titel wegen einer Nachlassverbindlichkeit in den Nachlass vollstrecken. **13**

Nach Annahme der Erbschaft ist die Zwangsvollstreckung sowohl für den Nachlassgläubiger als auch für den Eigengläubiger unbeschränkt zulässig, beide können in den Nachlass aber auch in das Eigenvermögen des Schuldners vollstrecken. Die Nachlassschulden werden wie Eigenschulden behandelt, da die Erbschaft nunmehr mit allen Rechten und Pflichten auf den schuldnerischen Erben übergegangen ist. Während der Eigengläubiger nichts weiter unternehmen muss, hat der Nachlassgläubiger den vorhandenen Titel auf den Erben umschreiben zu lassen (§ 727 ZPO). **14**

Hat der Alleinerbe die **Einreden** gem. §§ 2014, 2015 BGB erhoben, darf die **Zwangsvollstreckung nur zur Sicherheit** erfolgen (§ 782 ZPO). Bei Beschränkung der Haftung auf den Nachlass ist eine Zwangsvollstreckung auch nur in den Nachlass zulässig (§ 784 Abs. 1 ZPO, § 321 InsO). **15**

Bei einer **Erbengemeinschaft** muss sich der Nachlassgläubiger entweder einen Titel gegen alle Erben verschaffen, § 747 ZPO oder die Klausel gegen alle Erben umschreiben lassen; er kann in das Nachlassvermögen vollstrecken, nicht jedoch in das Eigenvermögen. **16**

Für den Eigengläubiger ist der Schuldner nach der **Erbschaftsannahme** Miterbe einer Erbengemeinschaft. Er kann zunächst nicht vollstrecken, da die Erbmasse den Erben insgesamt ungeteilt zusteht. Die Erben müssen sich zunächst auseinandersetzen, erst danach ist ein „vollstreckbarer" Anteil des Schuldners vorhanden. **17**

§ 1 Pfändung in Rechtsgemeinschaften

18 I. **Eigengläubiger** können in Eigenvermögen des Erben immer vollstrecken, in den Nachlass nur wie folgt:

Schaubild 1a: Vollstreckung im Todesfall

	Vor Annahme der Erbschaft	Nach Annahme der Erbschaft	Haftungsbeschränkung
Alleinerbe	Vollstreckung nicht möglich (§ 778 Abs. 2 ZPO). Bei Verstoß: § 766 oder § 771 ZPO für Erben wahlweise, für Gläubiger des Erben nur § 766 ZPO.	Vollstreckung möglich; ausnahmsweise aber nur zur Sicherheit, wenn Erbe Einreden nach §§ 2014, 2015 BGB erhebt (§§ 783, 782 ZPO). Bei Verstoß: Klage gem. §§ 785, 767 ZPO.	Vollstreckung nicht möglich, § 784 Abs. 2 ZPO, § 321 InsO. Bei Verstoß: Klage gem. §§ 784, 785, 767 ZPO.
Miterbengemeinschaft	s.o.	s.o. Aber: Vor Teilung: Vollstreckung nur in den Miterbenanteil (§ 859 Abs. 2 ZPO), weil Gläubiger nur Gläubiger des einen Miterben ist. Bei Verstoß: Erinnerung (§ 766 ZPO oder § 771 ZPO), Klage seitens der anderen Erben. Nach Teilung: Vollstreckung in das Gesamtvermögen möglich, da kein Nachlass mehr vorhanden.	s.o.

II. **Nachlassgläubiger** bei Fortsetzung der Zwangsvollstreckung nach dem Tode in alle Nachlassgegenstände ohne Weiteres möglich, § 779 ZPO bei Übergriffen: §§ 766, 732 ZPO, da keine Klausel; auch § 771 ZPO, falls in Eigenvermögen vollstreckt wird. Sonst gilt Folgendes:

Schaubild 1b: Vollstreckung im Todesfall

	Vor Annahme der Erbschaft	Nach Annahme der Erbschaft	Haftungsbeschränkungen
Alleinerbe	Vollstreckung nur in Nachlass möglich (Pfleger-	Vollstreckung in Eigen- und Nachlassvermögen möglich! (Umschreibung	Vollstreckung nur in Nachlass möglich (§ 784 Abs. 1 ZPO,

A. Einleitung § 1

	Vor Annahme der Erbschaft	Nach Annahme der Erbschaft	Haftungsbeschränkungen
	bestellung und Titelumschreibung) § 778 Abs. 1 ZPO. Bei Verstoß: §§ 766, 771 ZPO.	des Titels oder Klage gegen Erben, § 778 ZPO); nur zur Sicherheit, wenn Erbe Einreden geltend macht (§§ 2014, 2015 BGB, § 782 ZPO). Bei Verstoß: Klage gem. §§ 785, 767 ZPO.	§ 321 InsO). Bei Verstoß: Klage gem. §§ 781, 784, 785, 767 ZPO. Bei Verurteilung des Erben zusätzlich Haftungsvorbehalt (§ 780 ZPO), sonst kein Erfolg der Klage aus § 767 ZPO.
Miterbengemeinschaft	s.o.	s.o. Aber: Vor Teilung: Vollstreckung nur in den Miterbenanteil, Titel gegen einen Erben (Originaltitel oder Umschreibung auf den einen Erben) = Gesamtschuldklage/-vollstreckung (§ 2059 Abs. 1 BGB) oder nur in ungeteilten Nachlass (Nachlassgegenstände oder alle Anteile), wenn Titel gegen alle Erben (Originaltitel oder Umschreibung), § 747 ZPO, § 2059 Abs. 2 BGB = Gesamthandsklage/-vollstreckung. Niemals aber in Eigenvermögen. Bei Verstoß: Klage gem. §§ 781, 785, 767 ZPO.	s.o. Vor Teilung: falls unbeschränkte Haftung: Teilhaftung mit Eigenvermögen = § 2059 Abs. 1 Satz 2 BGB.
		Nach Teilung: Vollstreckung in das Gesamtvermögen möglich, da kein Nachlass vorhanden. Möglich auch Teilhaftung gem. § 2061 BGB (der Höhe nach). Bei Verstoß: Klage gem. §§ 781, 785, 767 ZPO.	Nach Teilung: keine Nachlassverwaltung mehr möglich (§ 2062 BGB).

B. Miterbenanteil

I. Erbengemeinschaft

19 Hinterlässt der Erblasser mehrere Erben, so gebührt der Nachlass den Erben gemeinschaftlich (§ 2032 Abs. 1 BGB). Keiner der Erben kann allein über seinen Anteil an einzelnen Nachlassgegenständen verfügen (§ 2033 Abs. 2 BGB). Die Erbengemeinschaft ist eine „**Zwangsgemeinschaft**", sie entsteht unabhängig vom Willen der Miterben **kraft Gesetzes** mit dem Erbfall.[8] Ihr Zweck ist nicht auf Dauer ausgerichtet,[9] sondern **Ziel ist die zügige Auseinandersetzung des Nachlassvermögens**. Bis zur Auseinandersetzung können die Erben über einzelne Nachlassgegenstände auch nur gemeinschaftlich verfügen (§ 2040 Abs. 1 BGB). Da der einzelne Miterbe in die Erbengemeinschaft (Zwangsgemeinschaft) nicht freiwillig eingetreten ist, kann er diese Gemeinschaft jederzeit verlassen, indem er über seinen Anteil an dem Nachlass als Inbegriff aller Rechte und Pflichten verfügt (§ 2033 Abs. 1 Satz 1 BGB). Korrespondierend ist daher auch eine Zwangsvollstreckung gegen einen Miterben nicht in einen einzelnen Nachlassgegenstand möglich, sondern nur in den gesamten Nachlassanteil (§ 859 Abs. 2 ZPO).[10]

20 Allerdings kann die **Verfügung eines Miterben über seinen Anteil am Nachlass** vor Auseinandersetzung unwirksam sein. Von einer Unwirksamkeit ist dann auszugehen, wenn der Miterbe über seinen Anteil am letzten Vermögensgegenstand der Erbengemeinschaft (hier: Hausgrundstück) in der Weise verfügt, dass er seinen Anspruch aus dem Erlös des zum Verkauf anstehenden Gegenstandes gegen den anderen Miterben an einen Dritten abtritt.[11]

1. Auseinandersetzungsanspruch

21 Der Auseinandersetzungsanspruch nach § 2042 Abs. 1 BGB, wonach jeder Miterbe grundsätzlich jederzeit die Auseinandersetzung der Erbengemeinschaft verlangen kann (auch zur Unzeit, es sei denn, es verstößt gegen den Grundsatz von Treu und Glauben § 242 BGB),[12] ist als selbstständiges Vermögensrecht **nicht pfändbar**. Dieser Auseinandersetzungsanspruch wird von der Pfändung des gesamten Nachlassanteils des einzelnen Miterben umfasst.[13]

---

8 BayObLGZ 32, 381.
9 MüKo/Ann, BGB, § 2042 Rn 1.
10 BGH vom 12.5.1969, VIII ZR 86/67 in BGHZ 52, 99 = NJW 1969, 1347 = Rpfleger 1969, 290.
11 OLG München vom 11.12.1998, 21 U 4462/98, NJWE-FER 1999, 93.
12 LG Düsseldorf, FamRZ 1955, 303, 304.
13 Baumbach/Lauterbach/Albers/Hartmann, ZPO, § 859 Rn 6; Zöller/Stöber, ZPO, § 859 Rn 15; Hintzen/Wolf, Rn 6.326; Musielak/Becker, ZPO, § 859 Rn 19.

2. Künftiger Erbanteil

Ein künftiger Erbanteil unterliegt ebenso wenig der Pfändung wie ein Anwartschaftsrecht auf eine Erbschaft z.b. eines Schlussmiterben aufgrund einer letztwilligen Verfügung in einem Berliner Testament. Trotz der Bindungswirkung gem. § 2270 BGB ist dieser Anspruch nicht pfändbar, sondern eine Pfändung erst nach dem Erbfall möglich.[15] Es liegt hier **noch kein pfändbares Recht** vor, lediglich eine bloße Hoffnung oder die Aussicht auf eine Erbschaft, jede rechtliche Gebundenheit des Erblassers den zukünftigen Erben gegenüber fehlt.

23

Eine ausdrückliche Erwähnung des Anspruchs im Pfändungsbeschluss ist nicht erforderlich, in der Praxis jedoch üblich und auch nützlich.[14]

22

3. Nacherbschaft

Solange der Erblasser noch lebt, ist das **Nacherbenrecht** als künftiger Anspruch **unpfändbar**. Erst nach dem Tode des Erblassers ergibt sich für den Nacherben ein Recht auf die künftige Erbschaft, welches der Pfändung unterliegt.[16]

24

Eine **Pfändungsmöglichkeit** ergibt sich erst **im Fall der Nacherbschaft** (§ 2108 Abs. 2 BGB). Stirbt der eingesetzte Nacherbe vor dem Eintritt des Falls der Nacherbfolge, aber nach dem Eintritt des Erbfalls, so geht sein Recht auf seine Erben über. Das Gesetz spricht hier ausdrücklich von einem Recht, welches übertragbar und damit pfändbar ist.[17]

25

Ist der Schuldner alleiniger Nacherbe, können die Eigengläubiger das Anwartschaftsrecht pfänden (§ 857 Abs. 1, § 829 ZPO).[18]

26

Streitig ist die Frage, ob der **Vorerbe Drittschuldner** und der Pfändungsbeschluss zur Wirksamkeit zwingend an ihn zuzustellen ist oder ob es sich um ein drittschuldnerloses Recht handelt.[19] Dem Gläubiger ist in jedem Fall zu raten, die Pfändung dem Vorerben zuzustellen, um einen eventuellen Rechtsverlust zu vermeiden.

27

Haben die Erben sich bereits auseinandergesetzt, ist eine Pfändung in den Nachlassanteil nicht mehr möglich, die Vollstreckung muss dann gegen den ehemaligen Miterben und jetzigen Alleinschuldner durchgeführt werden.

28

---

14 Diepold/Hintzen, Musteranträge für Pfändung und Überweisung, Muster 123.
15 RGZ 67, 428; BGH vom 4.7.1962, V ZR 14/61, NJW 1962, 1910.
16 Stöber, Forderungspfändung, Rn 1654.
17 Stöber, Forderungspfändung, Rn 1654 m.w.N.
18 Gaul/Schilken/Becker-Eberhard, § 21 Rn 58.
19 Zum Meinungsstreit vgl. Stöber, Forderungspfändung, Rn 1657.

4. Pflichtteilsanspruch

29 Jede Forderung, die auf Zahlung in Geld gerichtet ist, kann grundsätzlich gepfändet werden. Ob die Forderung betagt, bedingt, zeitbestimmt oder von einer Gegenleistung abhängig ist, ist hierbei unerheblich. Der **Pflichtteilsanspruch** ist eine übertragbare Geldforderung und daher **grundsätzlich pfändbar**. Allerdings ist der Pflichtteilsanspruch der Pfändung nur dann unterworfen, wenn er durch Vertrag anerkannt oder rechtshängig geworden ist (§ 852 Abs. 1 ZPO). Diese Voraussetzungen muss der Gläubiger grundsätzlich bei der Pfändung vortragen. Drittschuldner ist der Erbe bzw. die Erben in Erbengemeinschaft.

30 Der BGH[20] vertritt hierzu jedoch die Auffassung, dass ein Pflichtteilsanspruch auch bereits **vor vertraglicher Anerkennung oder Rechtshängigkeit** entgegen § 852 Abs. 1 ZPO gepfändet werden kann. Der BGH bezeichnet den Anspruch „als in seiner zwangsweisen Verwertbarkeit aufschiebend bedingt". Die Vorverlagerung des Gläubigerpfandrechts beeinträchtigt nicht die Handlungs- und Entscheidungsfreiheit des Schuldners. Bei einer derart eingeschränkten Pfändung erwirbt der Gläubiger bei Eintritt der Verwertungsvoraussetzungen ein vollwertiges Pfandrecht, dessen Rang sich nach dem Zeitpunkt der Pfändung bestimmt.[21] In seiner Entscheidung vom 26.2.2009 hat der BGH[22] ausdrücklich klargestellt, dass der **Antrag** des Gläubigers auf Erlass eines Pfändungsbeschlusses und dieser Beschluss keine Angaben dazu enthalten müssen, ob vertragliche Anerkennung oder Rechtshängigkeit vorliegen. Im Hinblick auf die missverständliche Formulierung des § 852 Abs. 1 ZPO wird den Vollstreckungsgerichten bis zu einer gesetzlichen Regelung empfohlen, in den Pfändungsbeschluss in allgemein verständlicher Form einen Hinweis aufzunehmen, dass die Verwertung des Anspruchs erst erfolgen darf, wenn diese Voraussetzungen erfüllt sind.

31 Zur **Verwertung** hat der BGH[23] klargestellt, dass sie regelmäßig wie bei anderen Geldforderungen auch durch Überweisung zur Einziehung erfolgt. Sie wird aber erst zulässig, wenn der Vollstreckungsgläubiger ihre Voraussetzungen, nämlich Anerkennung oder Rechtshängigkeit, nachweist. Kann er diesen Nachweis schon bei Antragstellung führen, kann der Überweisungsbeschluss zugleich mit dem Pfändungsbeschluss ergehen, im anderen Fall ist er erst bei Eintritt der Beweisbarkeit zu beantragen und zu erlassen. Der Gläubiger kann in entsprechender Anwendung von § 836 Abs. 3 ZPO insoweit Auskunft vom Schuldner verlangen. Die Rechtslage ist hier anders als bei Grundpfandrechten, die von Anfang an voll pfändbar sind,

---

20 BGH vom 8.7.1993, IX ZR 116/92, NJW 1993, 2876 = MDR 1994, 203 = Rpfleger 1994, 73 = FamRZ 1993, 1307.
21 OLG Düsseldorf vom 5.3.1999, 7 U 143/98, FamRZ 2000, 367 = InVo 2000, 62.
22 BGH vom 26.2.2009, VII ZB 30/08, Rpfleger 2009, 393 = FamRZ 2009, 869 = MDR 2009, 648.
23 BGH vom 26.2.2009, VII ZB 30/08, Rpfleger 2009, 393 = FamRZ 2009, 869 = MDR 2009, 648.

deren Pfändung aber von der Eintragung im Grundbuch bzw. der Erlangung des Briefes abhängt.

Dennoch bedeutet dies für den Gläubiger eine **vollwertige Vollstreckungsmöglichkeit** ab dem Zeitpunkt des Erbfalls, jedoch bleibt es nach wie vor dem Schuldner überlassen, ob er seinen Pflichtteilsanspruch gegen die Erben durchsetzen will oder nicht. In seinem Pfändungsantrag muss der Gläubiger zu den Voraussetzungen des § 852 Abs. 1 ZPO allerdings nichts mehr sagen.

32

II. Pfändung

1. Verfahren

Die Pfändung des Anteils des schuldnerischen Miterben am gesamten Nachlass erfolgt gem. § 857 Abs. 1, § 829 ZPO. Zuständig für den Erlass des Pfändungsbeschlusses ist dasjenige AG als Vollstreckungsgericht, in dessen Bezirk der schuldnerische Miterbe seinen allgemeinen Gerichtsstand hat (§ 828 Abs. 2 ZPO). Gepfändet wird der angebliche Miterbenanteil des Schuldners am Nachlass des Erblassers, insbesondere der Anspruch auf Auseinandersetzung. Drittschuldner dieser Pfändung sind die übrigen Miterben (Muster siehe Rn 96 ff.).

33

Erst mit der **Zustellung des Pfändungsbeschlusses** an den letzten der Miterben ist die Pfändung bewirkt.[24] Soll ein Erbanteil mit dem Anspruch auf Auseinandersetzung der Erbengemeinschaft gepfändet werden, so bedarf es zur Wirksamkeit der Pfändung der Zustellung eines Pfändungs- und Überweisungsbeschlusses an alle Miterben; die Zustellung an einen Nachlasspfleger reicht nicht aus.[25]

34

Ist ein **Testamentsvollstrecker** bestellt und hat dieser sein Amt angenommen, muss die Zustellung für und gegen alle Miterben ausschließlich an ihn erfolgen. Der Testamentsvollstrecker hat das alleinige Verfügungsrecht über den gesamten Nachlass. Bei mehreren Erben muss er die Auseinandersetzung unter den Erben bewirken (§§ 2204 Abs. 1, 2211 Abs. 1 BGB). Die Zustellung des Pfändungsbeschlusses an die einzelnen Miterben als Drittschuldner trotz Bestehens der Testamentsvollstreckung wäre rechtlich wirkungslos. Dies gilt ebenso bei bestehender **Nachlassverwaltung**.[26]

35

Ist der Testamentsvollstrecker nur bzgl. eines Erben berufen, so ist nur insoweit an ihn zuzustellen, i.Ü. aber an die Miterben.

36

---

24 RGZ 86, 254; OLG Frankfurt, JurBüro 1979, 1089 = Rpfleger 1979, 205.
25 LG Kassel 13.6.1997, 10 S 53/97, MDR 1997, 1032 = InVo 1998, 77.
26 RGZ 86, 294; Musielak/Becker, ZPO, § 859 Rn 20; Zöller/Stöber, ZPO, § 859 Rn 16.

37 Ist einer der Miterben nur **Vorerbe**, erfolgt die Zustellung des Pfändungsbeschlusses an diesen als Drittschuldner. Der eingesetzte Nacherbe ist kein Drittschuldner.[27]

38 Der Gläubiger, der aufgrund der Pfändung als dinglicher Mitberechtigter in die Erbengemeinschaft eintritt, unterliegt nunmehr ebenfalls den Beschränkungen des Nacherbenrechts. Verfügungen, die der Gläubiger zusammen mit den übrigen Mitvorerben über einzelne Nachlassgegenstände vornimmt, sind daher im Fall des Eintritts der Nacherbfolge dem Nacherben gegenüber insoweit unwirksam, als sie dessen Recht vereiteln oder beeinträchtigen würden (§§ 2113 bis 2115 BGB).[28]

2. Pfändungsumfang und -wirkung

39 Die Pfändung umfasst den einzelnen Miterbenanteil als Inbegriff von Rechten und Pflichten (§§ 1273, 1258 BGB). Die Pfändung erfasst auch den Nachlassanteil an einer **früheren Erbschaft**. Dieser Nachlassanteil ist in dem jetzigen Nachlass nur ein einzelner Gegenstand, über den der einzelne Miterbe allein nicht verfügen kann, sondern nur die Erben gemeinsam.[29]

40 Die Pfändung bewirkt ein **relatives Verfügungsverbot** i.S.d. §§ 135, 136 BGB. Mit Wirksamwerden der Pfändung erlangt der Gläubiger ein Pfandrecht an dem Miterbenanteil des Schuldners (§ 804 Abs. 1 ZPO). Der Gläubiger erlangt zwar nicht die Stellung des schuldnerischen Miterben, er tritt aber als **dinglicher Mitberechtigter** in die Erbengemeinschaft ein.[30]

41 Der schuldnerische Miterbe kann nicht mehr alleine über seinen Erbanteil als solchen verfügen oder ihn ändern. Er kann auch nicht mehr über einzelne Nachlassgegenstände zusammen mit den übrigen Miterben verfügen, auch die Auseinandersetzung mit seinen Miterben ist dem Pfändungsgläubiger gegenüber unwirksam.[31]

42 Etwas anderes gilt selbstverständlich nur dann, wenn der Pfändungsgläubiger die Verfügung nachträglich genehmigt.

43 Aufgrund seiner erlangten Rechtsstellung nach der Pfändung kann der Gläubiger nunmehr alle diejenigen Rechte wahrnehmen, die dem einzelnen Miterben in der Erbengemeinschaft zustehen, es sei denn, es handelt sich um ein **höchstpersönliches Recht**. Diese werden von der Pfändung nicht erfasst, da sie nicht übertragbar sind.

---

27 KG, KGJ 42, 228 ff.
28 Stöber, Forderungspfändung, Rn 1705.
29 BayObLG, Rpfleger 1961, 19 m. Anm. Haegele, S. 483.
30 Für viele: OLG Köln v. 25.8.2014, 2 Wx 230/14, Rpfleger 2015, 94; MüKo/Smid, ZPO, § 859 Rn 19.
31 MüKo/Gergen, BGB, § 2033 Rn 36.

Dem Gläubiger stehen daher insbes. zu: 44
- das gemeinschaftliche Verwaltungsrecht (§ 2038 Abs. 1 BGB),
- das Recht auf Auseinandersetzung (§ 2042 BGB),
- der Anspruch auf den Erlösanteil nach der Auseinandersetzung (§ 2047 BGB).

Soweit der Gläubiger über den Umfang des Nachlasses informiert werden will, steht ihm auch das Recht auf **Auskunft und Rechnungslegung** gegenüber den Miterben zu.[32] 45

Als höchstpersönliches Recht und damit von der Pfändung nicht mit erfasst kann der schuldnerische Miterbe die Erbschaft ausschlagen, sofern Form und Fristen eingehalten werden.[33] 46

Das Pfandrecht an dem Nachlassanteil ist damit erloschen. Der aufgrund der Ausschlagung nächstberufene Erbe ist kein Rechtsnachfolger des schuldnerischen Miterben, sodass auch hier keine Fortsetzung des Pfandrechts erfolgen kann. Eine Gläubigeranfechtung der Ausschlagung ist grundsätzlich nicht möglich, da keine Benachteiligung des Gläubigers vorliegt.[34] 47

Ist über den Nachlass **Testamentsvollstreckung** angeordnet oder besteht die Testamentsvollstreckung auch nur bzgl. des gepfändeten Miterbenanteils und verfügt der Testamentsvollstrecker im Rahmen seiner Verwaltung über einen einzelnen Nachlassgegenstand, ist diese Verfügung dem Pfändungsgläubiger gegenüber wirksam. Der Gläubiger hat hierzu auch kein Verweigerungsrecht.[35] 48

3. Übertragung trotz Pfändung

a) Nachlassanteil

Der schuldnerische Miterbe kann trotz der Pfändung, die nur **relative Wirkung** zeigt, über seinen Nachlassanteil durch Übertragung, Bestellung eines Nießbrauchs oder eine andere rechtsgeschäftliche Handlung verfügen. Dennoch kann ein Dritter, der von der Pfändung keine Kenntnis hat, den Nachlassanteil oder das Recht am Nachlassanteil **nicht gutgläubig erwerben**. Das Pfandrecht ist ein Nebenrecht und geht kraft Gesetzes als Belastung des gesamten Anteils mit über. 49

Einen gutgläubigen Erwerb von Rechten gibt es nicht.[36] 50

---

32 Stöber, Forderungspfändung, Rn 1676, 1677.
33 MüKo/Gergen, BGB, § 2033 Rn 36; Brox/Walker, Zwangsvollstreckungsrecht, Rn 786; MüKo/Smid, ZPO, § 859 Rn 20.
34 MüKo/Gergen, BGB, § 2033 Rn 36.
35 BayObLG vom 27.12.1982, 1 Z 112/82, Rpfleger 1983, 112.
36 KG, HRR 1934, 265; Henseler, Rpfleger 1956, 186; Zöller/Stöber, ZPO, § 859 Rn 17; Stöber, Forderungspfändung, Rn 1680.

b) Einzelner Nachlassgegenstand

51 Dies gilt jedoch nicht bei **Verfügungen über einzelne Nachlassgegenstände**. Verfügen die Miterben zusammen mit dem Schuldner über einen einzelnen Nachlassgegenstand, so kann ein Dritter, der das Pfandrecht nicht kennt, den Gegenstand **gutgläubig erwerben** (§§ 932, 936 BGB).[37]

52 Das Pfandrecht an dem einzelnen Nachlassgegenstand erlischt. Die mögliche Schadensersatzpflicht des Schuldners hilft dem Gläubiger regelmäßig nicht weiter, sofern dieser vermögenslos ist.

53 Insbesondere ist ein **gutgläubiger Erwerb auch bei Grundstücken** möglich (§ 892 Abs. 1 Satz 1 BGB). Sofern ein Dritter aus der Grundbucheinsicht nicht entnehmen kann, dass die Miterben über das Grundstück nicht mehr frei verfügen können, erwirbt er das Grundstück oder das Recht an dem Grundstück in jedem Fall gutgläubig.

III. Sicherung des Pfandrechts

1. Eintragung im Grundbuch

54 Grundstücke oder grundstücksgleiche Rechte geben dem Nachlass grundsätzlich Inhalt und Wert. Eine Verfügung über ein Grundstück, die der Schuldner zusammen mit seinen Miterben trotz der bestehenden Pfändung trifft, ist dem Pfändungsgläubiger gegenüber unwirksam. Der Dritte, der das Grundstück oder das Recht am Grundstück erwirbt, ist jedoch gutgläubig. Zwar geht das Pfandrecht, welches am gesamten Nachlassanteil besteht und den einzelnen Nachlassgegenstand mit umfasst, nicht unter; der Erbteilspfandgläubiger erleidet jedoch u.U. eine große wirtschaftliche Beeinträchtigung.

55 Es ist daher unbestritten, dass die Eintragung des Pfandrechts an dem Erbanteil auch bei dem Grundstück oder einem Recht am Grundstück als einem einzelnen Nachlassgegenstand im Grundbuch zum Schutz vor gutgläubigem Erwerb eingetragen werden kann.[38]

56 Die Eintragung im Grundbuch erfolgt im Wege der **Grundbuchberichtigung**, da die Pfändung eine Änderung der Verfügungsbefugnis über das Grundstück darstellt (§ 892 Abs. 1 Satz 2 BGB).

57 Die Eintragung im Grundbuch geschieht **aufgrund formlosen Antrags des Gläubigers**. Beigefügt werden muss der wirksame Pfändungsbeschluss nebst Zustellung an alle Miterben bzw. den Testamentsvollstrecker. Der Gläubiger hat ein Antragsrecht als unmittelbar Begünstigter (§ 13 Abs. 1 GBO). Die Eintragung im Grund-

---

37 Zöller/Stöber, ZPO, § 859 Rn 17.
38 OLG Frankfurt vom 7.3.1979, 20 W 50/79, Rpfleger 1979, 205; OLG Hamm, Rpfleger 1961, 201; MüKo/Gergen, BGB, § 2033 Rn 36; Schöner/Stöber, Grundbuchrecht, Rn 1661; Hintzen, Rpfleger 1992, 262, 263; Hintzen/Wolf, Rn 6.328; Böttcher, Zwangsvollstreckung im Grundbuch, Rn 406.

buch erfolgt, wenn sich die Pfändung auf das Grundstück bezieht, in der Abt. II, sofern es sich auf ein Recht bezieht, in der jeweiligen Veränderungsspalte der Abt. II oder Abt. III bei dem eingetragenen dinglichen Recht. Bei der **Eintragung des Pfändungsvermerkes** müssen die Erben jedoch im Grundbuch **voreingetragen** sein (§ 39 GBO). Sofern dies noch nicht der Fall ist, kann der Gläubiger selbst die Voreintragung herbeiführen. Auch hierzu hat er ein Antragsrecht gem. § 13 Abs. 1 GBO.[39]

Da das Grundbuch nach dem **Tode des Erblassers** wiederum unrichtig ist, erfolgt auch hier die Eintragung im Wege der Grundbuchberichtigung (§ 22 GBO). Den **Unrichtigkeitsnachweis** kann der Gläubiger durch **Vorlage** der Ausfertigung eines **Erbscheines** oder eines **notariellen Testaments** nebst öffentlich beglaubigtem **Eröffnungsprotokoll** führen (§ 35 GBO). Sofern der Gläubiger nicht im Besitz dieser Urkunde ist, hat er einen Urkundenherausgabeanspruch (§ 792 ZPO). Falls der Erbschein noch nicht erteilt ist und auch kein notarielles Testament vorliegt, kann der Gläubiger selbst einen entsprechenden Erbscheinantrag stellen. Falls die Erteilung des Erbscheins nicht möglich ist, z.B. wegen fehlender Angabe i.S.v. § 2354 BGB, die der Gläubiger auch nicht selbst beibringen kann, bleibt dem Gläubiger nur die Pfändung des Grundbuchberichtigungsanspruchs des schuldnerischen Miterben gegenüber seinen Miterben (§ 894 BGB). Ggf. muss der Gläubiger nach wirksamer Pfändung gegen die Miterben auf „Mitwirkung der Miterben zur Abgabe der erforderlichen Erklärungen für einen Erbschein" Klage einreichen.[40]

58

Wichtig ist jedoch in jedem Fall, dass der Gläubiger immer darum bemüht sein muss, die Pfändung im Grundbuch des schuldnerischen Miterben eintragen zu lassen. Dies darf und soll nicht an praktischen Schwierigkeiten scheitern.

59

2. Vorpfändung

Auch die Vorpfändung (§ 845 ZPO) des Nachlassanteils soll im Grundbuch eintragbar sein, aber nur innerhalb der im Gesetz normierten Ein-Monats-Frist. Nach Ablauf der Frist ist eine Eintragung nicht mehr möglich. Falls der Pfändungsbeschluss innerhalb der gesetzlichen Monatsfrist nicht erwirkt wird, ist das Grundbuch unrichtig. Die im Grundbuch eingetragene Vorpfändung ist dann von Amts wegen zu löschen.[41]

60

Die **Eintragung der Vorpfändung im Grundbuch** ist abzulehnen.[42] Die Vorpfändung ist eine private Zwangsvollstreckungsmaßnahme des Gläubigers und kein ho-

61

---

39 H.M.: Zöller/Stöber, ZPO, § 859 Rn 18 m.w.N.; Brox/Walker, Zwangsvollstreckungsrecht, Rn 789; Schöner/Stöber, Grundbuchrecht, Rn 1663.
40 OLG Köln vom 19.12.1961, 9 U 95/61, MDR 1962, 574; Stöber, Forderungspfändung, Rn 1686; Brox/Walker, Zwangsvollstreckungsrecht, Rn 789.
41 Stöber, Forderungspfändung, Rn 1682.
42 So auch Böttcher, Zwangsvollstreckung im Grundbuch, Rn 416.

heitlicher Vollstreckungsakt. Die Vorpfändungsbenachrichtigung an die Miterben als Drittschuldner hat die **Wirkung eines Arrestes** nach § 930 ZPO, sofern die endgültige Pfändung innerhalb von einem Monat erwirkt und wirksam wird. Die Vorpfändung steht somit unter der auflösenden Bedingung des Wirksamwerdens der nachträglichen Pfändung. Auch das Verfügungsverbot steht und fällt somit mit Wirksamwerden der Pfändung. Die Eintragungsfähigkeit eines Verfügungsverbotes i.S.v. § 892 Abs. 1 Satz 2 BGB muss m.E. jedoch bereits rechtswirksam sein und darf nicht unter einer auflösenden Bedingung stehen. Der öffentliche Glaube schützt nur vor eintragungsfähigen relativen Verfügungsbeschränkungen. Die Vorpfändung ist aber keine solche Verfügungsbeschränkung mit relativer Wirkung nur gegenüber dem Gläubiger.[43]

62 Sofern der nachfolgende Pfändungsbeschluss nicht binnen eines Monats erwirkt und wirksam wird, ist das Grundbuch im Hinblick auf die Eintragung der Vorpfändung bereits unrichtig geworden, die Vorpfändung wäre von Amts wegen zu löschen. Auch eine Verlängerung der Monatsfrist durch eine erneute Vorpfändung ist nicht möglich. Die Schutzfrist wirkt nur jeweils für einen Monat und ist nicht verlängerbar.[44]

63 *Hinweis*
Dem Gläubiger ist dennoch zu empfehlen, die zugestellte Vorpfändung dem Grundbuchgericht mitzuteilen. Das Gericht hat die Vorpfändung zu beachten mit der Folge, dass weitere Anträge zunächst nicht erledigt werden können. Sollte die Pfändung innerhalb der Monatsfrist nachgewiesen werden, ist der Vermerk über das Verfügungsverbot mit zeitlicher Rückwirkung auf den Zeitpunkt der Zustellung der Benachrichtigung an den Drittschuldner im Grundbuch zu vermerken. Weitere Anträge sind erst rangmäßig danach zu erledigen.

3. Grundbuchsperre

64 Die Eintragung des relativen Verfügungsverbotes im Grundbuch bewirkt **keine Grundbuchsperre**. Nach der Eintragung ist der Gläubiger geschützt. Verfügungen des schuldnerischen Miterben über das Nachlassgrundstück oder über ein Recht am Grundstück werden im Grundbuch vollzogen, sind dem Pfändungsgläubiger gegenüber jedoch unwirksam.[45]

65 Ausnahme hiervon sind vorzunehmende Löschungen, z.B. die Löschung einer Grundschuld. Mit der Löschung greift der Pfändungsschutz nicht mehr und geht verloren.[46]

---

43 Hintzen, Rpfleger 1991, 242, 243.
44 Stöber, Forderungspfändung, Rn 808.
45 OLG Hamm, Rpfleger 1961, 201.
46 OLG Hamm, Rpfleger 1961, 201 m. Anm. Haegele; Schöner/Stöber, Grundbuchrecht, Rn 1665.

B. Miterbenanteil § 1

4. Mehrfache Pfändungen

Der Nachlassanteil eines Miterben kann selbstverständlich auch für mehrere Gläubiger gepfändet werden. Der Rang dieser Pfändungen richtet sich nach dem jeweiligen Zeitpunkt des Wirksamwerdens der Pfändung, d.h. mit Zustellung an den letzten Miterben als Drittschuldner. Da es sich bei dem Verfügungsverbot um kein dingliches Recht am Grundstück handelt, werden die **Pfändungen im Grundbuch ohne Rang vermerkt**. Die Pfändungen werden außerhalb des Grundbuchs wirksam, die Eintragung im Grundbuch hat insoweit nur deklaratorische Bedeutung. Nach Auffassung von *Ripfel* und *Stöber*[47] ist das wirkliche Rangverhältnis jedoch dann in das Grundbuch einzutragen, wenn es durch Vorlage der Pfändungsbeschlüsse mit den Zustellungsnachweisen in grundbuchmäßiger Form belegt wird. 66

Dieser Auffassung kann nicht gefolgt werden. Die **Eintragungen der Pfändungsvermerke** werden zunächst bestimmt durch den Zeitpunkt des Einganges des Antrags des Gläubigers beim Grundbuchgericht. Sofern sich das Verfügungsverbot auf das Grundstück selbst bezieht, erfolgt die Eintragung, wie bereits erwähnt, in der Abt. II des Grundbuchs. Die Pfändungsvermerke werden dann nacheinander im Grundbuch eingetragen. Selbst wenn mehrere Anträge gleichzeitig beim Grundbuchgericht eingehen, sind die **Pfändungsvermerke in beliebiger Reihenfolge im Grundbuch** einzutragen. Sie sind keine dinglichen Rechte und stehen untereinander in keinem Rangverhältnis. Sofern die Eintragung bei einem dinglichen Recht in der Veränderungsspalte erfolgt, teilt sie insgesamt den Rang mit dem Recht in der Hauptspalte. Haupt- und Veränderungsspalte sind immer einheitlich zu lesen. Ein Rangverhältnis der zeitlich unterschiedlich eingetragenen Pfändungsvermerke ist daher aus dem Grundbuch nicht zu ersehen. Die Eintragung eventueller gegenseitiger „Wirksamkeitsvermerke" verbietet sich.[48] 67

IV. Verwertung

1. Verfahren

Der gepfändete Miterbenanteil am Nachlass kann dem Gläubiger **nur zur Einziehung** überwiesen werden. Eine Überweisung an Zahlungs statt ist unzulässig, da der Miterbenanteil als solcher keinen Nennwert hat.[49] Eine andere Verwertung gem. §§ 844, 857 Abs. 5 ZPO ist ebenfalls zulässig – Versteigerung oder freihändiger Verkauf.[50] 68

---

47 Ripfel, NJW 1963, 693; Stöber, Forderungspfändung, Rn 1703.
48 So auch Böttcher, Zwangsvollstreckung im Grundbuch, Rn 413.
49 Stöber, Forderungspfändung, Rn 1690.
50 Behr, JurBüro 1996, 233, 234.

§ 1 Pfändung in Rechtsgemeinschaften

2. Rechte des Gläubigers

69 Nach der Überweisung zur Einziehung kann der Gläubiger im eigenen Namen den Anspruch des Schuldners auf Auseinandersetzung gegenüber den Miterben verlangen und durchsetzen (§ 2042 Abs. 1 BGB). Dem Auseinandersetzungsanspruch des schuldnerischen Miterben kann entgegenstehen:

- die Anordnung des Erblassers in der letztwilligen Verfügung, dass die Auseinandersetzung in Ansehung des Nachlasses ausgeschlossen ist oder
- dass die Auseinandersetzung einzelner Nachlassgegenstände ausgeschlossen ist oder
- dass die Auseinandersetzung von der Einhaltung einer Kündigungsfrist abhängig ist oder aber
- dass alle Erben nach dem Erbfall zusammen vor Wirksamwerden der Pfändung den Auseinandersetzungsanspruch auf Zeit oder für immer ausgeschlossen oder von einer Kündigungsfrist abhängig gemacht haben (§§ 2044 Abs. 1, 749 Abs. 2 und 3, 750, 751, 1010 Abs. 1 BGB).

70 Dieser zeitliche oder unbegrenzte Ausschluss der Auseinandersetzung gilt nicht gegenüber dem Pfändungsgläubiger, sofern der der Pfändung zugrunde liegende Titel rechtskräftig ist (§§ 2042 Abs. 2, 751 BGB).[51] Dieser Auffassung wird neuerdings mit beachtlichen Gründen widersprochen.[52]

71 Ist der zugrunde liegende Titel nur **vorläufig vollstreckbar**, bleibt dem Gläubiger immer noch die Möglichkeit der Auseinandersetzungsvermittlung durch das Nachlassgericht (§ 363 FamFG).[53]

72 Ist der schuldnerische Miterbe nur **Vorerbe**, kann der Erbanteil ebenfalls zur Einziehung überwiesen werden. Der gesamte Vorerbenanteil ist veräußerbar, der Pfändungsgläubiger tritt als dinglicher Mitberechtigter in die Position des Vorerben und unterliegt der Verfügungsbeschränkung des Nacherbenrechts. Da jedoch Verfügungen bei Eintritt der Nacherbfolge diesem gegenüber unwirksam sind, kann der

---

51 Dassler/Schiffhauer/Hintzen, ZVG, § 181 Rn 21; Hintzen/Wolf, Rn 12.85.
52 AG Frankfurt am Main/LG Frankfurt am Main vom 13.9.2010, 845 K 033/10 bzw. vom 21.12.2010, 2–09 T 482/10, Rpfleger 2011, 684: § 1010 BGB enthält keine im Rahmen von § 751 BGB entsprechende Regelung. Es soll daher auch keine Veranlassung bestehen, auch in den Fällen des § 1010 BGB auf § 751 Satz 2 BGB zurückzugreifen. Einen ausdrücklichen Verweis auf die Geltung des § 751 Satz 2 ZPO enthält § 1010 BGB nicht. Eine Regelungslücke, die jedenfalls mit einer analogen Anwendung des § 751 Satz 2 BGB zu schließen wäre, ist nicht erkennbar. Denn § 1010 BGB regelt einen wirtschaftlich erheblich anderen Sachverhalt als den in § 751 Satz 1 BGB. Es ist auch nicht einsichtig, warum ein Pfändungspfandgläubiger besser gestellt sein sollte als ein rechtsgeschäftlicher Erwerber, der sich eine ins Grundbuch eingetragene Vereinbarung des Ausschlusses der Aufhebung der Gemeinschaft entgegenhalten lassen müsste.
53 Zöller/Stöber, ZPO, § 859 Rn 19.

pfändende Gläubiger den Vorerbenanteil nicht verwerten, er bleibt deshalb praktisch auf die Nutzungen dieses Erbanteils beschränkt.[54]

Nach anderer Auffassung[55] darf weder eine Veräußerung des gepfändeten Erbanteils noch dessen Überweisung zur Einziehung angeordnet werden. Eine Verwertung ist nach § 773 ZPO unzulässig. Der Nacherbe kann jederzeit der Überweisung zur Einziehung widersprechen. Ein Verstoß gegen Treu und Glauben kann vorliegen, wenn der Gläubiger eines Mitvorerben die Zwangsversteigerung betreibt und der andere Miterbe insoweit Nacherbe ist.[56]

73

3. Rechtsgeschäftliche Verwertung

Der Überweisungsbeschluss gibt dem Pfändungsgläubiger das Recht, im eigenen Namen anstelle des Schuldners diejenigen Erklärungen abzugeben, die die Auseinandersetzung unter den übrigen Miterben herbeiführt. Die Auseinandersetzung erfolgt entweder durch Abschluss eines Auseinandersetzungsvertrages oder dadurch, dass der Gläubiger notfalls eine Auseinandersetzungsklage erhebt. Hierbei hat der Nachlassgläubiger bis zur Teilung des Nachlasses die Wahl, ob er die Miterben als Gesamtschuldner (§ 2058 BGB) in Anspruch nimmt oder ob er von ihnen die Befriedigung aus dem ungeteilten Nachlass verlangt (sog. Gesamthandsklage, § 2059 Abs. 2 BGB).[57]

74

Wirkt der Pfändungsgläubiger bei der rechtsgeschäftlichen Aufhebung der Erbengemeinschaft mit, setzt sich das Pfandrecht am Nachlassanteil ohne Weiteres an den zugewiesenen Forderungen fort.[58] Ebenso erlangt der Gläubiger im Wege der **dinglichen Surrogation** kraft Gesetzes ein Pfandrecht an allen denjenigen Gegenständen, die seinem schuldnerischen Miterben zugewiesen werden. Bei Grundstücken erlangt der Gläubiger somit kraft Gesetzes eine Sicherungshypothek für seine Forderung; §§ 846, 848 ZPO entsprechenden Vorschriften über die Pfandverwertung (§§ 1273, 1279, 1287 BGB).[59]

75

Gegen die Erlangung eines Pfandrechts im Wege der dinglichen Surrogation an den zugewiesenen Gegenständen ist *Stöber*,[60] der der Auffassung ist, dass der Pfändungsgläubiger nur einen Anspruch auf Bestellung eines solchen Pfandrechts oder

76

---

54 Stöber, Forderungspfändung, Rn 1705; für die Verwertung nach § 857 Abs. 4 MüKo/Smid, ZPO, § 859 Rn 22.
55 Haegele, BWNotZ 1976, 129.
56 OLG Celle vom 31.10.1967, 4 W 108/67, NJW 1968, 801.
57 BGH vom 10.2.1988, IVa ZR 227/86, MDR 1988, 653; OLG Naumburg vom 16.1.1997, 3 U 38/96, NJW-RR 1998, 308.
58 BGH vom 12.5.1969, VIII ZR 86/67, NJW 1969, 1347.
59 BGH vom 12.5.1969, VIII ZR 86/67, NJW 1969, 1347 und 1903 = Rpfleger 1969, 290; BayObLG vom 27.12.1982,1 Z 112/82, Rpfleger 1983, 112.
60 Stöber, Forderungspfändung, Rn 1693.

einer Hypothek an dem aufgelassenen Grundstück hat.[61] Er vertritt die Ansicht, dass die zugewiesenen Gegenstände oder das aufgelassene Grundstück keinen Ersatz für den Erbanteil darstellen, vielmehr erfolge die Zuordnung durch rechtsgeschäftliche Verfügung. Die Zustimmung zu diesen Verfügungen muss der Gläubiger von der Einräumung seines Pfandrechts abhängig machen, bei Grundstücken von der Bestellung einer Sicherungshypothek. Eine unterschiedliche Behandlung der Erbteilspfändung und -verpfändung bestehe nicht. Insbesondere stehe jedoch der Anwendung der §§ 846 ff. ZPO entgegen, dass der Schuldner keinen Rechtsanspruch auf Zuteilung von Nachlassgegenständen hat und somit bei der Teilung ein mit dem Pfandrecht behafteter Anspruch nicht erfüllt wird.

77 Demzufolge empfehlen *Walker*[62] und wohl auch *Smid*,[63] damit die körperlichen Sachen auch gepfändet sind, eine **Anordnung nach § 847 ZPO** zu erwirken, da nur so die Sachen auch tatsächlich an den Gerichtsvollzieher herauszugeben sind.

4. Zwangsweise Verwertung

a) Teilungsversteigerung

78 Gehören zum Nachlass Grundstücke oder besteht das Nachlassvermögen nur noch aus einem Grundstück, kann der Pfändungsgläubiger zum Zweck der Aufhebung der Erbengemeinschaft die **Auseinandersetzungsversteigerung** (oder Teilungsversteigerung) betreiben (§§ 2042 Abs. 2, 753 Abs. 1 BGB, §§ 180 ff. ZVG).

79 Ist der Nachlass insgesamt noch nicht auseinandergesetzt, darf die Auseinandersetzung nur hinsichtlich des gesamten Nachlasses betrieben werden, das Grundstück als einzelner Nachlassgegenstand darf nicht allein Gegenstand der Auseinandersetzungsversteigerung sein. Diese Fragen prüft das Zwangsversteigerungsgericht bei der Antragstellung jedoch nicht.

b) Antragsrecht

80 Aufgrund des Überweisungsbeschlusses hat der Pfändungsgläubiger ein **Antragsrecht** (§ 181 Abs. 2 ZVG).[64]

81 Zum **Nachweis** muss er den zugestellten Pfändungs- und Überweisungsbeschluss vorlegen und, falls die Erbengemeinschaft im Grundbuch noch nicht eingetragen ist, einen Erbschein oder ein öffentliches Testament mit öffentlich beglaubigtem Eröffnungsprotokoll.

---

61 BayObLG, NJW 1959, 1780.
62 In: Schuschke/Walker, Vollstreckung und vorläufiger Rechtsschutz, § 859 Rn 19.
63 MüKo/Smid, ZPO, § 859 Rn 21.
64 BGH vom 19.11.1998, IX ZR 284/97, Rpfleger 1999, 140 = NJW-RR 1999, 504.

82 Der schuldnerische Miterbe kann neben dem Pfändungsgläubiger allein den Antrag auf Auseinandersetzungsversteigerung nicht mehr stellen, da dadurch die Rechtsstellung des Pfändungsgläubigers beeinträchtigt wird.[65]

83 Ist ein **Testamentsvollstrecker** bestellt (Eintragung im Grundbuch müsste vorliegen, § 52 GBO), kann die Auseinandersetzung nur von ihm für und gegen die Erben bewirkt werden.[66] Die Ernennung eines Testamentsvollstreckers schließt die Anordnung der Versteigerung an einem der Testamentsvollstreckung unterliegenden Grundstück auch gegenüber einem Gläubiger eines Miterben aus, der dessen Anteil an dem Nachlass gepfändet hat.[67] Der BGH führt hierzu u.a. aus, dass der Antrag eines Miterben, ein zum Nachlass gehörendes Grundstück zum Zwecke der Aufhebung der Gemeinschaft zu versteigern, zwar keine Verfügung über das betroffene Grundstück darstellt. Er stellt jedoch die einzige Rechtshandlung dar, die zu dem Versteigerungsverfahren erforderlich ist. Wird dem Antrag stattgegeben, führt das Versteigerungsverfahren ohne weiteres Zutun zum Zuschlag an den Meistbietenden und damit zum Verlust des Eigentums der Miterben an dem Grundstück, zu dem es nach der Bestimmung des Erblassers während der Dauer der Testamentsvollstreckung ohne Mitwirkung des Testamentsvollstreckers nicht kommen soll. Das rechtfertigt es, den Versteigerungsantrag eines Miterben einer Verfügung über das betroffene Grundstück gleichzusetzen, die nach § 2211 BGB unwirksam ist. Ist die Auseinandersetzung des Nachlasses einem Testamentsvollstrecker übertragen, findet die Teilungsversteigerung auf Antrag eines Miterben daher nicht statt. Wird der Antrag dennoch von einem Miterben gestellt, wird der Mangel durch Zustimmung des Testamentsvollstreckers geheilt.

c) Anfechtung der Erbteilsübertragung

84 Vereinigen sich die Miterbenanteile durch Übertragung in der Hand nur eines einzigen Erben, ist die Erbengemeinschaft aufgehoben, die Erbanteile sind untergegangen. Eine Teilungsversteigerung kommt somit gegen den einzelnen – nunmehr Alleineigentümer – nicht mehr in Betracht. Hat der Schuldner allerdings seinen Miterbenanteil dem einzigen anderen Miterben anfechtbar übertragen, so ist eine Rückgewähr in Natur nicht allgemein ausgeschlossen; sie ist jedenfalls dann möglich, wenn der Nachlass nur aus einem Grundstück besteht. Bisher wurden die Auswirkungen bei der Gläubigeranfechtung dahin gehend beantwortet, dass eine **Rückgewähr in Natur** aus Rechtsgründen ausgeschlossen sei.[68]

---

65 OLG Hamburg vom 28.10.1957, 6 W 221/57, MDR 1958, 45; LG Frankenthal vom 29.8.1985, 1 T 257/85, Rpfleger 1985, 500; Stöber, ZVG, § 180 Rn 11.10 (i); Hintzen/Wolf, Rn 12.127; a.A.: OLG Hamm, Rpfleger 1958, 269; LG Wuppertal vom 22.11.1960, 6 T 741/60, NJW 1961, 785; Böttcher, ZVG, § 180 Rn 56.
66 Stöber, ZVG § 180 Rn 3.16; Steiner/Teufel, § 180 Rn 111; Böttcher, § 180 Rn 41.
67 BGH vom 14.5.2009, V ZB 176/08, Rpfleger 2009, 580 = NJW 2009, 2458 = ZEV 2009, 391.
68 OLG Düsseldorf vom 11.11.1976, 8 U 76/75, NJW 1977, 1828.

§ 1 Pfändung in Rechtsgemeinschaften

85 Der BGH[69] hat demgegenüber entschieden, dass der Gläubiger in diesem Fall sehr wohl ein Recht hat, die Zwangsversteigerung zu beantragen und sich aus dem Versteigerungserlös zu befriedigen, der dem Schuldner ohne die anfechtbare Rechtshandlung zugestanden hätte. Der Gläubiger muss sich nicht auf einen Wertersatz verweisen lassen.

d) Großes – Kleines Antragsrecht

86 Der Pfändungsgläubiger kann auch das sog. **große Antragsrecht** ausüben.

Beispiel
Als Eigentümer sind im Grundbuch eingetragen

M	zu ½ Anteil
F, G und H	zu ½ Anteil – in Erbengemeinschaft.

Hat der Pfändungsgläubiger z.B. den Anteil des F an der Erbengemeinschaft (F, G und H) gepfändet, kann er aufgrund des Pfändungs- und Überweisungsbeschlusses die Erbengemeinschaft auseinandersetzen. Da es jedoch wirtschaftlich wenig Sinn hat, einen ½ Anteil am Grundstück zu versteigern, wird dem Pfändungsgläubiger auch das Recht eingeräumt, das gesamte Grundstück zur Versteigerung zu bringen.[70]

e) Vor- und Nacherbfolge

87 Ist einer der Erben nur Vorerbe, hindert das Nacherbenrecht grundsätzlich nicht die Auseinandersetzungsversteigerung auf **Antrag des einzelnen Mitvorerben**. Dieser kann jederzeit den Antrag stellen; § 2115 BGB ist nicht einschlägig, da es sich hier nicht um eine Zwangsvollstreckung gegen den Mitvorerben handelt, sondern um das Recht des einzelnen Mitvorerben, die Gemeinschaft aufzuheben.[71]

88 Wird in der Auseinandersetzungsversteigerung der Zuschlag erteilt, ist der Nacherbenvermerk im Grundbuch zu löschen. Dies gilt selbst dann, wenn das Anwartschaftsrecht des Nacherben verpfändet und die Verpfändung im Grundbuch eingetragen ist.[72]

---

69 BGH vom 19.3.1992, IX ZR 14/91, NJW-RR 1992, 733 = ZIP 1992, 558 = Rpfleger 1992, 361.
70 OLG Hamm, Rpfleger 1958, 269; OLG Hamm, Rpfleger 1964, 341; Dassler/Schiffhauer/Hintzen, ZVG, § 181 Rn 12, 13; Stöber, ZVG, § 180 Rn 3.7 m.w.N.; Steiner/Teufel, ZVG, § 180 Rn 63; Hintzen, Immobiliarvollstreckung, D Rn 77; a.A.: OLG Hamburg vom 28.10.1957, 6 W 221/57, MDR 1958, 45.
71 OLG Celle vom 31.10.1967, 4 W 108/67, NJW 1968, 801; OLG Hamm, Rpfleger 1968, 404 = NJW 1969, 516; Stöber, ZVG, § 180 Rn 7.16 m.w.N.; Steiner/Teufel, ZVG, § 180 Anm. 47.
72 BGH vom 23.3.2000, III ZR 152/99, Rpfleger 2000, 403 = NJW 2000, 3358 = DNotZ 2000, 705 = ZEV 2000, 322 = FamRZ 2000, 1149 = MDR 2000, 883 = WM 2000, 1023 = InVo 2000, 434 = ZfIR 2000, 828.

B. Miterbenanteil § 1

Dies gilt jedoch nicht für den **Pfändungsgläubiger eines Mitvorerben**. Er benutzt das Aufhebungsrecht seines schuldnerischen Mitvorerben, um seine der Pfändung zugrunde liegende Forderung zu realisieren. Dies kann er jedoch auf dem Wege der Auseinandersetzungsversteigerung nicht erreichen, da er zunächst keine Befriedigung aus dem Auseinandersetzungserlös erhält. Die Erbengemeinschaft setzt sich an dem Zwangsversteigerungserlös fort. Eine direkte Befriedigung aus dem Erlös wäre den Nacherben gegenüber unwirksam. Der Pfändungsgläubiger kann daher nur die Nutzung der Sache ziehen (Miete, Pacht).[73]

89

f) Wirkung der Auseinandersetzungsversteigerung

Durch die Auseinandersetzungsversteigerung wird die Erbengemeinschaft noch nicht auseinandergesetzt. Sie setzt sich an dem **Zwangsversteigerungserlös** fort, das Grundstück wird nur in einen teilbaren Gegenstand (Geld) umgewandelt.[74]

90

Auch in dem **Verteilungsverfahren** nach Zuschlag wird der Erlösüberschuss nicht verteilt, jedenfalls ist es nicht Aufgabe des Versteigerungsgerichts, eine quotenmäßige Verteilung vorzunehmen. Das Versteigerungsgericht wird die Auseinandersetzung vermitteln, sofern die Erben sich einig sind. Ist eine Einigung nicht zu erzielen, gebührt der Erlösüberschuss den Erben gemeinschaftlich. Die Auseinandersetzung erfolgt dann zwangsweise. Der Pfändungsgläubiger muss ggf. Auseinandersetzungsklage erheben.

91

5. Anderweitige Verwertung

Der gepfändete Nachlassanteil des Schuldners kann auf Antrag des Pfändungsgläubigers auch nach §§ 844, 857 Abs. 5 ZPO anderweitig verwertet werden. Die Verwertung erfolgt durch Versteigerung oder durch freihändigen Verkauf.[75]

92

Bei der Versteigerung durch den Gerichtsvollzieher geht mit dem Zuschlag der gesamte Nachlassanteil auf den Ersteher über. Eine **notarielle Beurkundung** i.S.d. § 2033 Abs. 1 BGB ist nicht erforderlich.[76]

93

Ist der schuldnerische Miterbe nur Vorerbe, darf die Verwertung des Nachlassanteils durch freihändigen Verkauf oder Versteigerung nur erfolgen, wenn schutzwürdige Interessen des Schuldners nicht entgegenstehen.[77]

94

Bei angeordneter Nacherbfolge empfiehlt sich vielmehr die Verwertung durch Verwaltung (§§ 844, 857 Abs. 4 ZPO).

95

---

73 OLG Celle vom 31.10.1967, 4 W 108/67, NJW 1968, 801 Schiffhauer, ZIP 1982, 528; Dassler/Schiffhauer/Hintzen, ZVG, § 181 Rn 59.
74 BGH vom 12.5.1969, VIII ZR 86/67, NJW 1969, 1347 = MDR 1969, 750.
75 Vgl. Behr, JurBüro 1996, 233, 234.
76 OLG Frankfurt, JR 1954, 183 m. Anm. Riedel und Werner; Mümmler, JurBüro 1983, 822.
77 OLG Stuttgart, Rpfleger 1964, 179.

V. Formulierungsvorschläge für die Pfändung

96 *Hinweis*
Der Gläubiger muss das amtliche Formular nutzen aufgrund der Verordnung über Formulare für die Zwangsvollstreckung (Zwangsvollstreckungsformular-Verordnung – ZVFV) vom 23. August 2012 (BGBl I 2012, S. 1822). in der geänderten Fassung aufgrund der Verordnung zur Änderung der Zwangsvollstreckungsformular-Verordnung vom 16. Juni 2014 (BGBl I 2014, S. 754). Hierbei ist das Feld „Anspruch G" oder eine gesonderte Anlage zu nutzen.

▼

97 Pflichtteilsanspruch:

 wegen dieser Ansprüche sowie wegen der Kosten des Beschlusses und der Zustellung werden die angeblichen Ansprüche des Schuldners gegen Drittschuldner (*Name und Anschrift des bzw. der Erben*)
- auf Zahlung des Pflichtteils aus dem Nachlass des/der am in verstorbenen Herrn/Frau
- auf Erteilung der Auskunft über den Nachlassbestand und
- auf Ermittlung seines Wertes, § 2314 BGB,

gepfändet.
Der Anspruch ist
- vor dem gericht in unter AZ: rechtshängig
- durch Urteil des gerichts, AZ: festgestellt worden

▲

▼

98 Nachlassanteil:

 wegen dieser Ansprüche sowie wegen der Kosten des Beschlusses und der Zustellung wird der schuldnerische Miterbenanteil am Nachlass des verstorbenen (*Vor- und Nachname*), verstorben am (*Datum*) in (*Ort*), einschließlich des Auseinandersetzungsanspruchs gegenüber den (*Drittschuldner sind alle übrigen Miterben oder der Testamentsvollstrecker oder Nachlassverwalter*) gepfändet.

▲

▼

99 Vorerbenanteil:

 wegen dieser Ansprüche sowie wegen der Kosten des Beschlusses und der Zustellung wird der schuldnerische Mit-Vorerbenanteil am Nachlass des verstorbenen (*Vor- und Nachname*), verstorben am (*Datum*) in

C. Gesellschaft bürgerlichen Rechts §1

(*Ort*), einschließlich des Auseinandersetzungsanspruchs gegenüber den (Drittschuldner sind die übrigen Mitvorerben oder ein Testamentsvollstrecker für die Vorerben) gepfändet.

▲

▼

Nacherbenanteil: 100

 wegen dieser Ansprüche sowie wegen der Kosten des Beschlusses und der Zustellung wird das Recht des Schuldners als (Mit-)Nacherbe auf die Erbschaft am Nachlass des verstorbenen (*Vor- und Nachname*), verstorben am ▇▇▇ (*Datum*) in ▇▇▇ (*Ort*), gegenüber dem ▇▇▇ (*Drittschuldner ist der Vorerbe bei der Einzelnacherbfolge, bei mehreren Nacherben sind diese als Drittschuldner anzusehen*) gepfändet.[78]

▲

C. Gesellschaft bürgerlichen Rechts

I. Gesellschaftsanteil

Das Gesellschaftsvermögen einer GbR ist gemeinschaftliches Vermögen aller Gesellschafter (§ 718 Abs. 1 BGB). Aufgrund der **gesamthänderischen Bindung** kann keiner der Gesellschafter über seinen Anteil an dem Gesellschaftsvermögen verfügen und insbesondere nicht über seinen Anteil an einzelnen Gegenständen, z.B. dem Grundstück (§ 719 Abs. 1 BGB). Folgerichtig ist auch die Pfändung des Anteils eines einzelnen Gesellschafters an den einzelnen zum Gesellschaftsvermögen gehörenden Gegenständen unzulässig (§ 859 Abs. 1 Satz 2 ZPO). Eine Ausnahme gilt nur, wenn im Gesellschaftsvertrag die freie Übertragung der einzelnen Anteile vorgesehen ist. Insoweit ist § 717 BGB abdingbar.[79] 101

Ein Gesellschaftsanteil kann mit Zustimmung der übrigen Gesellschafter auch teilweise übertragen werden; geschieht dies unentgeltlich, so wird beim Fehlen der notariellen Beurkundung dieser Mangel schon mit der wirksamen Anteilsübertragung gem. §§ 398, 413 BGB geheilt, ohne dass es sonstiger Vollzugserfordernisse bedarf.[80] 102

Entgegen der gesetzgeberischen Bindung, dass ein einzelner Gesellschafter nicht über seinen Anteil am Gesellschaftsvermögen insgesamt verfügen kann (§ 719

---

78 Vgl. hierzu: Diepold/Hintzen, Musteranträge für Pfändung und Überweisung, Muster 123 bis 127 und 133.
79 Rupp/Fleischmann, Rpfleger 1984, 223.
80 OLG Frankfurt vom 15.4.1996, 20 W 516/94, NJW-RR 1996, 1123 = DB 1996, 1177 = FGPrax 1996, 126.

Abs. 1 BGB), gestattet § 859 Abs. 1 Satz 1 ZPO ausdrücklich dem Gläubiger die Zugriffsmöglichkeit durch Pfändung des Anteils des schuldnerischen Gesellschafters am Gesellschaftsvermögen.[81]

103 Nach anderer Ansicht handelt es sich bei der **Pfändung des Gesellschaftsanteils** um nichts anderes als die globale Pfändung der abtretbaren Forderung aus dem Gesellschaftsverhältnis.[82] Diese Ansicht verkennt aber, dass die Verfügung über den Anteil etwas anderes ist als die über die einzelnen Ansprüche und dass insbesondere deren Pfändung nicht die Abtretung des Anteils ausschließt. Die Abtretung des Anteils würde die Pfändung dann ins Leere laufen lassen, weil die einzelnen Ansprüche nicht in der Person des Pfändungsschuldners, sondern in der des Zessionars entstünden.[83]

104 Neben der Globalpfändung des gesamten Gesellschaftsanteils sind die **Ansprüche gem. § 717 BGB einzeln pfändbar**, und zwar:
- der Anspruch aus der **Geschäftsführung** (der behandelt wird wie Arbeitseinkommen),
- der Anspruch auf das **Auseinandersetzungsguthaben**,
- der Anspruch auf den jährlichen **Gewinnanteil**.[84]

II. Pfändung

1. Die GbR als „juristische Person"

105 Die Gesellschaft bürgerlichen Rechts (GbR) ist nach dem Gesetz keine juristische Person. Dem Grunde nach ist daher zur Zwangsvollstreckung in das Gesellschaftsvermögen ein **gegen alle Gesellschafter ergangener Titel** notwendig (§ 736 ZPO). In einer Grundsatzentscheidung hat der BGH am 29.1.2001[85] der **(Außen-)Gesellschaft** bürgerlichen Rechts jedoch die Rechtsfähigkeit zugesprochen, soweit sie durch Teilnahme am Rechtsverkehr eigene Rechte und Pflichten begründet.[86] In diesem Rahmen ist sie im Prozess auch aktiv und passiv parteifähig. Zur Klärung der Vertretungsverhältnisse der GbR gibt es aber bis heute kein Register als Nach-

---

81 BGH vom 21.4.1986, II ZR 198/85 in BGHZ 97, 392 = Rpfleger 1986, 308 = ZIP 1986, 776; vgl. EWiR § 725 BGB 1/26, 885 (Rümker); BGH, ZIP 1992, 109 = Rpfleger 1992, 260 m. Anm. Hintzen; OLG Hamm vom 22.12.1986, 15 W 425/86, NJW-RR 1987, 723.
82 K. Schmidt, JR 1977, 177.
83 BGH vom 19.9.1983, II ZR 12/83 m.w.N. in BGHZ 88, 205; vgl. auch mit überzeugender Begründung: MüKo/Smid, ZPO, § 859 Rn 4.
84 Stöber, Forderungspfändung, Rn 1576; Diepold/Hintzen, Musteranträge für Pfändung und Überweisung, Muster 80, 81.
85 BGH vom 29.1.2001, II ZR 331/00 in BGHZ 146, 341 = NJW 2001, 1056 = Rpfleger 2001, 246 = NZM 2001, 299 = NZI 2001, 241 = BB 2001, 374 = DGVZ 2001, 59 = JurBüro 2001, 319 = MDR 2001, 459 = WM 2001, 408 = ZIP 2001, 330 = NotBZ 2001, 100.
86 Hierzu auch BGH vom 6.4.2006, V ZB 158/05, NJW 2006, 2191 = Rpfleger 2006, 478.

weisgrundlage. Mit Urt. v. 25.9.2006[87] stellte der II. Zivilsenat des BGH auch die Grundbuchfähigkeit der GbR fest, die rechtsfähige GbR kann Rechtsträger von Grundstückseigentum und dinglichen Grundstücksrechten sein. Damit war klargestellt, dass auch die bisherigen Eintragungen „A, B, C in Gesellschaft bürgerlichen Rechts" so zu verstehen sind, dass die GbR Rechtsinhaber und auch nur die GbR als solche im Grundbuch eingetragen ist. Der Zusatz neben den Namen der Gesellschafter „als Gesellschafter bürgerlichen Rechts" besagt nichts anderes. Mit seinem Beschl. v. 4.12.2008[88] erkannte der V. Zivilsenat des BGH dann auch auf die formelle Grundbuchfähigkeit der GbR („Die Gesellschaft bürgerlichen Rechts (GbR) kann unter der Bezeichnung in das Grundbuch eingetragen werden, die ihre Gesellschafter im Gesellschaftsvertrag für sie vorgesehen haben"). Durch das Gesetz zur Einführung des elektronischen Rechtsverkehrs und der elektronischen Akte im Grundbuchverfahren sowie zur Änderung weiterer grundbuch-, register- und kostenrechtlicher Vorschriften vom 11.8.2009 (BGBl I 2713) wurde dann auch verfahrensrechtlich § 47 Abs. 2 GBO neu geschaffen („Soll ein Recht für eine Gesellschaft bürgerlichen Rechts eingetragen werden, so sind auch deren Gesellschafter im Grundbuch einzutragen"). Materiell wurde § 899a BGB neu geschaffen.

Auch vollstreckungsrechtlich hat der BGH seine Linie zur Rechtsfähigkeit der GbR beibehalten. Mit Beschl. v. 16.7.2004[89] stellte der BGH klar, dass aus der wirksam in eine Grundschuldurkunde aufgenommenen und im Grundbuch eingetragenen Unterwerfungserklärung der Gesellschafter einer Gesellschaft bürgerlichen Rechts gem. § 800 Abs. 1 ZPO die Zwangsvollstreckung in ein Grundstück des Gesellschaftsvermögens betrieben werden kann. Dem steht nicht entgegen, dass die Gesellschaft bürgerlichen Rechts nach neuerer Rechtsprechung rechts- und möglicherweise grundbuchfähig ist. Mit Beschl. v. 2.12.2010[90] und vom 24.2.2011[91] entschied der BGH weiter, dass die Vollstreckung in das Grundstück einer Gesellschaft bürgerlichen Rechts angeordnet werden darf, wenn deren Gesellschafter sämtlich aus dem Titel hervorgehen und mit den im Grundbuch eingetragenen Gesellschaftern übereinstimmen. Veränderungen im Gesellschafterbestand sind durch eine Rechtsnachfolgeklausel analog § 727 ZPO nachzuweisen. Der erweiterte öffentliche Glaube des Grundbuchs nach § 899a BGB bezieht sich nur auf

---

87 BGH vom 25.9.2006, II ZR 218/05, Rpfleger 2007, 23 = NJW 2006, 3716 = DNotZ 2007, 118 = MittBayNot 2007, 118 = NotBZ 2007, 21.
88 BGH vom 4.12.2008, V ZB 74/08, Rpfleger 2009, 141 m. Anm. Bestelmeyer = NJW 2009, 594 = DNotI-Report 2009, 12 = ZEV 2009, 91 m. Anm. Langenfeld = DNotZ 2009, 115 m. Anm. Hertel = MittBayNot 2009, 225 = FGPrax 2009, 6 = NotBZ 2009, 98 = ZfIR 2009, 93 m. Anm. Volmer.
89 BGH vom 16.7.2004, IXa ZB 288/03, NJW 2004, 3632 = DNotZ 2005, 121 = WM 2004, 1827 = MDR 2005, 113 = Rpfleger 2004, 718 = WuB H. 12/2004 VIE. § 800 ZPO 1.04 Wertenbruch.
90 BGH vom 2.12.2010, V ZB 84/10, NJW 2011, 615 = WM 2011, 239 = Rpfleger 2011, 285 = ZIP 2011, 119 = WuB H. 4/2011 VI D. § 727 ZPO 1.11 Brehm.
91 BGH vom 24.2.2011, V ZB 253/10, NJW 2011, 1449 = WM 2011, 642 = Rpfleger 2011, 337 = ZIP 2011, 881.

die Gesellschafterstellung, nicht auf die Geschäftsführungsbefugnis. Zur Zwangsvollstreckung gegen die Gesellschaft oder einen einzelnen Gesellschafter gelten daher nicht die Regeln der OHG, d.h. zur Zwangsvollstreckung in das Gesellschaftsvermögen ist ein gegen die Gesellschaft ergangenes Urteil notwendig, § 124 Abs. 2 HGB. Mit diesem Urteil kann nicht in das Vermögen des Gesellschafters vollstreckt werden, § 129 Abs. 4 HGB. Dies gilt umgekehrt im Verhältnis Gesellschafter zur Gesellschaft ebenso. Bei der GbR kann der Gläubiger mit einem Titel gegen die GbR als solche in das Gesellschaftsvermögen vollstrecken, aber auch mit einem Titel gegen alle Gesellschafter.[92]

2. Pfändungsverfahren

106 **Drittschuldner** der Pfändung des schuldnerischen Anteils an der GbR ist die Gesamthand und nicht die übrigen Gesellschafter. Mit der Entscheidung des BGH vom 29.1.2001[93] zur **Rechtsfähigkeit der (Außen-)Gesellschaft** ist klargestellt worden, dass zur **Wirksamkeit die Zustellung an die Gesellschaft als solche** erforderlich ist, d.h. an die geschäftsführenden Gesellschafter (§ 170 Abs. 1 Satz 1 ZPO). Sind mehrere geschäftsführende Gesellschafter vorhanden, genügt die Zustellung an einen von ihnen (§ 170 Abs. 3 ZPO). Hat die GbR keinen geschäftsführenden Gesellschafter, wird die Pfändung mit Zustellung an einen der Gesellschafter wirksam (Konsequenz aus § 719 BGB).[94]

107 *Hinweis*
Falls die Person der Geschäftsführung dem Gläubiger unbekannt ist, empfiehlt sich in der Praxis immer, die Zustellung an alle Gesellschafter vornehmen zulassen.

3. Wirkung der Pfändung

108 Entgegen der Wirkung bei der Pfändung des Erbanteils tritt der Pfändungsgläubiger nach der Pfändung des Anteils des schuldnerischen Gesellschafters an der GbR nicht als dinglicher Mitberechtigter in die Gesellschaft ein, da dies dem Wesen der Gesellschaft fremd ist.[95]

---

92 OLG Hamburg vom 10.2.2011, 13 W 5/11, Rpfleger 2011, 426; OLG Schleswig vom 20.12.2005, 2 W 205/05, Rpfleger 2006, 261 = WM 2006, 583; Zöller/Stöber, ZPO, § 736 Rn 2; Baumbach/Lauterbach/Albers/Hartmann, ZPO, § 736 Rn 1, 2.
93 BGH vom 29.1.2001, II ZR 331/00 in BGHZ 146, 341 = NJW 2001, 1056 = Rpfleger 2001, 246 = NZM 2001, 299 = NZI 2001, 241 = BB 2001, 374 = DGVZ 2001, 59 = JurBüro 2001, 319 = MDR 2001, 459 = WM 2001, 408 = ZIP 2001, 330 = NotBZ 2001, 100.
94 Vgl. Schuschke/Walker, Vollstreckung und vorläufiger Rechtsschutz, § 859 Rn 3; im Ergebnis auch Zöller/Stöber, ZPO, § 859 Rn 3.
95 RGZ 60, 131; OLG Hamm, DB 1987, 574 = NJW-RR 1987, 723.

Der schuldnerische Mitgesellschafter bleibt weiterhin Gesellschafter mit allen Rechten und Pflichten. Den Gesellschaftsgläubigern kann gegen ihren Willen kein neuer Gesellschafter aufgedrängt werden.[96]   **109**

Der **Pfändungsgläubiger** kann daher insbes. nachfolgende Rechte und Ansprüche des Schuldners **nicht wahrnehmen**:   **110**
- das Stimmrecht;[97]
- das Recht, Rechnungslegung verlangen zu können;[98]
- den Anspruch auf Gewinnfeststellung;[99]
- das Recht auf Mitwirkung bei der Geschäftsführung.[100]

Da der Gläubiger insoweit nicht die Stellung eines Gesellschafters erlangt, treffen ihn auch nicht die Pflichten, die dem Schuldner ansonsten als Gesellschafter auferlegt werden (z.B. §§ 735, 739 BGB).[101]   **111**

4. Rechte des Gläubigers

Zwei wichtige Rechte werden dem Gläubiger nach der Pfändung trotz Bestehens der Gesellschaft zugebilligt: **112**
- der Anspruch auf den jährlichen Gewinnanteil;
- das Kündigungsrecht (§ 725 Abs. 1 BGB).[102]

5. Gewinnanteil

Der Gewinnanteil wird von der Pfändung des Anteils des Schuldners an der Gesellschaft grundsätzlich miterfasst, kann aber auch selbstständig gepfändet werden (§ 717 BGB).[103] Die Pfändung erfasst auch den Anspruch aus §§ 713, 667 BGB gegen einen Mitgesellschafter, der das Grundstück wegen eines vermeintlichen Beschlusses über eine allein ihm zustehende Gewinnausschüttung – für den Vollstreckungsgläubiger nicht erkennbar – im eigenen Namen vermietet, den Mietzins für sich eingezogen und den Ertrag an die Gesamthand abzuführen hat.[104]   **113**

Der Anspruch auf den Gewinnanteil steht dem Gläubiger aber erst dann zu, wenn die **Gewinnfeststellung** durch die Gesellschaft stattgefunden hat. Der Gläubiger   **114**

---

96   Zöller/Stöber, ZPO, § 859 Rn 4.
97   RGZ 139, 228; Baumbach/Lauterbach/Albers/Hartmann, ZPO, § 859 Rn 4.
98   RGZ 90, 20.
99   Zöller/Stöber, ZPO, § 859 Rn 4.
100 Zöller/Stöber, ZPO, § 859 Rn 4.
101 RGZ 60, 131.
102 Schuschke/Walker, Vollstreckung und vorläufiger Rechtsschutz, § 859 Rn 3; MüKo/Smid, ZPO, § 859 Rn 10; Zöller/Stöber, ZPO, § 859 Rn 5; Hintzen/Wolf, Rn 6.341.
103 RGZ 95, 232.
104 So OLG Celle vom 31.3.2004, 9 U 217/03, Rpfleger 2004, 507.

selbst kann die Gewinnfeststellung nicht selbst herbeiführen, insbesondere kann er nicht auf Gewinnfeststellung klagen.[105]

115 Die **Höhe des Gewinnanteils** erfährt er über § 836 Abs. 3 ZPO. Er kann gegen den Schuldner das Verfahren zur Auskunftserteilung im Wege der eidesstattlichen Versicherung einleiten. Titel hierzu ist der zugestellte Pfändungs- und Überweisungsbeschluss.[106]

6. Kündigungsrecht

116 Das Kündigungsrecht gibt dem Gläubiger die Möglichkeit, die Gesellschaft aufzulösen, um auf das Auseinandersetzungsguthaben Zugriff nehmen zu können. Neben der wirksamen Pfändung ist Voraussetzung für die Kündigung der **Überweisungsbeschluss**[107] und ein **rechtskräftiger Titel** (§ 725 Abs. 1 BGB). Ein auch nur formell rechtskräftiges Vorbehaltsurteil soll die Kündigung nicht erlauben.[108]

117 Die **Kündigung muss gegenüber allen Gesellschaftern persönlich** erklärt werden, also auch gegenüber dem Schuldner. Die Kündigung nur gegenüber der Gesellschaft als solche und somit Zustellung an den geschäftsführenden Gesellschafter ist nicht ausreichend, da die Kündigung die Gesellschafter persönlich betrifft. Die Kündigung wird wirksam, sobald sie einem oder mehreren Gesellschaftern zugestellt wurde und darüber hinaus vorhandene Gesellschafter von ihr Kenntnis erlangt haben.[109]

III. Sicherung des Pfandrechts

118 Der **Pfändungsgläubiger** rückt nach der Pfändung nicht als dinglicher Mitberechtigter in die Gesellschaft ein. Er erlangt weder die Stellung noch die Rechte eines Gesellschafters.[110]

119 Die Pfändung des gesamten Gesellschaftsanteils erfasst auch zum Gesellschaftsvermögen gehörende Grundstücke, grundstücksgleiche Rechte oder Rechte am Grundstück. Die Gesellschafter sind aber trotz der Pfändung nicht gehindert, über die

---

105 Stöber, Forderungspfändung, Rn 1563.
106 Vgl. hierzu Hintzen/Wolf, Rn 6.64.
107 BGH vom 5.12.1991, IX ZR 270/90, ZIP 1992, 109 = Rpfleger 1992, 260; Stöber, Forderungspfändung, Rn 1566; a.A. Brox/Walker, Zwangsvollstreckungsrecht, Rn 775; MüKo/Schäfer, BGB, § 725 Rn 14; Stein/Jonas/Münzberg, ZPO, § 859 Rn 5; Schuschke/Walker, Vollstreckung und vorläufiger Rechtsschutz, § 859 Rn 6: Pfändungsbeschluss allein genügt.
108 Furtner, MDR 1965, 613; Mümmler, JurBüro 1982, 1612; LG Lübeck vom 6.3.1986, 7 T 162/86, NJW-RR 1986, 836 = Rpfleger 1986, 315.
109 BGH vom 11.1.1993, II ZR 227/91, MDR 1993, 431 = NJW 1993, 1002 = WM 1993, 460.
110 RGZ 60, 131.

zum Gesellschaftsvermögen gehörenden einzelnen Gegenstände weiter zu verfügen.[111]

Hieraus wird gefolgert, dass die Pfändung des Gesellschaftsanteils nicht zum Schutze des Gläubigers gegen Verfügungen der Gesellschafter zum Schutz vor gutgläubigem Erwerb im Grundbuch eingetragen werden kann.[112]

120

Diese Auffassung berücksichtigt zu einseitig die Interessen der Gesellschaft. Die Eintragung der wirksamen Pfändung ist lediglich die Verlautbarung der außerhalb des Grundbuchs wirksam gewordenen Verfügungsbeschränkung (§§ 135, 136 BGB i.V.m. § 892 Abs. 1 Satz 2 BGB). Für den Gläubiger sind der wirtschaftliche Erfolg und die Sicherung der verwertbaren Wirtschaftsgüter von ausschlaggebender Bedeutung. Ohne den Vollstreckungsgläubiger staatlich zu schützen, besteht die **Gefahr der Vereitelung des Verwertungszieles** durch die Gesellschaft unter Mitwirkung des Schuldners. Diese bereits bei der Eintragung der Pfändung eines Nachlassanteils herangezogene Begründung muss auch hier gleichermaßen zur Anwendung kommen. Die **Eintragung der Pfändung** muss daher zulässig sein.[113] Nur so kann der Gläubiger gegen benachteiligende Verfügungen der Gesellschafter wirksam geschützt werden.

121

> *Hinweis*
> Nach der Grundsatz-Entscheidung des BGH[114] zur Rechtsfähigkeit der (Außen-)Gesellschaft und den weiteren Entscheidungen auch zur Grundbuchfähigkeit der GbR (siehe Rn 105) kann eine Pfändung des einzelnen Gesellschaftsanteils dann nicht im Grundbuch eingetragen werden, wenn nur die GbR als solche ohne die einzelnen Namen der Gesellschafter erkennbar ist.

Der Pfändungsvermerk ist jedenfalls dann einzutragen, wenn die Gesellschaft aufgelöst ist. Auch die Eintragung des Insolvenzvermerks im Grundbuch ist möglich, sofern die Gesellschaft nicht fortgeführt wird.[115]

122

In einer bestehenden oder fortgeführten Gesellschaft hat der Testamentsvollstrecker lediglich das Gewinnrecht und das Recht auf das Auseinandersetzungsguthaben,

123

---

111 MüKo/Schäfer, BGB, § 719 Rn 56.
112 OLG Stuttgart, InVo 2000, 396; OLG Zweibrücken vom 16.7.1982, 3 W 57/82, Rpfleger 1982, 413; LG Hamburg vom 10.12.1981, 71 T 65/81, Rpfleger 1982, 142; OLG Hamm vom 22.12.1986, 15 W 425/86, Rpfleger 1987, 196 = NJW-RR 1987, 723; LG Hamburg, JurBüro 1988, 788; Schöner/Stöber, Grundbuchrecht, Rn 4292; gleichfalls zum Insolvenzvermerk LG Leipzig vom 4.10.1999, 14 T 6178/99, Rpfleger 2000, 111; a.A. OLG Hamm, JurBüro 1977, 875 = Rpfleger 1977, 136; Rupp/Fleischmann, Rpfleger 1984, 223 für den Fall der Übertragbarkeit des Gesellschaftsanteils.
113 Hintzen, Rpfleger 1992, 262, 263.
114 BGH vom 29.1.2001, II ZR 331/00 in BGHZ 146, 341 = NJW 2001, 1056 = Rpfleger 2001, 246 = NZM 2001, 299 = NZI 2001, 241 = BB 2001, 374 = DGVZ 2001, 59 = JurBüro 2001, 319 = MDR 2001, 459 = WM 2001, 408 = ZIP 2001, 330 = NotBZ 2001, 100.
115 Vgl. BGH vom 24.11.1980, II ZR 194/79, NJW 1981, 749 zur Eintragung des Testamentsvollstreckervermerks.

weitere Gesellschaftsrechte stehen ihm nicht zu, anders aber in der aufgelösten Gesellschaft.[116]

IV. Verwertung

1. Verfahren

124 Der Anteil des Schuldners am Gesellschaftsvermögen ist dem Gläubiger auf Antrag zur Einziehung zu überweisen. Eine Überweisung an Zahlungs statt oder eine anderweitige Verwertung (§ 844 ZPO) ist nicht möglich.[117]

125 In der Literatur wird die Frage diskutiert, ob eine Überweisung zur Einziehung oder an Zahlungs statt überhaupt zulässig ist, da dann der Gläubiger die Rechte erwirbt bzw. anstelle des Schuldner geltend machen kann.[118] Im Ergebnis bereitet die Überweisung zur Einziehung der Praxis keine Schwierigkeiten. Die Überweisung des gesamten Gesellschafteranteils ist Forderungsüberweisung, und zwar die globale Überweisung aller aus der Beteiligung resultierenden abtretbaren Ansprüche.[119]

2. Rechtsgeschäftliche Verwertung

126 Will der Gläubiger auf das Auseinandersetzungsguthaben Zugriff nehmen, muss er die Gesellschaft kündigen. Aufgrund der wirksamen Pfändung und des Überweisungsbeschlusses und Vorlage eines rechtskräftigen Titels kann der Gläubiger die Gesellschaft ohne Einhaltung einer Kündigungsfrist kündigen (§ 725 Abs. 1 BGB).[120] Durch die Kündigung wird die Gesellschaft grundsätzlich aufgelöst. Die **Folgen der Auflösung** werden in §§ 730 und 736 BGB geregelt.

127 Im Fall des § 736 BGB scheidet der Schuldner nach der Kündigung aus der Gesellschaft aus, sofern dies im Gesellschaftsvertrag vereinbart ist. Die Gesellschaft selbst wird unter den übrigen Gesellschaftern fortgeführt. Hinsichtlich des Anteils des ausscheidenden Gesellschafters tritt Anwachsung ein (§ 738 Abs. 1 BGB). Der Gesellschafter ist, auch wenn er nach dem Gesellschaftsvertrag keinen Kapitalanteil aus Gesellschaftsvermögen hat, dinglich Mitberechtigter an dem der Gesellschaft gehörenden Grundstück. Auch mit seinem Ausscheiden wächst sein Anteil z.B. an einem Grundstück den verbleibenden Gesellschaftern an.[121]

128 Die übrigen Gesellschafter sind verpflichtet, dem Schuldner dasjenige auszuzahlen, was er auch bei einer Auseinandersetzung erhalten hätte. Auf diesen Auszahlungs-

---

116 MüKo/Ulmer/Schäfer, BGB, § 705 Rn 109 ff.
117 Stöber, Forderungspfändung, Rn 1575.
118 Vgl. Furtner, MDR 1965, 613 ff.; K. Schmidt, JR 1977, 177 ff.; Smid, JuS 1988, 613 ff.
119 K. Schmidt, JR 1977, 177 ff.
120 BGH vom 21.4.1986, II ZR 198/85 in BGHZ 97, 395 = ZIP 1986, 776 = NJW 1986, 1991; BGH, ZIP 1992, 109 = Rpfleger 1992, 260.
121 OLG Hamm vom 29.8.1995, 15 W 243/94, NJW-RR 1996, 1446.

anspruch erstreckt sich das Pfandrecht des Pfändungsgläubigers, die Auszahlung hat daher an diesen zu erfolgen.

Falls der Gesellschaftsvertrag keine besondere Regelung enthält, können die Gesellschafter die mit der Kündigung verbundene Auflösung der Gesellschaft dadurch abwenden, dass sie den **Gläubiger voll abfinden** (§ 268 BGB).[122] Sie können darüber hinaus auch im Auseinandersetzungsstadium noch die Fortsetzung der Gesellschaft beschließen.[123] **129**

Ist im Gesellschaftsvertrag keine Regelung vorgesehen und sind die übrigen Gesellschafter nicht daran interessiert, die Gesellschaft fortzuführen, ist diese zu liquidieren (§ 730 BGB). Der Pfändungsgläubiger tritt aber auch hier i.R.d. **Liquidation** nicht an die Stelle des Schuldners, die Auseinandersetzung findet ausschließlich unter den Gesellschaftern statt.[124] In Fortführung zu dieser Rechtsprechung hat der BGH[125] entschieden, dass der Pfändungsgläubiger nach der Kündigung der Gesellschaft grundsätzlich auch den Anspruch des schuldnerischen Gesellschafters auf Durchführung der Auseinandersetzung ausüben kann. Auskunfts- oder Verwaltungsrechte sind damit allerdings nicht verbunden. **130**

Konkret gehörte der Gesellschaft nur ein Grundstück als Vermögensgut. Das Liquidationsermessen der Gesellschaft verringert sich in einem solchen Fall auf die **günstigste Art der Verwertung**, und zwar die Versteigerung oder den öffentlichen Verkauf. Verweigern die Gesellschafter die Mitwirkung hierzu, ist jedenfalls eine Klage auf Duldung der Zwangsversteigerung zulässig.[126] **131**

3. Zwangsweise Verwertung

a) Teilungsversteigerung

Die völlige Abhängigkeit des Pfändungsgläubigers von der Durchführung und Auseinandersetzung durch die Gesellschafter gilt aber dann nicht mehr, wenn die Verwertung zwangsweise erfolgt. Zwar darf und kann der Pfändungsgläubiger keine Gesellschaftsrechte wahrnehmen, das Antragsrecht zur Durchführung einer **Auseinandersetzungsversteigerung** (oder Teilungsversteigerung) bzgl. eines zum Gesellschaftsvermögen gehörenden Grundstücks muss ihm jedoch zugebilligt werden **132**

---

122 MüKo/Schäfer, BGB, § 725 Rn 22.
123 Stöber, Forderungspfändung, Rn 1569.
124 RGZ 95, 233.
125 Vom 5.12.1991, IX ZR 270/90, ZIP 1992, 109 = Rpfleger 1992, 260 = NJW 1992, 830 = MDR 1992, 294.
126 Brox/Walker, Zwangsvollstreckungsrecht, Rn 776; MüKo/Schäfer, BGB, § 725 Rn 16; zweifelhaft: LG Kaiserslautern vom 19.9.1984, 1 T 100/84, Rpfleger 1985, 121.

(§§ 180 ff. ZVG). Nur noch ein Teil der älteren Literatur vertritt eine andere Auffassung.[127]

133 Überwiegend wird dem Pfändungsgläubiger das Recht eingeräumt, die Auseinandersetzungsversteigerung zu betreiben. Ein Eingriff in die übrigen geschützten Gesellschafterrechte liegt nicht im Antrag auf Teilungsversteigerung.[128] Das meint auch der BGH, lässt aber in einer älteren Entscheidung noch offen, ob der Vollstreckungsgläubiger sogleich befugt ist, die Teilungsversteigerung zu beantragen.[129]

134 Nach der Entwicklung zur Rechtsfähigkeit der GbR (siehe hierzu Rn 105) stellte sich aber die Frage, ob die GbR als solche nicht vergleichbar den OHG-Regeln zu behandeln ist. Dies allerdings verneint der BGH in seinem Beschl. v. 16.5.2013.[130] Der BGH betont, dass sich die Zulässigkeit der Teilungsversteigerung allerdings nicht (mehr) unmittelbar aus § 180 Abs. 1 ZVG alleine ergibt. Denn das Grundstück einer GbR steht in deren Alleineigentum und nicht im gemeinschaftlichen Eigentum ihrer Gesellschafter. Dass die GbR nach § 47 Abs. 2 GBO unter Angabe ihrer Gesellschafter einzutragen ist, ändert daran nichts. Die Zulässigkeit der Teilungsversteigerung eines Gesellschaftsgrundstücks soll sich aber daraus ergeben, dass für die Auseinandersetzung des Vermögens einer gekündigten GbR nach § 731 Satz 2 BGB die Regeln der Gemeinschaft gelten und die Teilung eines Grundstücks danach gemäß § 753 Abs. 1 BGB durch Teilungsversteigerung zu erfolgen hat. Insbesondere schließt der BGH auch das Gegenargument aus, dass der entsprechenden Anwendbarkeit der Vorschriften über die Teilungsversteigerung auf Gesellschaftsgrundstücke die Anerkennung der Teilrechtsfähigkeit der GbR durch den BGH vom 29.1.2001 nicht entgegensteht.[131] Die Teilrechtsfähigkeit hat nach Ansicht des BGH nur die Zuordnung des Gesellschaftsvermögens, nicht aber die Anwendung der Vorschriften über die Auflösung der GbR verändert. Der Gläubiger kann daher nach wirksamer Pfändung und Kündigung die Auseinandersetzung in Form der Teilungsversteigerung beantragen.

135 Die Auseinandersetzungsversteigerung hat nur das Ziel, den unteilbaren Gegenstand Grundstück in den teilbaren Gegenstand Geld umzuwandeln. Die Gesellschafterrechte setzen sich im Wege der dinglichen **Surrogation an dem Versteigerungserlös** fort. Dies gilt gleichermaßen für das Pfändungspfandrecht des

---

127 LG Hamburg vom 14.7.1982, 76 T 44/82, Rpfleger 1983, 35; LG Hamburg vom 3.7.1989, 76 T 60/89, Rpfleger 1989, 519; Schuschke/Walker, Vollstreckung und vorläufiger Rechtsschutz, § 859 Rn 4 unter Hinweis auf LG Hamburg.
128 LG Hamburg vom 26.2.2002, 328 T 103/01, Rpfleger 2002, 532; LG Konstanz vom 5.5.1987, 1 T 68/87, Rpfleger 1987, 427; LG Lübeck vom 6.3.1986, 7 T 162/86, Rpfleger 1986, 315.
129 BGHZ 116, 227 ff.
130 BGH vom 16.5.2013, V ZB 198/12, Rpfleger 2013, 694 = NJW-RR 2014, 149.
131 So aber Dassler/Schiffhauer/Hintzen, ZVG, § 180 Rn 27; Becker, ZfIR 2013, 314, 318.

Gläubigers. Danach ist es Aufgabe des Gläubigers, die Klage auf Durchführung der Auseinandersetzung bzw. Zahlung eines bezifferten Betrags zu erheben.[132]

b) Ehegattenzustimmung

Im Hinblick auf die Tatsache, dass das Antragsrecht des Pfändungsgläubigers bereits streitig ist, wird die Frage, ob die Zustimmung des schuldnerischen Ehegatten gem. § 1365 BGB erforderlich ist oder nicht, nur wenig diskutiert. Nach einer Auffassung ist die Vorlage der Zustimmung des Ehegatten nicht erforderlich.[133]

Nach Steiner/Teufel[134] und Böttcher,[135] die auch das Antragsrecht des Pfändungsgläubigers grundsätzlich bejahen, ist dann auch die Zustimmung des Ehegatten erforderlich. Der güterrechtliche Schutz des anderen Ehegatten geht nicht dadurch verloren, dass anstelle des Ehegatten nunmehr der dazu befugte Pfändungsgläubiger den Antrag stellt.

In der Praxis prüft das Vollstreckungsgericht jedoch nicht, ob der Antrag auf Anordnung der Auseinandersetzungsversteigerung zustimmungspflichtig i.S.v. § 1365 Abs. 1 BGB ist. Etwas anderes kann nur gelten, wenn dem Versteigerungsgericht bei der Entscheidung über die Anordnung die Voraussetzungen der Vorschrift offen zutage treten. Das Fehlen der Einwilligung muss ggf. von dem Ehegatten über die Drittwiderspruchsklage geltend gemacht werden (§ 771 ZPO).[136]

V. Formulierungsvorschlag für die Pfändung

Hinweis
Der Gläubiger muss das amtliche Formular nutzen aufgrund der Verordnung über Formulare für die Zwangsvollstreckung (Zwangsvollstreckungsformular-Verordnung – ZVFV) vom 23. August 2012 (BGBl I 2012, S. 1822) in der geänderten Fassung aufgrund der Verordnung zur Änderung der Zwangsvollstreckungsformular-Verordnung vom 16. Juni 2014 (BGBl I 2014, S. 754). Hierbei ist das Feld „Anspruch G" oder eine gesonderte Anlage zu nutzen.

▼
Gesellschaftsanteil:

wegen dieser Ansprüche sowie wegen der Kosten des Beschlusses und der Zustellung wird der Anteil des Schuldners als Mitgesellschafter an dem Ver-

---

132 Hintzen, Rpfleger 1992, 262, 264.
133 LG Hamburg, MDR 1965, 748; OLG Hamburg vom 9.1.1970, 5 U 127/69, MDR 1970, 419 = NJW 1970, 952.
134 ZVG, § 181 Rn 22.
135 ZVG, § 180 Rn 51.
136 OLG Köln vom 7.1.2000, 25 UF 194/99, FamRZ 2000, 1167 Ls. = InVo 2000, 145 = ZfIR 2000, 319; Hintzen/Wolf, Rn 12.113.

mögen der GbR (*ggf. unter dem Namen* ▊) bestehend aus dem Schuldner und ▊ (*die übrigen Mitgesellschafter*) gepfändet. Drittschuldner sind ▊ (*alle Mitgesellschafter oder der geschäftsführende Gesellschafter*).[137]

▲

D. Bruchteilsgemeinschaft

I. Auseinandersetzungsanspruch

1. Zugewinngemeinschaft

141 Die Zwangsvollstreckung in den ideellen Anteil des Schuldners einer nach Bruchteilen bestehenden Gemeinschaft erfolgt grundsätzlich gem. § 864 Abs. 2 ZPO im Wege der Immobiliarvollstreckung: bei Grundstücken durch Eintragung einer **Zwangshypothek**, durch **Zwangsversteigerung** oder durch **Zwangsverwaltung**. Die Zwangsvollstreckung in den ideellen Anteil des Schuldners an einem Grundstück bietet in der Praxis regelmäßig wenig Aussicht auf Erfolg, Bietinteressenten sind nur äußerst selten an der Ersteigerung eines ideellen Anteiles interessiert.

142 Der einzelne Miteigentümer einer Bruchteilsgemeinschaft kann jederzeit die **Aufhebung der Gemeinschaft** verlangen (§ 749 Abs. 1 BGB). Selbst wenn das Recht auf Aufhebung der Gemeinschaft durch Vereinbarung für immer oder auf Zeit ausgeschlossen ist oder von einer Kündigung abhängig gemacht worden ist, kann die Aufhebung gleichwohl verlangt werden, wenn ein wichtiger Grund vorliegt (§ 749 Abs. 2 BGB).[138]

143 Das Recht eines Teilhabers, jederzeit die Aufhebung der Gemeinschaft zu verlangen, darf nicht durch die Geltendmachung von Gegenrechten, die nicht in der Gemeinschaft wurzeln, beeinträchtigt werden.[139]

144 Die Aufhebung der Gemeinschaft erfolgt grundsätzlich durch **Teilung in Natur** (Realteilung). Teilung in Natur scheitert im Regelfall daran, dass die gem. § 752 BGB erforderliche Gleichartigkeit bei der Teilung eines Grundstücks nicht gewährleistet ist.[140] Sofern die Teilung in Natur ausgeschlossen ist, erfolgt die Aufhebung bei Grundstücken durch **Zwangsversteigerung** und durch **Teilung des Erlöses** (§ 753 Abs. 1 BGB). Der Aufhebungsanspruch ist grundsätzlich nur mit dem ideel-

---

137 Vgl. Diepold/Hintzen, Musteranträge für Pfändung und Überweisung, Muster 81.
138 BGH vom 5.12.1994, II ZR 268/93, NJW-RR 1995, 334 = DB 1995, 1023 = MDR 1995, 246 = WM 1995, 750 = ZIP 1995, 113; BGH vom 30.4.1984, II ZR 202/83, DNotZ 1986, 143; OLG Rostock, ZfIR 2000, 795.
139 BGH vom 15.11.1989, IVb ZR 60/88, NJW-RR 1990, 133.
140 OLG Hamm vom 2.12.1991, 8 U 99/91, NJW-RR 1992, 665.

len Miteigentumsanteil verfügbar. Da dieser nicht abtretbar ist, wäre der Aufhebungsanspruch auch nicht pfändbar (§ 851 ZPO).[141]

Der **Anspruch auf Auseinandersetzung** kann jedoch einem Dritten **zur Ausübung** überlassen werden, dem auch das übertragbare künftige Recht auf den dem Miteigentumsanteil entsprechenden Teil des Versteigerungserlöses abgetreten worden ist (§ 857 Abs. 3 ZPO). Daher kann der Aufhebungsanspruch zwar nicht allein, aber zusammen mit dem künftigen Anspruch auf eine den Anteilen entsprechende Teilung und Auskehrung des Versteigerungserlöses gepfändet und überwiesen werden.[142]

Hinweis
In der Praxis ist es empfehlenswert, neben dem Aufhebungsanspruch auch den Anspruch auf Zustimmung zur Teilung des Erlöses, insbesondere des Erlöses in der Zwangsversteigerung, zu pfänden.[143]

Pfändet der Gläubiger nicht den Anspruch auf Teilung des Erlöses, können sich Bedenken bzgl. des **Rechtsschutzinteresses** ergeben.[144]

2. Besonderheit: Neue Bundesländer

Leben die Ehegatten gem. Art. 234 § 4 Abs. 2 EGBGB im **Güterstand der Eigentums- und Vermögensgemeinschaft** des FG-DDR, sind für die Zwangsvollstreckung in Gegenstände des gemeinschaftlichen Eigentums und Vermögens die Vorschriften über die Gütergemeinschaft anzuwenden, § 744a ZPO. Bis zum Ablauf von zwei Jahren nach Wirksamwerden des Beitritts konnten die Eheleute gegenüber dem Gericht erklären, dass für sie der bisherige Güterstand fortgelten soll (**Optionserklärung**; Art. 234 § 4 Abs. 2 EGBGB).[145]

Haben die Ehegatten keine Optionserklärung abgegeben, wird das gemeinschaftliche Eigentum kraft Gesetzes zu **Bruchteilseigentum mit gleichen Anteilen** (Art. 234 § 4a Abs. 1 EGBGB), sofern die Ehegatten nicht andere Bruchteile bestimmen. Diese Bestimmung konnte aber nur bis zum 24.6.1994 (Ablauf von sechs Monaten nach Inkrafttreten dieser Vorschrift, eingefügt durch das RegVBG vom

---

141 MüKo/K. Schmidt, BGB, § 749 Rn 24, 25; Furtner, NJW 1957, 1620.
142 BGH vom 23.2.1984, IX ZR 26/83, NJW 1984, 1968 = ZIP 1984, 489 = Rpfleger 1984, 283; BGH vom 10.1.1985, IX ZR 2/84, ZIP 1985, 372, 374; OLG Hamm vom 2.12.1991, 8 U 99/91, NJW-RR 1992, 665; OLG Köln, OLGZ 1969, 338 = Rpfleger 1969, 170; Steiner/Teufel, ZVG, § 180 Rn 26; Stöber, ZVG, § 180 Rn 11.1.
143 BGH vom 23.2.1984, IX ZR 26/83, Rpfleger 1984, 283 = NJW 1984, 1968 = ZIP 1984, 489.
144 LG Aurich, Rpfleger 1962, 413; Furtner, NJW 1957, 1620; ders., NJW 1969, 871 ff.
145 Wassermann, FamRZ 1991, 507; Stankewitsch, NJ 1991, 534; Arnold, DtZ 1991, 80.

20.12.1993, BGBl I, S. 2182) getroffen werden, danach wurde das hälftige Bruchteilseigentum fingiert.[146]

150 Das Wahlrecht ist i.Ü. dann erloschen, wenn die Zwangsversteigerung oder Zwangsverwaltung des Grundbesitzes angeordnet wurde (Art. 234 § 4a Abs. 1 Satz 5 EGBGB).

151 Für Ehegatten, die aufgrund einer Optionserklärung nach Art. 234 § 4 Abs. 2 EGBGB weiterhin im Güterstand der Eigentums- und Vermögensgemeinschaft leben, sind weitgehend die Vorschriften über die Gütergemeinschaft anzuwenden. Eine Teilungsversteigerung ist nur nach Auflösung der Ehe durch Vertrag oder Urteil oder aber durch Tod zulässig. Im Fall der Ehescheidung bleiben ausdrücklich die Vorschriften des FG-DDR maßgebend, die Auseinandersetzung erfolgt somit nach § 39 DDR-FGB, durch einverständliche Regelung oder durch gerichtliche Entscheidung.[147]

152 Für die Teilungsversteigerung gilt, dass sich die Ehegatten auf dieses Verfahren geeinigt haben müssen.

II. Pfändung

1. Verfahren

153 Die Pfändung erfolgt im Wege der Rechtspfändung gem. §§ 857 Abs. 3, Abs. 1, 829 ZPO. **Drittschuldner** sind die übrigen Miteigentümer. Die Pfändung ist mit Zustellung an den letzten der Miteigentümer bewirkt.[148] Haben die Miteigentümer den Ausschluss der Aufhebung der Gemeinschaft für immer oder auf Zeit oder eine Kündigungsfrist vereinbart, wirkt dies nicht gegenüber dem Pfändungsgläubiger, sofern der der Pfändung zugrunde liegende Titel rechtskräftig ist (§ 751 Satz 2 BGB).[149]

2. Pfändungswirkung und -sicherung

154 Mit Wirksamwerden der Pfändung des schuldrechtlichen Aufhebungsanspruchs entsteht kein Pfandrecht am Miteigentumsanteil des Schuldners. Es tritt keine Änderung am Miteigentumsanteil des Vollstreckungsschuldners ein.[150]

---

146 Vgl. LG Erfurt vom 12.1.1995, 7 T 156/94, Rpfleger 1995, 350; LG Neubrandenburg vom 16.11.1994, 3 T 104/94, Rpfleger 1995, 250 = DtZ 1995, 420 = MDR 1995, 525.
147 OLG Brandenburg vom 21.3.1995, 8 W 12/95, Rpfleger 1995, 373; LG Erfurt vom 24.11.1999, 7a T 69/99, FamRZ 2000, 1172 = Rpfleger 2000, 174.
148 Brox/Walker, Zwangsvollstreckungsrecht, Rn 727; Stöber, Forderungspfändung, Rn 1545; Musielak/Becker, ZPO, § 857 Rn 9.
149 Steiner/Teufel, ZVG, § 180 Rn 26; Stöber, ZVG, § 180 Rn 11.4; Dassler/Schiffhauer/Hintzen, ZVG, § 181 Rn 51; Palandt/Sprau, BGB, § 751 Rn 2.
150 OLG Köln, OLGZ 1969, 338.

D. Bruchteilsgemeinschaft § 1

Der Miteigentumsanteil ist nicht gepfändet, da die Vollstreckung hier nur im Wege der Immobiliarvollstreckung erfolgen kann. Eine **Eintragung** der mit der Pfändung einhergehenden Verfügungsbeschränkung **im Grundbuch ist** daher **nicht möglich**. Ein **gutgläubiger Rechtserwerb durch Dritte** kann nicht verhindert werden.[151]

155

Schutz vor weiteren Verfügungen über den ideellen Anteil des Schuldners am Grundstück bietet dem Gläubiger nur die sofortige Beantragung der Zwangsversteigerung oder zumindest die Eintragung der Zwangssicherungshypothek im Grundbuch.

156

> *Hinweis*
> Insbesondere ist dem Gläubiger in diesem Fall zu raten, wegen seiner Forderung auf dem Anteil des Schuldners im Grundbuch eine Zwangssicherungshypothek eintragen zu lassen. Ein Dritter, der den Anteil des Schuldners am Grundstück erwirbt, übernimmt die Sicherungshypothek als dingliche Last. Der Gläubiger kann gegen den Dritten aus der Zwangssicherungshypothek direkt in den Grundstücksanteil vollstrecken (§ 867 Abs. 3 ZPO).

157

Weiterhin bietet die Zwangssicherungshypothek dem Gläubiger auch Schutz vor Veräußerung wertvollen **Zubehörs**, da dieses nach Eintragung der Hypothek in seinen Hypothekenhaftungsverband fällt.

158

In der Erlösverteilung eines Zwangsversteigerungsverfahrens kann auch der gesetzliche Löschungsanspruch nach § 1179a BGB für den Gläubiger relevant und wichtig werden (siehe hierzu § 4 Rn 151).

159

III. Verwertung

1. Teilungsversteigerung

Der gepfändete Aufhebungsanspruch wird dem Gläubiger zur Einziehung überwiesen (§§ 857, 835 Abs. 1 ZPO). Eine Überweisung an Zahlungs statt ist unzulässig, da kein Nennwert gegeben ist.

160

Nach der Überweisung ist der Gläubiger kraft Gesetzes ermächtigt, das Recht seines Schuldners auf Aufhebung der Gemeinschaft auszuüben, insbesondere den Antrag auf Auseinandersetzungsversteigerung zu stellen (§§ 180 ff. ZVG).[152]

161

Der Gläubiger hat hierzu ein **alleiniges Antragsrecht**, der Schuldner selbst kann den Antrag auf Auseinandersetzungsversteigerung (oder Teilungsversteigerung) des Grundstücks allein nicht mehr stellen.[153]

162

---

151 LG Siegen vom 19.11.1987, 4 T 237/86, Rpfleger 1988, 249 m. Anm. Tröster.
152 BGH vom 23.2.1984, IX ZR 26/83, NJW 1984, 1969 = Rpfleger 1984, 283.
153 Stöber, ZVG, § 180 Rn 11.10 (i) m.w.N.; Hintzen/Wolf, Rn 12.127; Dassler/Schiffhauer/Hintzen, ZVG, § 181 Rn 53; a.A. Böttcher, Zwangsvollstreckung im Grundbuch, Rn 368.

2. Anfechtung der Anteilsübertragung

163 Hat der Schuldner seinen Miteigentumsanteil am Grundstück auf den anderen Miteigentümer in **anfechtbarer Weise** übertragen (§ 3 AnfG), kann der Gläubiger vom jetzigen Alleineigentümer als Anfechtungsgegner auch ohne vorherige Pfändung und Überweisung des schuldrechtlichen Anspruchs auf Aufhebung der Gemeinschaft und Auskehr des Erlöses in der Zwangsversteigerung die Duldung der Zwangsversteigerung des ganzen Grundstücks verlangen.[154]

164 Der Anspruch auf Auskehrung des Erlöses ist jedoch insoweit eingeschränkt, als der Gläubiger Befriedigung nur aus dem Teil des Grundstücks erlangen kann, der in anfechtbarer Weise hinzuerworben wurde.[155]

3. Zustimmung des Ehegatten

165 Handelt es sich bei dem zu versteigernden Grundstück um das wesentliche Vermögen von Ehegatten, die im gesetzlichen Güterstand leben (§ 1365 BGB), ist nach ganz h.M. die Zustimmung des Ehegatten zur Auseinandersetzungsversteigerung erforderlich.[156]

166 Ob dies auch für den Pfändungsgläubiger gilt, wird unterschiedlich beantwortet. Eine Auffassung bejaht das Zustimmungserfordernis, da der Pfändungsgläubiger des Auseinandersetzungsanspruchs den Anspruch anstelle des Schuldners mit allen Rechten und Einschränkungen geltend macht.[157]

167 Es wird jedoch auch die Auffassung vertreten, und dieser ist zuzustimmen, dass das Zustimmungserfordernis für den Pfändungsgläubiger nicht gilt. Hier wird argumentiert, dass die analoge Anwendung des § 1365 Abs. 1 BGB auf den von einem Ehegatten selbst gestellten Antrag auf Anordnung der Auseinandersetzungsversteigerung lediglich dazu dient, dem Schutzzweck der Vorschrift auch dort Rechnung zu tragen, wo durch eine Maßnahme des Ehegatten selbst ein Erfolg herbeigeführt würde, der einer rechtsgeschäftlichen Verfügung über sein Vermögen im Ganzen gleichkommt. Der Pfändungsgläubiger erhält demgegenüber ein eigenes Verwertungsrecht am Vermögen des Ehegatten. Dieses Verwertungsrecht dem **Zustim-**

---

154 BGH vom 23.2.1984, IX ZR 26/83, NJW 1984, 1969 = Rpfleger 1984, 283.
155 Erneut bestätigt durch BGH vom 19.3.1992, IX ZR 14/91, NJW-RR 1992, 733 = ZIP 1992, 558 = Rpfleger 1992, 361.
156 Für viele: BGH vom 14.6.2007, V ZB 102/06, Rpfleger 2007, 558 = NJW 2007, 3124 = FamRZ 2007, 1634 = WM 2007, 1791 = InVo 2007, 422 = ZNotP 2007, 344; OLG Köln vom 7.1.2000, 25 UF 194/99, FamRZ 2000, 1167 = InVo 2000, 145 = ZfIR 2000, 319; OLG Frankfurt vom 3.6.1997, 26 W 23/97, FamRZ 1997, 1490 = Rpfleger 1997, 490 = InVo 1998, 78; Dassler/Schiffhauer/Hintzen, ZVG, § 181 Rn 43 m.w.N.
157 Böttcher, ZVG, § 180 Rn 52; Stöber, ZVG, § 180 Rn 3.13 (q); Steiner/Teufel, ZVG, § 180 Rn 26.

mungsvorbehalt des § 1365 Abs. 1 BGB zu unterwerfen, hieße die Wirkung der Vorschrift über ihren Schutzzweck hinaus auszudehnen.[158]

Selbst wenn bei dem Antrag auf Anordnung der Auseinandersetzungsversteigerung die Voraussetzungen des § 1365 Abs. 1 BGB vorliegen, muss der Pfändungsgläubiger die Zustimmung des Ehegatten noch nicht vorlegen. Das Versteigerungsgericht knüpft zunächst an die formale Grundbuchlage an, und ermittelt nicht von Amts wegen, ob die Zustimmung des Ehegatten erforderlich ist. Der andere Ehegatte muss den Einwand der Zustimmungserfordernis ggf. selbst vortragen, im Zweifel im Wege der **Drittwiderspruchsklage** (§ 771 ZPO).[159]

168

4. Besonderheit: Nießbrauch

Vielfach tauchen Schwierigkeiten auf, wenn das gesamte Grundstück oder nur ein Anteil eines Miteigentümers mit einem Nießbrauch belastet ist.

169

Hinweis
Gläubiger sollten sich niemals davon abhalten lassen, die Auseinandersetzungsversteigerung zu betreiben, wenn im Grundbuch ein Nießbrauch eingetragen ist.

170

a) 1. Möglichkeit

Lastet das Nießbrauchsrecht auf dem Anteil des anderen Miteigentümers, der nicht Schuldner ist, so ist der Nießbrauchsberechtigte nicht Antragsgegner. Der Nießbrauchsberechtigte ist ein ganz „**normaler**" dinglicher Berechtigter am Grundstück. Das Nießbrauchsrecht kann nach den Versteigerungsbedingungen erlöschen oder bestehen bleiben (§ 182 Abs. 1 ZVG), ggf. ist ein Antrag auf abweichende Versteigerungsbedingung zu stellen (§ 59 ZVG).[160]

171

b) 2. Möglichkeit

Lastet das Nießbrauchsrecht auf dem Anteil des Schuldners, wird die Auffassung vertreten, dass bei der Auseinandersetzungsversteigerung das Nießbrauchsrecht an dem Anteil des Schuldners erlischt.[161]

172

---

158   KG vom 4.12.1991, 24 U 2612/91, Rpfleger 1992, 211 = MDR 1992, 679; OLG Düsseldorf vom 15.10.1990, 3 W 386/90, Rpfleger 1991, 215; OLG Köln vom 24.11.1988, 15 W 115/88, NJW-RR 1989, 325; LG Bielefeld vom 6.10.1989, 3 T 841/89, Rpfleger 1989, 518; LG Braunschweig vom 27.2.1969, 8 T 47/69, NJW 1969, 1675; Schiffhauer, ZIP 1982, 530; Dassler/Schiffhauer/Hintzen, ZVG, § 181 Rn 47.
159   OLG Köln vom 7.1.2000, 25 UF 194/99, FamRZ 2000, 1167 = InVo 2000, 145 = ZfIR 2000, 319; OLG Bremen vom 12.12.1983, 2 W 40/83, Rpfleger 1984, 156; LG Bielefeld vom 6.10.1989, 3 T 841/89, Rpfleger 1989, 518; Stöber, ZVG, § 180 Rn 3.13 (i) m.w.N.; Brudermüller, FamRZ 1996, 1516.
160   Steiner/Teufel, ZVG, § 180 Rn 112.
161   Stöber, ZVG, § 180 Rn 7.17 (b).

173 Hiernach sollen der Schuldner bzw. der Pfändungsgläubiger und der Nießbrauchsberechtigte nur zusammen den Antrag auf Auseinandersetzungsversteigerung stellen können. Dieser Auffassung kann nicht zugestimmt werden. Der Nießbrauch lastet auf dem Miteigentumsanteil des Schuldners und ist als bestehen bleibendes Recht in das geringste Gebot aufzunehmen. Das Recht ist vom Ersteher dinglich zu übernehmen. Auch wenn der Zuschlag bzgl. des ganzen Grundstücks erteilt wird, bleibt der Nießbrauch an dem ehemaligen Miteigentumsanteil des Schuldners bestehen. Die nach Zuschlag veränderten Eigentumsverhältnisse haben auf den Bestand eingetragener dinglicher Rechte am Grundstück grundsätzlich keinen Einfluss.[162]

c) 3. Möglichkeit

174 Lastet das Nießbrauchsrecht auf dem ganzen Grundstück, kommt es als bestehen bleibendes Recht in das geringste Gebot. Der Nießbrauch stellt auch kein Zwangsversteigerungshindernis dar.[163]

IV. Formulierungsvorschlag für die Pfändung

175
> *Hinweis*
> Der Gläubiger muss das amtliche Formular nutzen aufgrund der Verordnung über Formulare für die Zwangsvollstreckung (Zwangsvollstreckungsformular-Verordnung – ZVFV) vom 23. August 2012 (BGBl I 2012, S. 1822) in der geänderten Fassung aufgrund der Verordnung zur Änderung der Zwangsvollstreckungsformular-Verordnung vom 16. Juni 2014 (BGBl I 2014, S. 754). Hierbei ist das Feld „Anspruch G" oder eine gesonderte Anlage zu nutzen.

176 **Miteigentumsanteil:**[164]

 wegen dieser Ansprüche sowie wegen der Kosten des Beschlusses und der Zustellung wird der Anspruch auf Aufhebung der Bruchteilsgemeinschaft an dem Grundstück ▒▒▒▒ (*genaue Bezeichnung*) eingetragen im Grundbuch ▒▒▒▒ (*genaue Grundbuchangaben*) einschließlich des Anspruchs auf Zustimmung bei der Erlösverteilung und Auszahlung des Versteigerungserlöses gegenüber den ▒▒▒▒ (*Drittschuldner sind die übrigen Miteigentümer*) gepfändet.

---

162 Steiner/Teufel, ZVG, § 180 Rn 112; Böttcher, ZVG, § 181 Rn 45; Hintzen/Wolf, Rn 12.94.
163 Stöber, ZVG, § 180 Rn 7.17 (a).
164 Vgl. Diepold/Hintzen, Musteranträge für Pfändung und Überweisung, Muster 47, 48.

D. Bruchteilsgemeinschaft § 1

Schaubild 2: Pfändung von Rechtsgemeinschaften

Gemeinschaft	Pfändbarkeit	Verfahren	Grundbuch	Rechtliche und praktische Verwertung
Erbengemeinschaft, §§ 2032 ff. BGB	Miterbenanteil übertragbar und somit pfändbar, § 859 Abs. 2 ZPO. Ist der Schuldner Mitvorerbe, hindert der Nacherbenvermerk nicht.	Pfändungsbeschluss und Zustellung an alle Miterben oder Testamentsvollstrecker, keine Zustellung an Nacherben.	Eintragbar.	§§ 835 Abs. 1, 836 ZPO, Auseinandersetzungsanspruch, Teilungsversteigerung; nicht zulässig für Gläubiger eines Mitvorerben; Veräußerung §§ 844, 857 Abs. 5 ZPO.
BGB-Gesellschaft, §§ 705 ff. BGB	Gesellschaftsanteil nicht übertragbar § 719 Abs. 1 BGB, aber pfändbar, § 859 Abs. 1 ZPO als Inbegriff der „Mitgliedsrechte"; daneben auch pfändbare Einzelansprüche, § 717 BGB.	Pfändungsbeschluss und Zustellung an den geschäftsführenden Gesellschafter bzw. alle Gesellschafter.	Nicht eintragbar (streitig).	Kündigung, § 725 Abs. 1 BGB. Folge: Auflösung, Auseinandersetzung oder Anwachsung, Auszahlung; Teilungsversteigerung (h.M.); Veräußerung §§ 844, 857 Abs. 5 ZPO unzulässig.
Bruchteilsgemeinschaft, §§ 741 ff. BGB	Pfändbarer Aufhebungsanspruch, § 749 Abs. 1 BGB.	Pfändungsbeschluss und Zustellung an alle Miteigentümer.	Nicht eintragbar.	§§ 835 Abs. 1, 836 ZPO. Teilungsversteigerung, § 753 Abs. 1 BGB; Zustimmung nach § 1365 BGB erforderlich; Nießbrauch auf Miteigentumsanteilen hindert nicht; Zu empfehlen: Zwangssicherungshypothek auf dem Anteil.

177

§ 2 Dingliche Vermögensrechte – Rechte der Abt. II im Grundbuch

Sicherlich spielen die dinglichen Rechte am Grundstück, die in Abt. II des Grundbuchs eingetragen werden, vollstreckungsrechtlich eine untergeordnete Rolle. Es gibt auch nur wenig Rechtsprechung und kaum Literatur zu diesen Fragen. Die nachfolgenden Erläuterungen sollen die **wesentlichen zwangsvollstreckungsrechtlichen Voraussetzungen** und die damit im Zusammenhang stehenden **sachenrechtlichen Probleme** darstellen. Die am Schluss des Kapitels angeführte Tabelle gibt dem Gläubiger eine schnelle Übersicht über den Einstieg in die Rechtspfändung, deren Sicherung und Verwertungsmöglichkeit.

A. Dienstbarkeit

Die Grunddienstbarkeit nach §§ 1018 ff. BGB ist kraft Gesetzes ein subjektiv dingliches Recht. Sie ist damit wesentlicher Bestandteil des herrschenden Grundstücks (§ 96 BGB). Sie kann von dem herrschenden Grundstück nicht getrennt werden, die Ausübung kann auch nicht selbstständig einem anderen überlassen werden. Die Grunddienstbarkeit ist damit nicht übertragbar und auch nicht pfändbar (§ 851 Abs. 1 ZPO).[1]

B. Nießbrauch

I. Ausübungsrecht

Der Nießbrauch (§§ 1030 ff. BGB) gibt dem Berechtigten das Recht, sämtliche Nutzungen der Sache zu ziehen. Der Nießbrauch ist ein höchstpersönliches Recht und kraft Gesetzes nicht übertragbar, § 1059 Satz 1 BGB. Die Unübertragbarkeit führt folgerichtig auch zur Nichtpfändbarkeit (§ 851 Abs. 1 ZPO).

Die gesetzlich geregelte Übertragbarkeit des Nießbrauchs für eine juristische Person (§ 1059a BGB) wird für die Pfändung und Verpfändung in § 1059b BGB ausdrücklich ausgeschlossen. Eine Vollstreckungsmöglichkeit ist somit auch hier nicht gegeben.

Der Nießbrauch ist jedoch insoweit ein klassisches Beispiel der Rechtspfändung, da die **Ausübung** des Nießbrauchs kraft Gesetzes einem anderen **überlassen** werden kann (§ 1059 Satz 2 BGB) und somit die Pfändbarkeit über § 857 Abs. 3 ZPO gegeben ist.

---

1 Stöber, Forderungspfändung, Rn 1637; Brox/Walter, Zwangsvollstreckungsrecht, Rn 759; MüKo/Joost, BGB, § 1018 Rn 64.

II. Pfändung

6 Streitig wurde früher die Frage beantwortet, ob Gegenstand der Pfändung das Nießbrauchsrecht selbst ist, also das **Stammrecht**, oder nur der Anspruch auf Ausübung.[2]

7 Nach höchstrichterlicher **Rechtsprechung**[3] dürfte die Frage jedoch dahin gehend beantwortet sein, dass Gegenstand der Pfändung das Stammrecht, also der Nießbrauch selbst ist und nicht der obligatorische Anspruch auf seine Ausübung. § 857 Abs. 3 ZPO, der auch für den Nießbrauch die maßgebliche vollstreckungsrechtliche Vorschrift ist, hat in erster Linie die Funktion, aus der Reihe der unveräußerlichen Rechte diejenigen als der Pfändung unterworfen zu bestimmen, deren Ausübung einem anderen überlassen werden kann. Die Pfändung erfährt jedoch insoweit eine Einschränkung, als der Pfändungsgläubiger ein unveräußerliches Recht nicht zum Zwecke seiner Befriedigung verwerten darf, sondern es nur zu diesem Zweck ausüben darf. In diesen beiden Funktionen – Bestimmung der unveräußerlichen Rechte, die der Zwangsvollstreckung unterworfen sind und dem Hinweis auf die eingeschränkte Befriedigungsmöglichkeit des Vollstreckungsgläubigers – erschöpft sich die Bedeutung des einschränkenden Halbsatzes a.E. des § 857 Abs. 3 ZPO.[4]

8 Da die **Ausübungsbefugnis** durch einen Dritten kraft Gesetzes besteht, bedarf es **keiner** ausdrücklichen **Gestattung** zwischen Eigentümer und Nießbrauchsberechtigtem (vgl. hierzu im Gegensatz die beschränkte persönliche Dienstbarkeit). Sofern die Überlassung der Ausübungsbefugnis zwischen Eigentümer und Nießbrauchsberechtigtem ausgeschlossen und dies mit dinglicher Wirkung im Grundbuch bei dem Recht eingetragen worden ist, hindert dies nicht die Pfändbarkeit des Nießbrauchs.[5]

---

2 Für den Ausübungsanspruch: KG, KGJ 40, 254; OLG Frankfurt, NJW 1961, 1928; Strutz, Rpfleger 1968, 145; für Pfändung des Stammrechts: BayObLG vom 7.8.1997, 2 Z BR 104/97, DNotZ 1998, 302 = Rpfleger 1998, 69 = ZIP 1997, 1852 = InvO 1998, 163 = MittBayNot 1998, 35 = ZfIR 1997, 620; OLG Frankfurt vom 8.3.1990, 12 U 158/89, ZIP 1990, 1357 = NJW-RR 1991, 445; OLG Köln vom 6.4.1962, 8 W 180/61, NJW 1962, 1621; OLG Bremen vom 30.1.1969, 1 W 135/68, NJW 1969, 2147.

3 BGH vom 12.1.2006, IX ZR 131/04, NJW 2006, 1124 = Rpfleger 2006, 331; BGH vom 20.2.1974, VIII ZR 20/73, NJW 1974, 796 = Rpfleger 1974, 186.

4 BGH vom 12.1.2006, IX ZR 131/04, NJW 2006, 1124 = Rpfleger 2006, 331; BGH vom 20.2.1974, VIII ZR 20/73, NJW 1974, 796 = Rpfleger 1974, 186.

5 BGH vom 20.2.1974, VIII ZR 20/73, Rpfleger 1974, 186 = NJW 1974, 796; BGH vom 21.6.1985, V ZR 37/84, NJW 1985, 2827 = ZIP 1985, 1084 = Rpfleger 1985, 373.

Die Pfändung selbst erfolgt im Wege der Rechtspfändung (§§ 857 Abs. 3, Abs. 1, 829 ZPO) und wird wirksam mit Zustellung an den Eigentümer als Drittschuldner (und nicht mit der Eintragung im Grundbuch).[6]

Die Auffassung, dass die Eintragung der Pfändung im Grundbuch mit konstitutiver Wirkung erfolgen muss, findet im Gesetz keinerlei Stütze. Rechtsbegründend ist die Eintragung der Pfändung nur bei der Hypothek bzw. Grundschuld ohne Brief und gleichermaßen bei der Reallast (§§ 857 Abs. 6, 830 ZPO).[7]

III. Sicherung der Pfändung

Die wirksame Pfändung bewirkt zugunsten des Gläubigers ein relatives Verfügungsverbot i.S.d. §§ 135, 136 BGB. Die Änderung dieser Verfügungsbefugnis kann im Grundbuch bei dem Nießbrauch im Wege der Grundbuchberichtigung (§ 22 GBO) eingetragen werden.[8]

Die Eintragung erfolgt aufgrund formlosen Antrags des Gläubigers unter Vorlage des zugestellten Pfändungsbeschlusses an den Eigentümer als Drittschuldner.[9]

Die früher vertretenen Auffassungen, dass die Eintragung der Pfändung bei dem Nießbrauch im Grundbuch nicht möglich ist, oder die Eintragung ist doch möglich, aber der Schuldner kann nach wie vor auf den Nießbrauch wirksam verzichten,[10] sind allesamt überholt. Nach den grundlegenden Entscheidungen des **BGH**,[11] der die unmittelbare Pfändung des Stammrechts bejaht, muss die **Eintragung des Verfügungsverbotes im Grundbuch** zulässig sein.

Allerdings sieht der BGH keine Notwendigkeit der Eintragung, insbesondere nicht im Hinblick auf den öffentlichen Glauben des Grundbuchs. Der Eigentümer des belasteten Grundstücks sei schon dadurch geschützt, dass die Pfändung des Nießbrauchs erst mit der Zustellung an ihn wirksam wird. Eines Schutzes Dritter, die auf die Richtigkeit des Grundbuchs vertrauen, bedürfe es nicht, weil der Nießbraucher den Nießbrauch weder übertragen (§ 1059 Satz 1 BGB), noch verpfänden (§ 1274 Abs. 2 BGB), noch mit einem Nießbrauch belasten kann (§ 1069 Abs. 2

---

6 RGZ 74, 83; BayObLG vom 7.8.1997, 2 Z BR 104/97, DNotZ 1998, 302 = Rpfleger 1998, 69 = ZIP 1997, 1852 = InVo 1998, 163 = MittBayNot 1998, 35 = ZfIR 1997, 620; Stöber, Forderungspfändung, Rn 1710; Schuschke/Walker, Vollstreckung und vorläufiger Rechtsschutz, § 857 Rn 33, 34; Böttcher, Zwangsvollstreckung im Grundbuch, Rn 468.
7 S.a. BGH vom 12.1.2006, IX ZR 131/04, NJW 2006, 1124 = Rpfleger 2006, 331; BGH vom 20.2.1974, VIII ZR 20/73, NJW 1974, 796 = Rpfleger 1974, 186.
8 Für viele: Palandt/Bassenge, BGB, § 1059 Rn 6; Zöller/Stöber, ZPO, § 857 Rn 12.
9 Zöller/Stöber, ZPO, § 857 Rn 12.
10 Vgl. Stöber, Forderungspfändung, Rn 1714.
11 BGH vom 12.1.2006, IX ZR 131/04, NJW 2006, 1124 = Rpfleger 2006, 331 und vom 20.2.1974, VIII ZR 20/73, NJW 1974, 796 = Rpfleger 1974, 186.

BGB). Er könne lediglich die Ausübung des Nießbrauchs einem anderen überlassen.

15 Diese Überlassung ist jedoch nur schuldrechtlicher Natur und stellt keine Verfügung über den Nießbrauch dar. Der BGH verkennt hierbei jedoch die Gefahr, dass der Pfändungsgläubiger jederzeit Gefahr läuft, dass sein Pfandrecht vereitelt oder beeinträchtigt wird, wenn die Pfändung bei dem Nießbrauch im Grundbuch nicht eingetragen wird. Sofern der Schuldner auf seinen Nießbrauch verzichtet oder der Nießbrauch im Grundbuch gelöscht wird, kann die Pfändung keine Schutzwirkung mehr entfalten.

16 Der Pfändungsgläubiger ist gut beraten, die Pfändung im Grundbuch bei dem Nießbrauch vermerken zu lassen.[12]

IV. Verwertung

17 Die Überweisung des Nießbrauchs erfolgt zur Einziehung, aber nur bezüglich der Ausübungsbefugnis. Der Pfändungsgläubiger kann alle Rechte des Schuldners aus dem Nießbrauch geltend machen, insbesondere die Nutzungen der Sache ziehen (Miete und Pacht).[13] Andererseits muss der Gläubiger aber auch die Verpflichtungen und Lasten tragen (§ 1047 BGB).[14] Um die Nutznießung zu ziehen, muss der Gläubiger die Sache in Besitz nehmen. Die Besitzeinräumung ist ggf. vom Drittschuldner durch Klage zu erzwingen.[15]

18 Auf Antrag des Gläubigers kann das Vollstreckungsgericht auch durch gerichtliche Anordnung die Verwaltung der Sache regeln (§ 857 Abs. 4 ZPO). Das Gericht wird dann regelmäßig einen Verwalter bestellen.[16] Das Vollstreckungsgericht kann den Verwalter nach Maßgabe der Regelung in § 150 Abs. 2 ZVG ermächtigen, sich den Besitz des mit dem Nießbrauch belasteten Grundstücks zu verschaffen. Zur Wahrnehmung der dem Nießbrauchsberechtigten zustehenden Nutzungsrechte muss er, wie sich aus § 152 Abs. 1 ZVG ergibt, das Grundstück im Sinne der Gläubigerbefriedigung verwalten und nutzen. Dazu benötigt er den Besitz an dem Grundstück. Den unmittelbaren Besitz kann sich der Verwalter mit Hilfe der im Pfändungsbeschluss enthaltenen Ermächtigung verschaffen, wobei der Beschluss der Vollstreckungstitel gemäß § 794 Abs. 1 Nr. 3 ZPO ist und notfalls mit Hilfe des Gerichtsvollziehers durchgesetzt werden kann. Den mittelbaren Besitz des Nießbrauchsberechtigten erlangt er durch Einweisung oder bereits durch die Anordnung und Übertragung der Verwaltung mit der Annahme des Amtes durch den

---

12 Hintzen, JurBüro 1991, 755 ff.
13 Musielak/Becker, ZPO, § 857 Rn 14.
14 RGZ 56, 388, 391.
15 Stöber, Forderungspfändung, Rn 1712.
16 BGH vom 12.1.2006, IX ZR 131/04, NJW 2006, 1124 = Rpfleger 2006, 331; BGH vom 9.12.2010, VII ZB 67/09, Rpfleger 2011, 281 = NJW 2011, 1009.

Verwalter. Ist der Schuldner weder unmittelbarer noch mittelbarer Besitzer des Grundstückes und verweigert der Dritte, der den Besitz innehat, die Herausgabe, ist die Verwaltung rechtlich undurchführbar. Sollte dies dem Vollstreckungsgericht bekannt sein, darf eine Verwaltung nach § 857 Abs. 4 ZPO nicht angeordnet werden.[17]

V. Besonderheit: Insolvenz

Der Nießbrauch ist der Zwangsvollstreckung unterworfen und deshalb insolvenzfähig. Der Insolvenzverwalter ist anstelle des Nießbrauchsberechtigten verfügungsberechtigt; er bedarf deshalb zur Bewilligung der Löschung des Nießbrauchs keiner Mitwirkung des Nießbrauchsberechtigten.[18]

19

Der **Insolvenzverwalter** kann nicht über das Stammrecht verfügen, er kann jedoch die Nutzungen zur Insolvenzmasse ziehen. Auch der vereinbarte Ausschluss der Übertragung oder der Pfändung des Nießbrauchs wirkt nicht gegenüber der Insolvenzmasse, der Nießbrauch fällt voll in die Insolvenzmasse. Ein Verzicht des Nießbrauchers nach Insolvenzeröffnung ist der Insolvenzmasse gegenüber ebenfalls unwirksam.[19]

20

C. Beschränkte persönliche Dienstbarkeit

I. Ausübungsrecht

Die beschränkte persönliche Dienstbarkeit (§§ 1090 ff. BGB) unterscheidet sich inhaltlich nicht von der Grunddienstbarkeit. Im Gegensatz zur Grunddienstbarkeit ist sie jedoch nicht zugunsten des jeweiligen Eigentümers eines anderen Grundstücks bestellt, sondern **subjektiv persönlich** zugunsten einer bestimmten Person. Dennoch ist sie grundsätzlich nicht übertragbar (§ 1092 Abs. 1 Satz 1 BGB) und damit unpfändbar (§ 851 Abs. 1 ZPO).

21

Die gesetzlich geregelte Übertragbarkeit der beschränkten persönlichen Dienstbarkeit für juristische Personen oder rechtsfähige Personengesellschaften (§ 1092 BGB) wird für die Pfändung und Verpfändung über § 1092 Abs. 3 Satz 3 BGB i.V.m. § 1059b BGB wiederum ausdrücklich ausgeschlossen. Eine Vollstreckungsmöglichkeit ist somit auch hier nicht gegeben.

22

Allerdings kann die **Ausübung** der Dienstbarkeit einem anderen **überlassen** werden, sofern die **Überlassung gestattet** ist (§ 1092 Abs. 1 Satz 2 BGB). In diesem

23

---

17 BGH vom 9.12.2010, VII ZB 67/09, Rpfleger 2011, 281 = NJW 2011, 1009.
18 OLG München vom 14.9.2010, 34 Wx 072/10, Rpfleger 2011, 153; OLG Frankfurt vom 8.3.1990, 12 U 158/89, MDR 1990, 922 = NJW-RR 1991, 445.
19 BGH vom 21.6.1985, V ZR 37/84, NJW 1985, 2827 = Rpfleger 1985, 373 = ZIP 1985, 1084; OLG Frankfurt vom 8.3.1990, 12 U 158/89, MDR 1990, 922 = NJW-RR 1991, 445; MüKo/Pohlmann, BGB, § 1059 Rn 13; Palandt/Bassenge, BGB, § 1059 Rn 7; MüKo/Peters, InsO, § 35 Rn 450.

Fall kann die beschränkte persönliche Dienstbarkeit, wie der Nießbrauch, nach § 857 Abs. 3 ZPO gepfändet werden.[20]

24 Die Gestattung der Übertragbarkeit der Ausübungsbefugnis erfordert grundsätzlich **Einigung** zwischen Eigentümer und Dienstbarkeitsberechtigtem und **Eintragung** in das **Grundbuch**.[21]

25 Die Eintragung muss nicht wörtlich im Grundbuch bei dem Recht erfolgen, es genügt die Eintragung „unter Bezugnahme auf die Eintragungsbewilligung".[22]

26 *Hinweis*
Mit der Eintragung in das Grundbuch wirkt das Gestattungsrecht gegenüber dem jeweiligen Eigentümer des Grundstücks. Um die Frage der Gestattung der Ausübungsbefugnis auf Dritte prüfen zu können, muss der Gläubiger nicht nur in das Grundbuch Einsicht nehmen, sondern er muss unbedingt auch die Bewilligungsurkunde einsehen.

27 Nach anderer Auffassung[23] ist die Eintragung der Gestattung im Grundbuch bei der Dienstbarkeit nicht notwendig. Es reicht für die Frage der Pfändbarkeit aus, wenn zwischen Eigentümer und dem Dienstbarkeitsberechtigten die Gestattung der Ausübung an einen Dritten bereits rechtsgeschäftlich vereinbart wurde.[24] Eine solche **rechtsgeschäftliche Vereinbarung**, die aus dem Grundbuch nicht ersichtlich ist, muss der Gläubiger ggf. von dem Grundstückseigentümer im Wege der Drittschuldnererklärung in Erfahrung bringen.

28 Die Frage der Gestattung spielt keine Rolle, wenn Gläubiger und Schuldner Familienangehörige sind. Handelt es sich bei der beschränkten persönlichen Dienstbarkeit um ein **Wohnungsrecht** (§ 1093 BGB), sind die Familienangehörigen des Schuldners grundsätzlich berechtigt, die Wohnung mit zu benutzen.[25]

29 Erfolgt z.B. die Pfändung wegen Unterhaltsrückstands eines Kindes gegen den Vater als Wohnungsberechtigten, so kann die Pfändung auch ohne Gestattung der Ausübungsbefugnis an Dritte erfolgen.

---

20 AG Köln vom 2.5.2003, 289 M 8139/02, InVo 2003, 490; Zöller/Stöber, ZPO, § 857 Rn 12; Musielak/Becker, ZPO, § 857 Rn 15.
21 Schöner/Stöber, Grundbuchrecht, Rn 1215 m.w.N.; a.A. Musielak/Becker, ZPO, § 857 Rn 15, nur zur Wirkung gegenüber einem Rechtsnachfolger.
22 KG vom 25.4.1968, 1 W 2093/67, NJW 1968, 1882; OLG Karlsruhe vom 26.8.1988, 10 U 274/87, BB 1989, 942, 943.
23 LG Detmold vom 8.1.1988, 2 T 492/87, Rpfleger 1988, 372.
24 Wieczorek/Lüke, ZPO, § 857 Rn 76.
25 H.M. für viele: Palandt/Bassenge, BGB, § 1093 Rn 12.

II. Pfändung

Die Pfändung entspricht den Ausführungen zum Nießbrauch. Die höchstrichterlichen Entscheidungen des BGH[26] zur Pfändung eines Nießbrauchsrechts ist gleichermaßen auf die beschränkt persönliche Dienstbarkeit zu übertragen. Gegenstand der Pfändung ist auch hier das **Stammrecht** als solches und nicht nur die Ausübungsbefugnis. Voraussetzung ist nur, dass die Gestattung im Grundbuch bei dem Recht eingetragen ist oder rechtsgeschäftlich vereinbart wurde. 30

Die Pfändung wird wirksam mit Zustellung an den Grundstückseigentümer (= Drittschuldner; §§ 857 Abs. 3, 1, 829 ZPO).[27] 31

III. Sicherung der Pfändung

Diejenigen, die nur die Ausübungsbefugnis für pfändbar halten, lassen eine Eintragung im Grundbuch nicht zu. Dies hat aber zur Folge, dass das Pfändungsrecht des Gläubigers durch Verzicht oder Löschung der beschränkten persönlichen Dienstbarkeit jederzeit unterlaufen werden kann.[28] 32

Richtig ist daher, dass die Eintragung der Pfändung als Änderung der Verfügungsbefugnis des Schuldners – als Berechtigter der beschränkten persönlichen Dienstbarkeit – im Grundbuch eingetragen werden kann.[29] 33

Die Eintragung erfolgt aufgrund formlosen Antrags des Gläubigers im Wege der Grundbuchberichtigung, § 22 GBO. Zum **Nachweis der Grundbuchunrichtigkeit** hat der Gläubiger den zugestellten Pfändungsbeschluss vorzulegen. 34

Für den Gläubiger ist es eine gefährliche Unterlassung, die Pfändung im Grundbuch nicht vermerken zu lassen, da nur so ein wirksamer Schutz vor dem Untergang des Rechts möglich ist.[30] 35

IV. Verwertung

Überwiesen wird dem Gläubiger nicht das Stammrecht, sondern nur die Ausübungsbefugnis. Handelt es sich bei der beschränkten persönlichen Dienstbarkeit um ein Wohnungsrecht, kann der Pfändungsgläubiger die Wohnung selber bewohnen, er hat hierzu ein Besitzrecht. Er kann weiterhin die Wohnung an einen Dritten vermieten. Hat der Schuldner die Wohnung bereits vermietet, hat er einen An- 36

---

26 BGH vom 12.1.2006, IX ZR 131/04, NJW 2006, 1124 = Rpfleger 2006, 331 und BGH vom 20.2.1974, VIII ZR 20/73, NJW 1974, 796 = Rpfleger 1974, 186.
27 Brox/Walker, Zwangsvollstreckungsrecht, Rn 760; Stöber, Forderungspfändung, Rn 1520.
28 Palandt/Bassenge, BGB, § 1092 Rn 6.
29 BGH vom 12.1.2006, IX ZR 131/04, NJW 2006, 1124 = Rpfleger 2006, 331 und BGH vom 20.2.1974, VIII ZR 20/73, NJW 1974, 796 = Rpfleger 1974, 186.
30 LG Bonn, Rpfleger 1979, 349.

spruch auf die Miete. Der Gläubiger muss einer Aufhebung des Wohnungsrechts zustimmen.

37 Auf Antrag des Gläubigers kann das Vollstreckungsgericht auch eine andere Verwertung (§ 857 Abs. 4 ZPO), insbesondere die Verwaltung, anordnen (vgl. hierzu die Ausführungen beim Nießbrauch, Rn 18 ff.).

1. Kündigung

38 Soweit die dem Wohnungsrecht unterliegenden Räume vermietet sind, stellt sich die Frage, ob der Pfändungsgläubiger ein Kündigungsrecht ausüben kann. Diese Frage ist bisher weder von der Kommentarliteratur noch der Rechtsprechung an dieser Stelle diskutiert worden. Lediglich beim Dauerwohnrecht billigen die Kommentatoren dem Erwerber ein außerordentliches Kündigungsrecht entsprechend § 57a ZVG zu.[31]

39 Da die beschränkte persönliche Dienstbarkeit (Wohnungsrecht) jedoch nur pfändbar ist, sofern die Ausübung der Überlassung an Dritte gestattet ist, das Recht somit übertragbar wird, ist die Rechtslage zwischen Wohnungsrecht und Dauerwohnrecht nahezu gleich. M.E. ist daher ein außerordentliches Kündigungsrecht in diesem Fall zu bejahen.[32]

2. Besonderheit: Wertersatz

40 Erlischt die beschränkte persönliche Dienstbarkeit nach den gesetzlichen Versteigerungsbedingungen durch Zuschlag in der Zwangsversteigerung, gilt die grundsätzlich Unübertragbarkeit gem. § 1092 Satz 1 BGB nicht mehr. Der Anspruch des Inhabers eines dinglichen Wohnungsrechts (§ 1093 BGB) auf Wertersatz nach § 92 ZVG im Fall der Zwangsversteigerung ist rein schuldrechtlicher Natur. Der im Wege der Surrogation an die Stelle des Rechts getretene Wertersatz unterliegt der sofortigen Pfändbarkeit. Allerdings kann die Pfändung dieses Anspruchs nicht im Grundbuch eingetragen werden.[33]

3. Insolvenz

41 Beschränkte persönliche Dienstbarkeiten, zu denen das Wohnungsrecht gehört, sind nach § 1092 Abs. 1 Satz 1 BGB nicht übertragbar, damit auch nicht pfändbar und fallen somit auch nicht in die Insolvenzmasse nach § 36 Abs. 1 Satz 1 InsO.

---

31 Zum Wohnungsrecht wird beispielhaft ausgeführt: Soergel/Stürner, BGB, § 1093 Rn 3: Im Gegensatz zum Dauerwohnrecht ist das Wohnungsrecht unveräußerlich, unverblich und kann ohne Gestattung nicht Dritten überlassen werden, sachlich steht es dem Nießbrauch näher; BayObLGZ 88, 268, 270.

32 Hintzen, JurBüro 1991, 755 ff.

33 OLG Schleswig vom 22.1.1997, 2 W 142/96, FGPrax 1997, 53 = Rpfleger 1997, 256 = SchlHA 97, 136; Musielak/Becker, ZPO, § 857 Rn 15.

Etwas anderes ergibt sich nur, wenn die Ausübungsgestattung über den Kreis der nach § 1093 Abs. 2 BGB berechtigten Personen vorhanden ist. Damit ist der Insolvenzverwalter grundsätzlich auch nicht verfügungsbefugt, er kann z.B. keine Löschungsbewilligung erklären.[34]

D. Vorkaufsrecht

I. Übertragungsrecht

Das dingliche Vorkaufsrecht (§§ 1094 ff. BGB) gibt dem Vorkaufsberechtigten das Recht, bei einem Verkauf des Grundstücks durch den Eigentümer von diesem die Übereignung des Grundstücks zu den Bedingungen des abgeschlossenen Kaufvertrages zu verlangen. Ist das Vorkaufsrecht **subjektiv dinglich** vereinbart und steht somit dem jeweiligen Eigentümer eines anderen Grundstücks zu, gehört es zum wesentlichen Bestandteil des herrschenden Grundstücks (§ 96 BGB). Es ist nicht übertragbar und auch **nicht pfändbar** (§ 1094 Abs. 2 BGB, § 851 Abs. 1 ZPO). 42

Das Vorkaufsrecht kann aber auch **subjektiv persönlich** zugunsten einer bestimmten Person (§ 1094 Abs. 1 BGB) bestellt werden. Das Gesetz verweist in § 1098 Abs. 1 Satz 1 BGB auf die Vorschriften des schuldrechtlichen Vorkaufsrechts (§§ 463 ff. BGB). Nach § 473 BGB ist das Vorkaufsrecht nicht übertragbar und damit auch nicht pfändbar. Etwas anderes gilt nur dann, wenn die **Übertragbarkeit** zwischen Eigentümer und Vorkaufsberechtigtem ausdrücklich **vereinbart** wurde (§ 473 Satz 1, 2. Halbs. BGB). Die Übertragbarkeit mit dinglicher Wirkung erfordert Einigung zwischen Eigentümer und Vorkaufsberechtigtem und **Eintragung im Grundbuch** bei dem Recht. Eine ausdrückliche Eintragung im Grundbuch ist entbehrlich, es genügt die Bezugnahme auf die der Eintragung zugrunde liegende Eintragungsbewilligung.[35] 43

Hinweis 44
Um die Frage der Übertragbarkeit klären zu können, muss auch hier der Gläubiger nicht nur das Grundbuch einsehen, sondern auch Einsicht in die der Eintragung zugrunde liegende Bewilligungsurkunde nehmen.

II. Pfändung

Die Pfändung wird bewirkt mit Zustellung an den Eigentümer (= Drittschuldner, §§ 857 Abs. 1, 829 ZPO).[36] 45

---

34 OLG München vom 14.9.2010, 34 Wx 072/10, Rpfleger 2011, 153.
35 OLG Hamm vom 19.10.1988, 15 W 174/88, Rpfleger 1989, 148; Schöner/Stöber, Grundbuchrecht, Rn 1428.
36 Stöber, Forderungspfändung, Rn 1783; Brox/Walker, Zwangsvollstreckungsrecht, Rn 768.

III. Sicherung der Pfändung

46 Unter der Voraussetzung, dass die Übertragung des Vorkaufsrechts gestattet ist, kann die Pfändung auf Antrag des Gläubigers unter Vorlage des zugestellten Pfändungsbeschlusses im Wege der Grundbuchberichtigung im Grundbuch bei dem Recht eingetragen werden, § 22 GBO. Die Änderung der Verfügungsbefugnis des Berechtigten ist außerhalb des Grundbuchs nach § 829 Abs. 3 ZPO wirksam geworden.[37]

IV. Verwertung

47 Der gepfändete Anspruch wird dem Gläubiger zur Einziehung überwiesen. Der Gläubiger hat anstelle des Schuldners das Recht, das Vorkaufsrecht bei Abschluss eines Kaufvertrags auszuüben.

48 Hierbei ist zu unterscheiden:
- Übt der Pfändungsgläubiger das Vorkaufsrecht an einem später als die Pfändung zustande gekommenen Kaufvertrag aus, setzt sich das Pfandrecht an den Ansprüchen aus dem Kaufvertrag fort. Der weitere Weg richtet sich nach §§ 846, 848 ZPO. Auf Antrag hat das Vollstreckungsgericht einen Sequester zu bestellen, der für den Vorkaufsberechtigten die Auflassung entgegennimmt und für die Forderung des Gläubigers eine Sicherungshypothek am Grundstück zur Eintragung bewilligt.[38]
Aber: Da die Auflassung des Grundstücks nur Zug um Zug gegen Zahlung des Kaufpreises erfolgt, muss der Pfändungsgläubiger u.U. auch bereit sein, den Kaufpreis zu zahlen.
- Falls bei Wirksamwerden des Pfändungs- und Überweisungsbeschlusses ein Kaufvertrag bereits vorliegt, das Vorkaufsrecht bereits ausgeübt ist, geht die Pfändung des Gläubigers ins Leere. Nach Ausübung des Vorkaufsrechts wird der Kaufvertrag nach den ausgehandelten Bedingungen zwischen dem Eigentümer und dem Schuldner als Vorkaufsberechtigtem abgewickelt. Die Ansprüche des Schuldners auf Eigentumsverschaffung sind abtretbar und pfändbar, nur muss der Gläubiger diese gesondert pfänden (vgl. § 3 Rn 5).

E. Reallast

49 Die Reallast (§§ 1105 ff. BGB) gibt dem Berechtigten das Recht, wiederkehrende Leistungen aus dem Grundstück zu verlangen. Die Leistungen müssen aber nicht in Natur aus dem Grundstück erbracht werden, das Grundstück haftet nur für ihre Entrichtung.[39]

---

37 Vgl. Nießbrauch und beschränkte persönliche Dienstbarkeit.
38 Stöber, Forderungspfändung, Rn 1783.
39 MüKo/Joost, BGB, § 1110 Rn 4.

E. Reallast § 2

I. Subjektiv dingliche Reallast

Ist die Reallast zugunsten des jeweiligen Eigentümers eines anderen Grundstücks bestellt (§ 1105 Abs. 2 BGB), gehört sie zum wesentlichen Bestandteil des herrschenden Grundstücks (§ 96 BGB). Sie ist somit nicht übertragbar und auch nicht pfändbar (§ 851 Abs. 1 ZPO).[40]   50

Die Unpfändbarkeit des Stammrechts der subjektiv dinglichen Reallast umfasst aber nicht die Einzelleistungen (§ 1107 BGB). Von der Pfändung der Einzelleistungen wird das Stammrecht nicht miterfasst, sodass die Vollstreckung zulässig ist.[41]   51

Bei den Einzelleistungen ist zunächst zu unterscheiden, ob diese übertragbar sind oder nicht. Handelt es sich bei den Einzelleistungen um nicht übertragbare Ansprüche (z.b. Pflegeverpflichtung, Beköstigung), sind diese aufgrund ihrer höchstpersönlichen Natur nicht pfändbar (§§ 399, 400, 413 BGB, Art. 115 EGBGB).[42]   52

Sind die Einzelleistungen übertragbar (z.b. Geldrente), ist zwischen **künftigen** Leistungen und **rückständigen** Leistungen zu unterscheiden. Die künftigen Einzelleistungen sind entsprechend den Vorschriften über die Hypothekenforderung pfändbar, §§ 857, 830 ZPO (Pfändungsbeschluss und Eintragung im Grundbuch, siehe § 4 Rn 11).[43]   53

Mit guten Argumenten wird jedoch in neuerer Zeit die Auffassung vertreten, dass die **künftigen Einzelleistungen** der Reallast nicht übertragbar und somit nicht pfändbar sind. Einerseits ist die Reallast als Stammrecht die Addition der einzelnen Ansprüche, andererseits werden durch die Übertragung oder Pfändung der einzelnen Ansprüche diese bei der subjektiv dinglichen Reallast vom Eigentum getrennt. Die Reallast kann aber nur dann Bestand haben, wenn die einzelnen Leistungen auch dem Berechtigten aus dem Recht zustehen (arg. § 1105 BGB).[44]   54

Bzgl. der einzelnen **rückständigen Leistungen** ergeben sich keine Besonderheiten. Die für die Hypothekenforderung geltenden Vorschriften finden uneingeschränkt Anwendung (§§ 1107, 1159 BGB).   55

1. Pfändung

Auf die Zwangsvollstreckung in eine Reallast sind die Vorschriften, die für die Hypothek gelten, entsprechend anzuwenden (§ 857 Abs. 6 ZPO). Maßgebliche Vorschrift ist somit § 830 ZPO. Da bei der Reallast kein Brief erteilt wird, gelten die Besonderheiten für die Pfändung eines Buchgrundpfandrechts.   56

---

40 MüKo/Joost, BGB, § 1110 Rn 3; Musielak/Becker, ZPO, § 857 Rn 19.
41 Stöber, Forderungspfändung, Rn 1738; dies gilt aber nicht für künftige Einzelansprüche: so MüKo/Joost, BGB, § 1110 Rn 4.
42 Musielak/Becker, ZPO, § 857 Rn 19.
43 Stöber, Forderungspfändung, Rn 1738; KG, HRR 1932 Nr. 1003.
44 MüKo/Joost, BGB, § 1110 Rn 4; vgl. auch § 9 Abs. 2 ErbbauRG für den Erbbauzins.

§ 2 Dingliche Vermögensrechte – Rechte der Abt. II im Grundbuch

57 Für die Wirksamkeit der Pfändung **künftiger Einzelleistung** ist die **Eintragung im Grundbuch** zwingend (§ 830 Abs. 1 Satz 3 ZPO), sofern die Zulässigkeit der Pfändung bejaht wird.

58 Die Pfändung **rückständiger Einzelleistungen** aus der Reallast wird mit **Zustellung** an den Eigentümer als Drittschuldner wirksam (§§ 830 Abs. 3, 829 ZPO).[45]

2. Sicherung

59 Auf formlosen Antrag des Gläubigers kann die Pfändung der rückständigen Einzelleistungen als Änderung der Verfügungsbefugnis im Grundbuch im Wege der Grundbuchberichtigung bei der Reallast vermerkt werden. Auch hier sollte, wie beim Nießbrauch, der beschränkten persönlichen Dienstbarkeit und dem Vorkaufsrecht gefolgt werden und nicht der Argumentation, die Eintragung der Pfändung im Grundbuch sei nicht erforderlich und damit unzulässig. Jeder Gläubiger sollte auf der Eintragung des Pfändungsvermerkes bestehen, da er sich nur so gegen Verfügungen über das Recht durch Verzicht oder Löschung schützen kann.[46]

3. Verwertung

60 Die Verwertung der gepfändeten Einzelleistungen erfolgt durch Überweisung zur Einziehung oder auch an Zahlungs statt (§ 837 ZPO). Der Gläubiger sollte darauf achten, dass die Überweisung zukünftiger Einzelleistungen an Zahlungs statt erst mit der Eintragung der Überweisung im Grundbuch wirksam wird (§ 837 Abs. 1 Satz 2 ZPO).

61 Die Überweisung rückständiger Leistungen wird wirksam mit Zustellung des Überweisungsbeschlusses an den Eigentümer (= Drittschuldner; §§ 837 Abs. 2, 835, 829 Abs. 3 ZPO).

62 *Hinweis*
Hat der Gläubiger nur die einzelnen Leistungen aus der Reallast gepfändet, kann der Reallastberechtigte (= Schuldner) jederzeit auf die Reallast als Stammrecht verzichten, sie übertragen oder aufheben lassen. Diese Verfügung über das Stammrecht wirkt auch gegenüber dem Pfändungsgläubiger, da das Stammrecht als solches nicht verstrickt ist. Die Folge ist, dass das Pfandrecht an den Einzelleistungen erlischt.

---

45 Hintzen/Wolf, Rn 6.395.
46 BGH vom 12.1.2006, IX ZR 131/04, NJW 2006, 1124 = Rpfleger 2006, 331; BGH vom 20.2.1974, VIII ZR 20/73, NJW 1974, 796 = Rpfleger 1974, 186.

II. Subjektiv persönliche Reallast

Die Reallast ist grundsätzlich subjektiv persönlich zugunsten einer bestimmten Person ausgerichtet (§ 1105 BGB). Auch hier gilt: sind die Einzelleistungen nicht übertragbar, da höchstpersönlich, ist die Reallast nicht pfändbar (§ 1111 Abs. 2 BGB). 63

Sind die Einzelleistungen übertragbar, wird die Reallast, das Stammrecht, gepfändet. Pfändet der Gläubiger jetzt nur die Einzelleistungen, kann sich dies als Bumerang erweisen, da der Schuldner durch Verzicht auf das nicht verstrickte Stammrecht das Pfandrecht zum Erlöschen bringt. 64

1. Pfändung und Sicherung

Die Pfändung erfolgt nach den für die Hypothek geltenden Vorschriften (§§ 857 Abs. 6, 830 ZPO). Die Pfändung wird wirksam mit Pfändungsbeschluss und Eintragung im Grundbuch. Die Eintragung hat konstitutive Bedeutung.[47] 65

> *Hinweis* 66
> Auch wenn die Zustellung des Pfändungsbeschlusses an den Eigentümer als Drittschuldner zur Wirksamkeitsvoraussetzung nicht erforderlich ist, ist sie im Hinblick auf die Kenntnis der Pfändung rückständiger Einzelleistung (§ 830 Abs. 3 ZPO) dringend zu empfehlen.

2. Verwertung

Die gepfändete Reallast wird dem Gläubiger zur Einziehung oder an Zahlungs statt überwiesen. Der Pfändungsgläubiger hat das Recht, wegen rückständiger Einzelleistungen aus dem Rang der Reallast heraus die Zwangsversteigerung in das Grundstück zu betreiben. Nach h.M. muss er sich jedoch einen **Duldungstitel** besorgen.[48] 67

3. Besonderheit: Altenteil

Ist die Reallast tatsächlich ein Altenteil, auch wenn der Begriff Altenteil im Grundbuch nicht wörtlich eingetragen ist, kann sich noch nachträglich die Unpfändbarkeit der Reallastleistungen herausstellen (§ 850b Abs. 1 Nr. 3 ZPO). Hiernach sind die fortlaufenden Einkünfte aufgrund eines Altenteiles unpfändbar. Dies gilt für alle rückständigen und laufenden Leistungen.[49] Die Pfändung ist nur dann zulässig, wenn sie der Billigkeit i.S.d. § 850b Abs. 2 ZPO entspricht. 68

---

47 Stöber, Forderungspfändung, Rn 1737.
48 Stöber, ZVG, § 15 Rn 9. 1; Steiner/Hagemann, ZVG, §§ 15, 16 Rn 36; Hintzen/Wolf, Rn 6.396.
49 BGH vom 31.10.1969, V ZR 138/66, NJW 1970, 283.

F. Altenteil

I. Rechtemehrheit

69 Das Altenteil ist kein eigenständiges dingliches Recht. Der Begriff des Altenteils wird in verschiedenen gesetzlichen Vorschriften verwendet, Art. 96 EGBGB, § 49 GBO, § 9 EGZVG. Das Altenteil ist ein Inbegriff von Nutzungen und Leistungen, die aus und auf einem Grundstück allgemein langfristig, meist lebenslänglich zu gewähren sind und der persönlichen Versorgung des Berechtigten dienen und eine Verknüpfung des Berechtigten mit einem Grundstück bezwecken.[50]

70 Die einzelnen Nutzungen und Leistungen, die den Inhalt des Altenteils darstellen, können nur aus dem Kreis des Numerus clausus der Sachenrechte kommen (z.b. beschränkte persönliche Dienstbarkeit, Reallast oder Nießbrauch). Werden im Rahmen einer Grundstücksüberlassung Dienstbarkeiten und Reallasten als Altenteil, Leibgedinge, Leibzucht, Auszug oder im gleichen Sinn als „Wohn- und Unterhaltsrecht" eingetragen, so bedarf es, wenn auf die Eintragungsbewilligung Bezug genommen wird, nicht der Bezeichnung der einzelnen Rechte im Grundbuch; § 49 GBO gestattet die Eintragung unter der Sammelbezeichnung „Altenteil".[51]

II. Pfändung und Verwertung

71 Soweit einzelne Leistungen aus dem Altenteil höchstpersönlicher Natur sind, sind sie nicht übertragbar und auch nicht pfändbar (§ 851 Abs. 1 ZPO). Überhaupt können aus dem Altenteil nur einzelne Leistungen gepfändet werden (vgl. hierzu Nießbrauch, Reallast, beschränkte persönliche Dienstbarkeit). Es gilt die Besonderheit des § 850b Abs. 1 Nr. 3 ZPO, dass Einkünfte aus dem Altenteil nur pfändbar sind, sofern dies der Billigkeit entspricht.[52]

G. Erbbaurecht

72 Auf das Erbbaurecht finden die sich auf Grundstücke beziehenden Vorschriften Anwendung (§ 11 Abs. 1 ErbbauRG). Das Erbbaurecht als solches kann daher nicht gepfändet werden. Die Zwangsvollstreckung in das Erbbaurecht erfolgt im Wege

---

[50] BGH vom 4.7.2007, VII ZB 86/06, Rpfleger 2007, 614 = NJW-RR 2007, 1390; BGH vom 3.2.1994, V ZB 31/93 in BGHZ 125, 69 = NJW 1994, 1158 = FamRZ 1994, 626 = JR 1995, 288 = MDR 1994, 478 = WM 1994, 1134 = ZEV 1994, 166 = Rpfleger 1994, 347 = DNotZ 1994, 881; OLG Köln vom 1.4.1992, 2 Wx 7/91, Rpfleger 1992, 431; OLG Hamm vom 7.6.1993, 15 W 76/93, Rpfleger 1993, 488; BayObLG vom 26.4.1993, 1 Z RR 397/92, Rpfleger 1993, 443; LG Aachen vom 11.10.1990, 3 T 256/90, Rpfleger 1991, 106 m. Anm. Hintzen; Meyer, Rpfleger 1993, 320; Schöner/Stöber, Grundbuchrecht, Rn 1323.

[51] BGH vom 3.2.1994, V ZB 31/93 in BGHZ 125, 69 = NJW 1994, 1158 = FamRZ 1994, 626 = JR 1995, 288 = MDR 1994, 478 = WM 1994, 1134 = ZEV 1994, 166 = Rpfleger 1994, 347 = DNotZ 1994, 881.

[52] Stöber, Forderungspfändung, Rn 1018.

der Immobiliarzwangsvollstreckung durch Eintragung einer Zwangshypothek, Zwangsversteigerung oder Zwangsverwaltung (§ 866 Abs. 1 ZPO).

Hinweis 73
Gläubiger, die für die titulierte Forderung auf dem Erbbaurecht eine Zwangshypothek eintragen lassen wollen, können dies nicht ohne Weiteres erreichen. Als Inhalt des Erbbaurechts wird regelmäßig vereinbart, dass der Erbbauberechtigte zur Belastung des Erbbaurechts mit einer Hypothek oder Grundschuld der Zustimmung des Grundstückseigentümers bedarf. Diese Vereinbarung gilt auch für Verfügungen im Wege der Zwangsvollstreckung (§ 8 ErbbauRG). Die Zustimmung zur Eintragung der Zwangshypothek muss der Gläubiger dem Grundbuchgericht mit dem Antrag auf Eintragung des Rechts vorlegen. Wird die Zustimmung des Grundstückseigentümers ohne Grund verweigert, kann sie auf Antrag des Erbbauberechtigten durch das AG ersetzt werden (§ 7 Abs. 3 ErbbauRG).[53]

Der Bauunternehmer, der die Belastung eines Erbbaurechts mit einer Bauunternehmersicherungshypothek anstrebt, ist berechtigt, die gerichtliche Ersetzung der Zustimmung nach § 7 Abs. 3 ErbbauRG zu beantragen. Das Ersetzungsverfahren setzt nicht voraus, dass der Bauunternehmer den Anspruch auf Bestellung der Hypothek zuvor gerichtlich durchsetzt.[54] 74

Nach OLG Hamm[55] entspricht die Vollstreckung (Zwangshypothek) nur dann den Grundsätzen ordnungsgemäßen Wirtschaftens, wenn nicht nur eine Überbelastung vorliegt, sondern dem Erbbauberechtigten auch ein wirtschaftlicher Gegenwert zugeflossen ist. Diese Auffassung ist jedoch zu weit gehend und belastet den Gläubiger zu einseitig. Auch wenn der mit der Bestellung des Erbbaurechts verfolgte Zweck in der Verschaffung langfristiger Nutzung mit möglichst hoher und sicherer Rendite besteht, wird er nicht wesentlich beeinträchtigt oder gefährdet, wenn die Belastung des Erbbaurechts dazu führen kann, dass der Grundstückseigentümer beim Heimfall nicht nur i.H.d. von ihm zu gewährenden Vergütung von $^2/_3$ des Bauwertes in Anspruch genommen wird.[56] Nach LG Köln ist die Belastungsgrenze im Zustimmungsersetzungsverfahren nach § 7 Abs. 2, 3 ErbbauRG auch bei 60 v.H. des Verkehrswerts des Erbbaurechts noch nicht erreicht, eine Überbelastung liegt somit noch nicht vor.[57] 75

---

53 OLG Frankfurt vom 27.12.2011, 20 W 81/11, Rpfleger 2012, 314; BayObLG vom 11.12.1986, 3 Z 113/86, NJW-RR 1987, 459.
54 BayObLG vom 19.12.1996, 3 Z BR 92/96, NJW-RR 1997, 591 = FGPrax 1997, 51 = KTS 1997, 326 = Rpfleger 1997, 256 = InVo 1997, 109 = ZfIR 1997, 153.
55 Vom 21.1.1985, 15 W 18/85, Rpfleger 1985, 233 und vom 31.1.1985, 15 W 293/84, Rpfleger 1985, 291.
56 OLG Hamburg vom 21.12.1987, 2 W 49/87, OLGZ 1988, 385.
57 LG Köln vom 28.7.1999, 11 T 81/99, NJW-RR 2000, 682 = Rpfleger 2000, 11.

76 Die Zustimmung zur Belastung des Erbbaurechts darf auch dann ersetzt werden, wenn das damit abzusichernde Darlehen nicht für das Erbbaugrundstück verwendet werden soll. Es muss nicht den Regeln ordnungsgemäßer Wirtschaft widersprechen, wenn der Erbbauberechtigte ein solches Darlehen für seinen Gewerbebetrieb verwenden will.[58] Ordnungsgemäßer Wirtschaft i.S.d. § 7 Abs. 2 ErbbauRG entspricht es jedoch nicht, wenn ein Darlehen am Erbbaurecht dinglich gesichert werden soll, das bis zum Tod des Erbbauberechtigten tilgungsfrei gestellt ist.[59] Ein Anspruch auf Zustimmung bzw. deren Ersetzung besteht hier weiterhin nicht für eine Höchstbetragsarresthypothek zur Sicherung von deliktischen Schadensersatzansprüchen, da hier dem Erbbauberechtigten kein Gegenwert zufließt.[60]

77 Die Zustimmung zur Belastung des Erbbaurechts mit einer Grundschuld, die nach der Sicherungsabrede jederzeit neu valutiert werden kann, kann der Grundstückseigentümer i.d.R. ebenfalls ablehnen.[61] Eine Ersetzung der Zustimmung ist möglich, wenn der Grundstückseigentümer dem Vortrag des Erbbauberechtigten zur Einhaltung der Zweckbestimmung des Erbbaurechts nur allgemeine Erwägungen zu einer Beeinträchtigung entgegensetzt.[62]

78 Der Anspruch des Erbbauberechtigten auf Erteilung der Zustimmung ist zwar ein unveräußerliches Recht, seine Ausübung kann aber einem Dritten überlassen werden. Der Gläubiger kann diesen Anspruch auf Zustimmung pfänden, sich zur Einziehung überweisen lassen und ggf. die Ersetzung der Zustimmung beim AG beantragen.[63]

H. Erbbauzins

79 Nahezu ohne Ausnahme wird sich jeder Grundstückseigentümer bei Bestellung eines Erbbaurechts ein entsprechendes Entgelt in wiederkehrenden Leistungen (Erbbauzins) ausbedingen. Auf diesen Erbbauzins finden die Vorschriften über die Reallast entsprechende Anwendung (§ 9 Abs. 1 ErbbauRG).

80 Der Anspruch des Eigentümers auf Errichtung dieses Erbbauzinses kann in Ansehung noch nicht fälliger Leistung nicht von dem Eigentum am Grundstück getrennt werden (§ 9 Abs. 2 ErbbauRG). Es handelt sich somit um ein **subjektiv dingliches Recht**, ist nicht übertragbar und auch nicht pfändbar (§ 96 BGB, § 851 Abs. 1

---

58 BayObLG vom 19.10.1988, 1 a Z 24/88, Rpfleger 1989, 97.
59 OLG Hamm vom 22.5.1990, 15 W 77/90, NJW-RR 1991, 20.
60 OLG München vom 31.7.2008, 33 Wx 145/07, Rpfleger 2009, 18.
61 OLG Hamm vom 13.10.1994, 15 W 201/94, FGPrax 1995, 12.
62 OLG Frankfurt vom 12.7.2005, 20 W 63/04, NJW-RR 2006, 387 = NZM 2005, 919.
63 BGH vom 8.7.1960, V ZB 8/59, NJW 1960, 2093; OLG München vom 31.7.2008, 33 Wx 145/07, Rpfleger 2009, 18; BayObLG vom 19.10.1988, 1 a Z 24/88, Rpfleger 1989, 97; OLG Hamm vom 27.5.1993, 15 W 27/93, Rpfleger 1994, 19; MüKo/von Oefele/Heinemann, BGB, § 7 ErbbauRG Rn 3.

I. Pfändung

Eine Pfändungsmöglichkeit ergibt sich nur für **rückständige Erbbauzinsleistungen** (§ 9 Abs. 2 ErbbauRG, §§ 1107, 1159 BGB). Unter entsprechender Anwendung der Vorschriften für die Reallast wird die Pfändung mit Zustellung an den Erbbauberechtigten als Drittschuldner wirksam (§§ 857 Abs. 6, 830 Abs. 3, 829 ZPO).[65]

81

ZPO). Die zukünftigen Erbbauzinsleistungen sind auch nicht gem. § 857 Abs. 6 ZPO (entsprechende Anwendung auf Reallasten) pfändbar.[64]

II. Sicherung und Verwertung

Die Eintragung der Pfändung ist auf formlosen Antrag des Gläubigers als Änderung der Verfügungsbefugnis im Wege der Grundbuchberichtigung bei der Erbbauzinsreallast zu vermerken. Die Eintragung im Grundbuch ist auch hier für den Gläubiger die einzige Schutzmöglichkeit vor Verfügungen über das Recht (Verzicht, Löschung oder Aufhebung; vgl. zum Nießbrauch Rn 11; zur Verwertung vgl. die Ausführungen zur Reallast, Rn 59).

82

I. Dauerwohnrecht/Dauernutzungsrecht

Das Dauerwohnrecht (§§ 31 ff. WEG) gibt dem Berechtigten das Recht, unter Ausschluss des Eigentümers eine bestimmte Wohnung in einem bestimmten Gebäude auf dem Grundstück zu bewohnen oder in anderer Weise zu nutzen. Inhaltlich besteht insoweit Übereinstimmung mit dem Wohnungsrecht nach § 1093 BGB. Das Dauerwohnrecht ist darüber hinaus kraft Gesetzes **veräußerlich und vererblich** (§ 33 Abs. 1 WEG). Als übertragbares Recht unterliegt es damit der Rechtspfändung (§ 857 ZPO).[66]

83

I. Pfändung

Nach h.M. ist zur Wirksamkeit der Pfändung die Eintragung im Grundbuch erforderlich (konstitutiv; §§ 857, 830 ZPO).[67] Eine Zustellung an den Grundstückseigentümer (= Drittschuldner) ist daher nicht Voraussetzung für die Wirksamkeit der Pfändung.

84

---

64 MüKo/von Oefele/Heinemann, BGB, § 9 ErbbauRG Rn 7; Palandt/Bassenge, BGB, § 9 ErbbauRG Rn 6.
65 MüKo/von Oefele/Heinemann, BGB, § 9 ErbbauRG Rn 6; Hintzen, JurBüro 1991, 755 ff.
66 Palandt/Bassenge, BGB, § 33 WEG Rn 1; Musielak/Becker, ZPO, § 857 Rn 19.
67 Palandt/Bassenge, BGB, § 33 WEG Rn 1; Musielak/Becker, ZPO, § 857 Rn 19.

II. Verwertung

85 Das gepfändete Recht ist dem Gläubiger zur Einziehung zu überweisen. Die Verwertung erfolgt durch Veräußerung des Rechts an einen Dritten, durch freiwillige Versteigerung oder durch anderweitige Verwertung (§ 844 ZPO), z.B. durch Übertragung des Rechts auf den Gläubiger.[68]

86 *Hinweis*
Ist das Dauerwohnrecht vermietet, hat die Pfändung und Überweisung des Rechts zunächst keinen Einfluss auf bestehende Miet- oder Pachtverhältnisse. Der Erwerber eines Dauerwohnrechts tritt in die bestehenden Miet- oder Pachtverhältnisse ein. Der Erwerber des Rechts (auch der Gläubiger, der sich das Recht hat übertragen lassen) hat beim vermieteten oder verpachteten Dauerwohnrecht nach Erwerb ein außerordentliches Kündigungsrecht entsprechend § 57a ZVG.[69]

J. Vormerkung

87 Die Vormerkung nach § 883 BGB zur Sicherung des Anspruchs auf Einräumung oder Aufhebung des Rechts an einem Grundstück oder an einem das Grundstück belastenden Recht oder auf Änderung des Inhalts oder des Ranges eines solchen Rechts ist als **unselbstständiges Nebenrecht** des Hauptanspruchs für sich alleine nicht pfändbar. Gegenstand der Zwangsvollstreckung ist immer nur der der Vormerkung zugrunde liegende gesicherte Anspruch, dessen Pfändung sich automatisch auf die Vormerkung erstreckt.[70]

K. Rangvorbehalt

88 Der Rangvorbehalt (§ 881 BGB) beinhaltet die Befugnis des Eigentümers, sich bei der Belastung des Grundstücks mit einem Recht ein anderes, dem Umfang nach bestimmtes Recht mit dem Rang vor jenem Recht eintragen zu lassen. Der Rangvorbehalt ist weder übertragbar, noch kann die Ausübung einem anderen überlassen werden. Er ist daher auch nicht pfändbar.[71]

89 Insbesondere kann der Gläubiger auch nicht bei der Eintragung einer Zwangssicherungshypothek für die titulierte Forderung auf dem Grundstück des Schuldners einen noch nicht ausgenutzten Rangvorbehalt ausnutzen. Auch eine **Hilfspfändung** zur Ausnutzung des Rangvorbehaltes ist unzulässig.[72]

---

68 Palandt/Bassenge, BGB, § 33 WEG Rn 1; Musielak/ Becker, ZPO, § 857 Rn 19.
69 MüKo/Engelhardt, BGB, § 37 WEG Rn 2; Palandt/Bassenge, BGB, § 37 WEG Rn 4.
70 MüKo/Kohler, BGB, § 883 Rn 71; BayObLG vom 18.2.1986, 2 Z 19/86, Rpfleger 1986, 217.
71 BGH vom 4.2.1954, IV ZR 120/53, NJW 1954, 954; Jansen, AcP 152, 508.
72 BGH vom 4.2.1954, IV ZR 120/53, NJW 1954, 954.

Der Rangvorbehalt ist ein dem Eigentum vorbehaltenes höchstpersönliches Recht, welches der Pfändung nicht unterliegt. Will der Gläubiger den Rangvorbehalt ausnutzen, muss der Eigentümer zur **Vorrangseinräumung** verurteilt werden.[73]   90

L. Wiederkaufsrecht

Das Recht zum Wiederkauf oder Rückkauf (§ 456 BGB) verpflichtet den Käufer des Grundstücks, dieses an den Verkäufer zurück zu übertragen, wenn die nach dem Vertrag obliegenden Verpflichtungen nicht erfüllt wurden. Die zum Rückkauf berechtigenden Bedingungen werden regelmäßig zusammen mit dem Kaufvertrag vereinbart. Der Wiederkaufs- oder Rückkaufsanspruch ist grundsätzlich ein selbstständiges Vermögensrecht, veräußerlich und daher auch pfändbar.[74]   91

I. Pfändung und Sicherung

Die Pfändung erfolgt im Wege der Rechtspfändung (§§ 857 Abs. 1, 829 ZPO). Sie wird wirksam mit Zustellung an den Drittschuldner, den Käufer (= Wiederverkäufer) des Grundstücks.   92

Als schuldrechtlicher Anspruch kann das Wiederkaufs- oder Rückkaufsrecht im Grundbuch als solches nicht eingetragen werden. Zu seiner Sicherung ist jedoch die Eintragung einer Auflassungsvormerkung zulässig.[75]   93

Zum Schutz vor Verfügungen über den Anspruch kann die Pfändung als Änderung der Verfügungsbefugnis auf formlosen Antrag des Gläubigers bei der Vormerkung im Grundbuch im Wege der Grundbuchberichtigung, § 22 GBO, vermerkt werden (vgl. Pfändung des Eigentumsverschaffungsanspruchs, § 3 Rn 17).   94

II. Verwertung

Der gepfändete Anspruch wird dem Gläubiger zur Einziehung überwiesen. Eine Überweisung an Zahlungs statt ist nicht möglich, da der Anspruch keinen Nennwert hat. Aufgrund der Überweisung zur Einziehung kann der Gläubiger alle dem Schuldner zustehenden Erklärungen geltend machen, insbesondere das Wiederkaufsrecht bzw. Rückkaufsrecht gegenüber dem Drittschuldner ausüben (§ 456 Abs. 1 BGB). Der Gläubiger ist jedoch ebenso wie sein Schuldner an die vereinbarten Bedingungen, die zum Wiederkauf oder Rückkauf berechtigen, gebunden. Sofern diese Bedingungen jedoch eingetreten sind, der Gläubiger das Wiederkaufs-   95

---

73 Schöner/Stöber, Grundbuchrecht, Rn 2142; Palandt/Bassenge, BGB, § 881 Rn 9; a.A. MüKo/Kohler, BGB, § 881 Rn 14; Staudinger/Kutter, BGB, § 881 Rn 18 m.w.N., die die Ausnutzung durch den Gläubiger nur verneinen, wenn der Rangvorbehalt inhaltlich beschränkt ist, z.B. für eine Baugeldhypothek.
74 MüKo/Westermann, BGB, § 456 Rn 9; Musielak/Becker, ZPO, § 857 Rn 23.
75 Schöner/Stöber, Grundbuchrecht, Rn 1606.

recht ausgeübt hat, setzt sich das Pfandrecht an den durch die Ausübung entstandenen Rechten aus dem Kaufvertrag fort. Die weitere Vollstreckung richtet sich nach § 848 ZPO. Für die Rückauflassung ist auf Antrag durch das Vollstreckungsgericht ein Sequester zu bestellen. Nach erklärter Auflassung bewilligt dieser die Eintragung einer Sicherungshypothek für die Forderung des Gläubigers im Grundbuch (zu den weiteren Erläuterungen Pfändung des Eigentumverschaffungsanspruchs siehe § 3 Rn 12).

96 Eine anderweitige Verwertung ist zulässig (§§ 844, 857 Abs. 5 ZPO).[76]

M. Formulierungsvorschläge für die Pfändung

97 *Hinweis*
Der Gläubiger muss das amtliche Formular nutzen aufgrund der Verordnung über Formulare für die Zwangsvollstreckung (Zwangsvollstreckungsformular-Verordnung – ZVFV) vom 23. August 2012 (BGBl I 2012, S. 1822) in der geänderten Fassung aufgrund der Verordnung zur Änderung der Zwangsvollstreckungsformular-Verordnung vom 16. Juni 2014 (BGBl I 2014, S. 754). Hierbei ist das Feld „Anspruch G" oder eine gesonderte Anlage zu nutzen.

98 **Nießbrauch:**

 wegen dieser Ansprüche sowie wegen der Kosten des Beschlusses und der Zustellung wird das für den Schuldner im Grundbuch von (*Grundbuchbezeichnung*) in Abt. II Nr. eingetragene Nießbrauchsrecht gegenüber dem (*Drittschuldner*) gepfändet.

Zugleich wird dem Gläubiger die Ausübungsbefugnis zur Einziehung überwiesen.

Zum Zwecke der Ausübung des Nießbrauchs durch den Gläubiger wird die Verwaltung des Nießbrauchs angeordnet. Zum Verwalter wird bestellt.

99 **Beschränkte persönliche Dienstbarkeit:**

 wegen dieser Ansprüche sowie wegen der Kosten des Beschlusses und der Zustellung wird die für den Schuldner im Grundbuch von (*Grundbuchbezeichnung*) in Abt. II Nr. eingetragene beschränkte persönliche Dienstbarkeit (oder Wohnungsrecht) gegenüber dem (*Drittschuldner*) gepfändet. Die Ausübung an einen Dritten ist zulässig.

---

76 Vgl. OLG Köln, JR 1955, 225; Stöber, Forderungspfändung, Rn 1790; Stachels, JR 1954, 130.

M. Formulierungsvorschläge für die Pfändung § 2

Zugleich wird dem Gläubiger die Ausübungsbefugnis zur Einziehung überwiesen.

Zum Zwecke der Ausübung durch den Gläubiger wird die Verwaltung angeordnet. Zum Verwalter wird ▬▬▬ bestellt.

▲

▼

Vorkaufsrecht: 100

▬▬▬ wegen dieser Ansprüche sowie wegen der Kosten des Beschlusses und der Zustellung wird das für den Schuldner im Grundbuch von ▬▬▬ (*Grundbuchbezeichnung*) in Abt. II Nr. ▬▬▬ eingetragene Vorkaufsrecht gegenüber dem ▬▬▬ (*Drittschuldner*) gepfändet. Die Übertragbarkeit ist vereinbart.

Das gepfändete Vorkaufsrecht wird dem Gläubiger zur Einziehung überwiesen.

▲

▼

Reallast (subjektiv-dinglich): 101

▬▬▬ wegen dieser Ansprüche sowie wegen der Kosten des Beschlusses und der Zustellung werden die für den Schuldner im Grundbuch von ▬▬▬ (*Grundbuchbezeichnung*) in Abt. II Nr. ▬▬▬ eingetragenen rückständigen und künftigen Einzelleistungen aus der dort eingetragenen Reallast gepfändet.

Die gepfändeten Ansprüche werden dem Gläubiger zur Einziehung überwiesen.

▲

▼

Reallast (subjektiv-persönlich): 102

▬▬▬ wegen dieser Ansprüche sowie wegen der Kosten des Beschlusses und der Zustellung wird die für den Schuldner im Grundbuch von ▬▬▬ (*Grundbuchbezeichnung*) in Abt. II Nr. ▬▬▬ eingetragene Reallast gegenüber dem ▬▬▬ (*Drittschuldner*) gepfändet.

Die gepfändete Reallast wird dem Gläubiger zur Einziehung überwiesen.

▲

▼

Erbbauzins: 103

▬▬▬ wegen dieser Ansprüche sowie wegen der Kosten des Beschlusses und der Zustellung werden die für den Schuldner im Erbbaugrundbuch von ▬▬▬ (*Grundbuchbezeichnung*) in Abt. II Nr. ▬▬▬ eingetragenen rückständigen Erb-

§ 2 Dingliche Vermögensrechte – Rechte der Abt. II im Grundbuch

bauzinsleistungen aus der dort eingetragenen Erbbauzinsreallast gegenüber dem ▨ (*Drittschuldner*) gepfändet.

(*Achtung: Schuldner ist hier der Grundstückseigentümer, Drittschuldner der Erbbauberechtigte.*)

Die gepfändeten Erbbauzinsleistungen werden dem Gläubiger zur Einziehung überwiesen.

104 Dauerwohnrecht:

▨ wegen dieser Ansprüche sowie wegen der Kosten des Beschlusses und der Zustellung wird das für den Schuldner im Grundbuch von ▨ (*Grundbuchbezeichnung*) in Abt. II Nr. ▨ eingetragene Dauerwohnrecht bzgl. der Wohnung ▨ (*genaue Lage im Gebäude*) gegenüber dem ▨ (*Drittschuldner*) gepfändet.

Das gepfändete Dauerwohnrecht wird dem Gläubiger zur Einziehung überwiesen.

105 Wiederkaufsrecht:

▨ wegen dieser Ansprüche sowie wegen der Kosten des Beschlusses und der Zustellung wird das dem Schuldner zustehende Wiederkaufsrecht aus dem Kaufvertrag vom ▨ (*Datum*), für welches im Grundbuch von ▨ (*Grundbuchbezeichnung*) in Abt. II Nr. ▨ eine Vormerkung eingetragen ist, gepfändet.

Der gepfändete Anspruch wird dem Gläubiger zur Einziehung überwiesen.[77]

---

[77] Vgl. Diepold/Hintzen, Musteranträge für Pfändung und Überweisung, Muster 128 zum Nießbrauch; 59 zur Dienstbarkeit; 190 zum Vorkaufsrecht; 135 und 136 zur Reallast; 76 zum Erbbauzins; 55 zum Dauerwohnrecht; 192 zum Wiederkaufsrecht.

Schaubild 3: Pfändung von Rechten der Abt. II im Grundbuch (Übersicht)

Recht	Pfändung nein	Pfändung ja	Verfahren	Eintragung im Grundbuch	Verwertung	Praxis
Dienstbarkeit § 1018 BGB	Nicht pfändbar, § 96 BGB, § 851 Abs. 1 ZPO.	./.	./.	./.	./.	./.
Nießbrauch § 1030 BGB	Grds. nicht pfändbar, § 1059 BGB.	Stammrecht, aber nur mit Ausübungsbefugnis, §§ 857 Abs. 3, 829 ZPO.	Beschluss u. Zustellung an Eigentümer. a.A.: Eintragung im Grundbuch.	Nicht erforderlich, aber zweckmäßig; a.A.: zwingend, §§ 857 Abs. 6, 830 ZPO.	Überweisung zur Einziehung nur die Ausübungsbefugnis oder § 857 Abs. 4 ZPO.	Miete oder Pacht einziehen, nicht: Stammrecht veräußern.
Beschränkte persönliche Dienstbarkeit (Wohnungsrecht) §§ 1090, 1093 BGB	Grds. nicht pfändbar § 1092 Abs. 1 Satz 1 BGB.	Stammrecht, aber nur mit Ausübungsbefugnis, §§ 857 Abs. 3, 829 ZPO. Voraussetzung: Überlassung an Dritte gestattet u. Eintragung im Grundbuch.	s. Nießbrauch.	s. Nießbrauch.	s. Nießbrauch.	Gläubiger kann selbst Wohnungsrecht benutzen, vermieten.

§ 2 Dingliche Vermögensrechte – Rechte der Abt. II im Grundbuch

Recht	Pfändung nein	Pfändung ja	Verfahren	Eintragung im Grundbuch	Verwertung	Praxis
Vorkaufsrecht § 1054 BGB	Subj.-dingl.: nicht pfändbar, § 96 BGB.	Subj.-pers.: pfändbar, falls Übertragung gestattet u. Eintragung im Grundbuch.	s. Nießbrauch.	s. Nießbrauch.	Überweisung zur Einziehung.	Zwangsversteigerung, Duldungstitel.
Reallast §§ 1105, 1110, 1111 BGB	Subj.-dingl.: nicht pfändbar, § 96 BGB. Ausnahme: Einzelleistungen, §§ 1107, 1110, 1111 BGB (str.).	Subj.-pers.: pfändbar Stammrecht u. Einzelleistungen.	Stammrecht: §§ 857 Abs. 6, 830 ZPO. Einzelleistungen: Künftige §§ 857 Abs. 6, 830 ZPO, rückständige § 857 Abs. 1, 829 ZPO.	Zwingend. Zweckmäßig.	Überweisung zur Einziehung.	Zwangsversteigerung, Duldungstitel.
Altenteil Art. 96 EGB	Als Stammrecht nicht pfändbar.	Einzelleistungen: s. Reallast, Nießbrauch, beschränkte persönliche Dienstbarkeit.	s. Reallast, Nießbrauch, beschränkte persönliche Dienstbarkeit.	s. Reallast, Nießbrauch, beschränkte persönliche Dienstbarkeit.	s. Reallast, Nießbrauch, beschränkte persönliche Dienstbarkeit.	Reallast, Nießbrauch, beschränkte persönliche Dienstbarkeit beachte: § 850b Abs. 1 Satz 3 ZPO.
Erbbaurecht	Nicht pfändbar, Vollstreckung: §§ 864 ff. ZPO.	./.	./.	./.	./.	./.

M. Formulierungsvorschläge für die Pfändung § 2

Recht	Pfändung nein	Pfändung ja	Verfahren	Eintragung im Grundbuch	Verwertung	Praxis
Erbbauzins § 9 ErbbauVO	Da nur subj.-dingl.: nicht pfändbar, § 9 Abs. 2 ErbbauRG.	Ausnahme: Rückständige Leistungen, §§ 1107, 1159 BGB.	Beschluss u. Zustellung an Erbbauberechtigten.	Zweckmäßig.	Überweisung zur Einziehung.	./.
Dauerwohnrecht, Dauernutzungsrecht §§ 31, 33 WEG	./.	Pfändbar, § 33 WEG.	Beschluss u. Eintragung im Grundbuch.	Zwingend.	Überweisung zur Einziehung.	Veräußerung, Vermietung, Kündigungsrecht § 57a ZVG.
Rangvorbehalt § 881 BGB	Nicht pfändbar (höchstpersönlich).	./.	./.	./.	./.	./.
Wiederkaufsrecht, Rückkaufsrecht	./.	Pfändbar.	Beschluss u. Zustellung an Eigentümer.	Bei der Vormerkung im Grundbuch vermerken.	Überweisung zur Einziehung.	s. Vorkaufsrecht.
Vormerkung § 883 BGB	./.	./.	./.	./.	./.	./.

§ 3 Eigentumverschaffungsanspruch – Anwartschaftsrecht

Bei der Pfändung des Eigentumverschaffungsanspruchs oder des Anwartschaftsrechts ist für jeden Gläubiger die „richtige und zeitige" Pfändung von erheblicher Bedeutung, da hiervon direkt der Rang der Sicherungshypothek für die titulierte Gläubigerforderung abhängt.[1]

Da der Pfändungsvorgang bzgl. der beiden Ansprüche in der Praxis unterschiedlich verläuft (vgl. Schaubilder Rn 71, 72), ist zunächst zu unterscheiden, in welchem Stadium des Erwerbsvorgangs sich der Schuldner befindet: vor erklärter Auflassung oder nach erklärter Auflassung.

A. Vor der Auflassung

I. Eigentumverschaffungsanspruch

Nach Abschluss des notariellen Kaufvertrags (Schenkung, Tausch, Vermächtnis etc.) zwischen dem Verkäufer (= Eigentümer) und dem Schuldner (= Käufer) besteht für den Letzteren ein schuldrechtlicher Anspruch auf Auflassung und Eintragung als Eigentümer im Grundbuch (Eigentumverschaffungsanspruch). Dieser Anspruch ist ein selbstständiges Vermögensrecht des Schuldners, abtretbar und damit auch pfändbar (§ 851 Abs. 1 ZPO). Dies gilt selbst dann, wenn ein Abtretungsausschluss zwischen Eigentümer und Käufer vereinbart ist. Hat der Veräußerer gegenüber dem Erwerber unter Verzicht auf den Zugang der Annahmeerklärung ein unbefristetes und unwiderrufliches Angebot zum Abschluss eines Übertragungsvertrags abgegeben und diesen bevollmächtigt, mit der Annahme für beide die Auflassung zu erklären sowie alle zur Vertragsdurchführung erforderlichen Erklärungen abzugeben und entgegenzunehmen, so kann sowohl das Gestaltungsrecht zur Annahme des Angebots als auch die Vollmacht gem. § 857 Abs. 1 i.V.m. § 851 ZPO zugunsten eines Gläubigers des Erwerbers gepfändet und überwiesen werden.[2]

> *Hinweis*
> Der Gläubiger sollte sich vor der Pfändung immer möglichst genau über den Inhalt des Eigentumverschaffungsanspruchs informieren, indem er Einsicht in den Vertrag nimmt. Aufgrund seines titulierten Anspruchs hat er Behörden und auch dem Notar gegenüber einen Urkundenherausgabeanspruch (§ 792 ZPO). Liegt der

---

1 Zum Gesamtkomplex: Pfändung des Eigentumverschaffungsanspruchs und des Anwartschaftsrechts aus der Auflassung, Behandlung des Ranges der Sicherungshypothek vgl. Hintzen, Rpfleger 1989, 439 ff.; Jung, Rpfleger 1997, 96; Knobloch, NotBZ 2011, 17.
2 LG Koblenz vom 27.6.2001, 2 T 740/00, RNotZ 2001, 391.

Kaufvertrag dem Grundbuchgericht bereits vor, kann der Gläubiger auch hier Einsicht nehmen.[3]

II. Pfändung

1. Verfahren

5 Die Pfändung des Eigentumverschaffungsanspruchs erfolgt gem. §§ 857 Abs. 1, 829 ZPO und wird wirksam mit Zustellung an den Eigentümer (= Drittschuldner).[4] Hier liegt ein wesentlicher Unterschied zur Pfändung des Anwartschaftsrechts (drittschuldnerloses Recht), da der Drittschuldner hier an der Auflassung noch mitwirken muss.

6 Die Realisierung der Pfändung ist geregelt in § 848 ZPO. Das Vollstreckungsgericht hat die Anordnung zu erlassen, dass das Grundstück an einen Sequester herauszugeben ist. Die Sequesterbestellung erfolgt auf Antrag des Gläubigers gleichzeitig mit Erlass des Pfändungsbeschlusses oder auch nachträglich in einem gesonderten Beschluss. Ohne Antrag des Gläubigers wird zunächst kein Sequester bestellt.[5]

2. Sequesterbestellung

7 Zuständig für die Bestellung des Sequesters ist, wenn diese gleichzeitig im Pfändungsbeschluss erfolgt, das **Vollstreckungsgericht am Wohnsitz des Schuldners** (§ 828 Abs. 2 ZPO); bei nachträglicher Bestellung ist es das Vollstreckungsgericht der belegenen Sache (§ 848 Abs. 1 ZPO), also das Gericht, in dessen Bezirk das Grundstück liegt.[6]

8 In der Praxis wird bei der Person des Sequesters regelmäßig auf diejenigen Personen zurückgegriffen, die als **Zwangsverwalter** oder **Insolvenzverwalter** für das Gericht bereits tätig waren. Da niemand zur Übernahme des Amtes gezwungen werden kann, muss die Annahmebereitschaft vorher geklärt werden. Bei nachträglicher Bestellung des Sequesters hat der Gläubiger den entsprechenden Beschluss dem Drittschuldner und Schuldner zustellen zu lassen (§ 829 Abs. 2 ZPO).

---

3 OLG Oldenburg vom 30.9.2013, 12 W 261/13, Rpfleger 2014, 131; OLG Hamm vom 18.12.1985, 15 W 417/85, NJW-RR 1986, 824; OLG Düsseldorf vom 19.2.1997, 3 Wx 4/97, NJW-RR 1997, 720 = FGPrax 1997, 90 = FamRZ 1997, 1115 = Rpfleger 1997, 258 = ZEV 1997, 254; Schöner/Stöber, Grundbuchrecht, Rn 525.
4 Hintzen, Rpfleger 1989, 439; Behr, JurBüro 1997, 458.
5 Zöller/Stöber, ZPO, § 848 Rn 3 m.w.N.
6 Musielak/Becker, ZPO, § 848 Rn 2.

A. Vor der Auflassung §3

Die **Vergütung des Sequesters** setzt das Gericht fest, welches den Sequester bestellt hat.[7] Die Höhe orientiert sich in Anlehnung an § 19 Zwangsverwalterverordnung (ZwVwV) nach dem (Zeit-)Aufwand unter Berücksichtigung des Umfangs der Tätigkeit und des eingetretenen Erfolgs.[8] Die Vergütung wird gegen den Gläubiger festgesetzt, da er insoweit Haftungsschuldner ist. Der Sequester kann aber nicht aus dem Festsetzungsbeschluss gegen den Gläubiger vollstrecken.[9]

9

M.E. muss dem Sequester auch die Möglichkeit der direkten Vollstreckung gegen den Gläubiger eingeräumt werden. Sofern der Gläubiger die Vergütung des Sequesters gezahlt hat, kann er den Betrag als notwendige Kosten der Zwangsvollstreckung gegen den Schuldner geltend machen (§ 788 ZPO).[10]

10

3. Aufgaben des Sequesters

Der vom Vollstreckungsgericht bestellte Sequester handelt als **Vertreter des Schuldners** (§ 164 BGB, § 848 Abs. 2 Satz 1 ZPO). Er nimmt die Auflassung (§§ 873, 925 BGB) für den Schuldner entgegen, und beantragt regelmäßig danach die Eigentumsumschreibung auf den Schuldner als Käufer des Grundstücks beim Grundbuchgericht.

11

Gleichzeitig mit der Eigentumsumschreibung im Grundbuch ist für den Gläubiger eine Sicherungshypothek in Höhe seiner titulierten Forderung einzutragen. Die **Sicherungshypothek** hat der Sequester zur Eintragung zu bewilligen (§ 848 Abs. 2 Satz 3 ZPO, §§ 19, 29 GBO). Die Sicherungshypothek entsteht nicht erst mit der Eintragung im Grundbuch, sondern bereits kraft Gesetzes nach Entgegennahme der Auflassung.[11] Die Eintragung der Sicherungshypothek im Grundbuch ist daher **Grundbuchberichtigung** (§ 22 GBO). Diese Tatsache ist entscheidend für die Frage des Ranges der Sicherungshypothek.

12

---

7 BGH vom 14.4.2005, V ZB 55/05, NJW-RR 2005, 1283 = Rpfleger 2005, 549 = WM 2005, 1757 = ZIP 2005, 1295 = InVo 2005, 475 = ZInsO 2005, 869.
8 BGH vom 14.4.2005, V ZB 55/05, NJW-RR 2005, 1283 = Rpfleger 2005, 549 = WM 2005, 1757 = ZIP 2005, 1295 = InVo 2005, 475 = ZInsO 2005, 869; Zöller/Stöber, ZPO, § 848 Rn 3.
9 Stöber, Forderungspfändung, Rn 2040: Der Sequester muss gegen den Gläubiger Klage erheben; Schuschke/Walker, Vollstreckung und vorläufiger Rechtsschutz, § 848 Rn 3.
10 Musielak/Becker, ZPO, § 848 Rn 2; Behr, JurBüro 1997, 458, 459.
11 OLG Naumburg vom 2.9.2013, 12 Wx 41/13, Rpfleger 2014, 256; für viele: Zöller/Stöber, ZPO, § 848 Rn 7; Brox/Walker, Zwangsvollstreckungsrecht, Rn 713; MüKo/Smid, ZPO, § 848 Rn 8; Musielak/Becker, ZPO, § 848 Rn 5; Hintzen/Wolf, Rn 6.306.

§ 3   Eigentumverschaffungsanspruch – Anwartschaftsrecht

13 Neben dem **Sequester**[12] ist aber auch der **Pfändungsgläubiger antragsberechtigt**, die Eigentumsumschreibung und Eintragung der Sicherungshypothek beim Grundbuchgericht zu beantragen.[13]

14 Gibt der Eigentümer als Drittschuldner die **Auflassungserklärung** nicht freiwillig ab, können sowohl der Gläubiger als auch der Schuldner auf Auflassung an den Sequester klagen. Der Sequester selbst ist nicht aktiv legitimiert.

Das rechtskräftige Urteil ersetzt die Erklärungen des Eigentümers (§ 894 ZPO). Nunmehr muss nur noch der Sequester die Auflassung in grundbuchmäßiger Form erklären und die Eigentumsumschreibung beantragen.[14]

15 *Hinweis*
Sollte der Kaufvertrag nicht erfüllt werden, hat der Schuldner (= Käufer) einen Anspruch auf Rückgewähr des bereits gezahlten Kaufpreises. Dieser Anspruch sollte vorsorglich ebenfalls gepfändet werden.

III. Sicherung der Pfändung

1. Vermerk bei der Auflassungsvormerkung

16 Die wirksame Pfändung bewirkt zugunsten des Gläubigers ein relatives Verfügungsverbot (§§ 135, 136 BGB). Verfügungen über den schuldrechtlichen Eigentumverschaffungsanspruch sind dem Gläubiger gegenüber unwirksam. Der Eigentümer als Drittschuldner ist jedoch durch die Pfändung nicht gehindert, über sein Grundstück durch Übertragung oder Eintragung von dinglichen Rechten zu verfügen. Als dingliche Rechtsgeschäfte sind Verfügungen über das Grundstück vom Grundbuchgericht jederzeit zu vollziehen. Verfügungsbeschränkungen bzgl. der schuldrechtlichen Beziehungen prüft das Grundbuchgericht nicht (Abstraktionsprinzip). Schutz vor solchen Verfügungen bietet dem Käufer die Auflassungsvormerkung (§§ 883, 885 BGB). Diese Vormerkung zur Sicherung des Anspruchs auf Auflassung und Eintragung des Eigentums im Grundbuch kann selbstständig nicht gepfändet werden, sie ist ein unselbstständiges Nebenrecht des schuldrechtlichen Anspruchs.[15]

---

12 Meikel/Böttcher, GBO, § 13 Rn 58.
13 OLG Naumburg vom 2.9.2013, 12 Wx 41/13, Rpfleger 2014, 256; Hintzen, Rpfleger 1989, 439; Münzberg, Rpfleger 1985, 306, 307; LG Essen vom 23.4.1955, 11 T 277/55, NJW 1955, 1401 m. Anm. Horber; a.A. Musielak/Becker, ZPO, § 848 Rn 4; Stöber, Forderungspfändung, Rn 2045: Der Gläubiger kann aufgrund der Pfändung und Überweisung nur die Erklärungen des Schuldners abgeben, diese werden jedoch von dem Sequester wahrgenommen.
14 Stöber, Forderungspfändung, Rn 2044; Baumbach/Lauterbach/Albers/Hartmann, ZPO, § 848 Rn 7; Musielak/Becker, ZPO, § 848 Rn 4.
15 MüKo/Kohler, BGB, § 883 Rn 71.

Die Pfändung des Eigentumverschaffungsanspruchs erfasst kraft Gesetzes auch die Vormerkung (§ 401 BGB). Daher kann die Pfändung auch bei der Vormerkung im Grundbuch eingetragen werden.[16] Etwas anderes gilt nur dann, wenn schon bei Erlass des Pfändungsbeschlusses im Grundbuch eingetragen war, dass der Käufer die Rechte aus der Auflassungsvormerkung an einen Dritten abgetreten hat.[17]

17

2. Praktische Fallgestaltungen

In der Praxis lassen sich folgende Fälle unterscheiden:

18

(1) Im Grundbuch ist bereits eine Auflassungsvormerkung für den Schuldner als Käufer eingetragen.

(2) Im Grundbuch ist keine Auflassungsvormerkung eingetragen, aber laut Kaufvertrag vereinbart.

(3) Im Grundbuch ist keine Auflassungsvormerkung eingetragen und im Kaufvertrag auch kein entsprechender Anspruch vereinbart.

Zu (1)

Die wirksame Pfändung bewirkt eine Änderung der Verfügungsbefugnis des Eigentumverschaffungsanspruchs. Die **Pfändung** kann daher bei der Auflassungsvormerkung im Grundbuch auf formlosen Antrag des Gläubigers im Weg der **Grundbuchberichtigung** eingetragen werden. Vorzulegen ist der zugestellte Pfändungsbeschluss.[18]

19

Zu (2)

Es kommt durchaus häufiger vor, dass die Auflassungsvormerkung im Kaufvertrag vereinbart und auch zur Eintragung im Grundbuch bewilligt wird, der Käufer jedoch auf die Eintragung zunächst verzichtet. Der Notar darf die Eintragung nur auf besondere Anweisung der Beteiligten stellen. In diesem Fall ist es Aufgabe des Gläubigers, diese Auflassungsvormerkung im Grundbuch eintragen zu lassen. Mit der Pfändung und der Überweisung zur Einziehung hat der Gläubiger das Recht erlangt, alle Erklärungen des Schuldners im eigenen Namen geltend zu machen, die dem Zweck dienen, die Leistung herbeizuführen oder zu ersetzen. Hierzu gehören auch vorbereitende oder sichernde Maßnahmen, die eine Vereitelung des Leistungserfolgs verhindern. Da mit der **Eintragung der Auflassungsvormerkung** auch gleichzeitig der Pfändungsvermerk eingetragen wird, ist der Gläubiger von der Eintragung unmittelbar begünstigt und antragsberechtigt (§ 13 Abs. 1 GBO).[19]

20

---

16 BayObLG vom 31.10.1984, 2 Z 124/84, Rpfleger 1985, 58; Behr, JurBüro 1997, 458 m.w.N.
17 OLG Frankfurt vom 9.12.1996, 20 W 425/96, NJW-RR 1997, 1308 = DNotZ 1997, 731 = JurBüro 1997, 329 = Rpfleger 1997, 152.
18 BayObLG vom 31.10.1984, 2 Z 124/84, NJW 1976, 1895; BayObLG, RhNotK 1985, 42 = Rpfleger 1985, 58; MüKo/Kohler, BGB, § 883 Rn 72.
19 Münzberg, Rpfleger 1985, 306; Meikel/Böttcher, GBO, § 13 Rn 59 für die Pfändung eines Miterbenanteils; Vollkommer, Rpfleger 1969, 410 für den Fall der Verpfändung.

Zu (3)

21 Ist im Grundbuch keine Auflassungsvormerkung für den Käufer eingetragen und haben die Beteiligten in dem Kaufvertrag ausdrücklich auf die Eintragung dieser Vormerkung verzichtet, reicht die bloße Mitteilung des zugestellten Pfändungsbeschlusses zum Schutz vor nachteiligen Verfügungen an das Grundbuchgericht nicht aus.

22 Die schuldrechtlichen Beziehungen zwischen Eigentümer und Käufer berühren nicht dingliche Rechtsgeschäfte, Verfügungen über das Grundstück sind daher im **Grundbuch** zu vollziehen.[20] In diesem Fall kann sich der Gläubiger nur durch Erwirkung einer **einstweiligen Verfügung** schützen und diese im Grundbuch eintragen lassen (§§ 883, 885 BGB).[21]

3. Wirkung des Pfändungsvermerks

23 Mit Eintragung des Pfändungsvermerks bei der Vormerkung sind Verfügungen über die Vormerkung, z.b. durch Löschung oder Rangrücktritt, dem Gläubiger gegenüber unwirksam.[22]

24 Ohne Zustimmung des Pfändungsgläubigers darf das Grundbuchgericht Änderungen der Vormerkung nicht mehr eintragen. Vereinzelt wird die Auffassung vertreten, dass nach Eintragung des Pfändungsvermerkes der Gläubiger hinreichend geschützt ist und z.b. der Rangrücktritt der Vormerkung hinter ein Grundpfandrecht im Grundbuch eingetragen werden kann.[23]

25 Diese Auffassung ist jedoch abzulehnen. Tritt die Vormerkung im Rang zurück, muss im Grundbuch erkennbar gemacht werden, dass die Rangänderung dem Pfändungsgläubiger gegenüber nicht wirksam ist.[24]

26 Aber auch ein solcher „**Nicht-Wirksamkeitsvermerk**" ist m.E. nicht praktikabel und abzulehnen. Der Pfändungsvermerk (eingetragen in der Veränderungsspalte der Auflassungsvormerkung) ist abhängig von der Vormerkung und teilt deren Schicksal. Sofern der Schuldner als Vormerkungsberechtigter einem Grundpfandrecht den Vorrang einräumt und diese Rangänderung ohne Zustimmung des Pfändungsgläubigers im Grundbuch vollzogen wird, betrifft dies nach der Buchlage im Grundbuch auch automatisch den Pfändungsvermerk für den Gläubiger. Aufgrund der wirksamen Pfändung des Eigentumverschaffungsanspruchs kann der Schuldner ohne Zustimmung des Gläubigers nicht mehr über den Anspruch und damit über

---

20 Stöber, DNotZ 1985, 587; Schöner/Stöber, Grundbuchrecht, Rn 1564 ff.
21 Palandt/Bassenge, BGB, § 885 Rn 4; Musielak/Becker, ZPO, § 848 Rn 4; Behr, JurBüro 1997, 458.
22 OLG Frankfurt vom 20.1.1975, 20 W 819/74, Rpfleger 1975, 177; für die Verpfändung: Schöner/Stöber, Grundbuchrecht, Rn 1574; BayObLG vom 28.4.1983, 2 Z 28/83, ZIP 1983, 675.
23 BayObLG vom 13.8.1974, 2 Z 27/74, Rpfleger 1975, 47.
24 Stöber, Forderungspfändung, Rn 2048 letzter Satz.

die Vormerkung verfügen. Der Pfändungsgläubiger muss der Änderung zustimmen.[25]

Hinweis 27
Aufgrund der bestehenden Unsicherheit ist dem Gläubiger zu raten, sofern im Grundbuch Verfügungen über den Anspruch ohne seine Zustimmungen eingetragen werden, Widerspruch einzulegen, damit geprüft wird, ob ein Amtswiderspruch (§ 53 GBO) im Grundbuch einzutragen ist.

IV. Die Sicherungshypothek

Die Sicherungshypothek für die titulierte Forderung des Gläubigers entsteht kraft Gesetzes außerhalb des Grundbuchs (§ 848 Abs. 2 Satz 2 ZPO). Sie wird auf Antrag des Sequesters oder des Gläubigers im Grundbuch eingetragen.[26] 28

Da es sich bei der Pfändung des Eigentumverschaffungsanspruchs nicht um eine Form der Immobiliarvollstreckung handelt, unterliegt die Sicherungshypothek auch nicht den Beschränkungen der §§ 866 Abs. 3, 867 Abs. 2 ZPO. Die Pfändung und Eintragung der Sicherungshypothek kann auch wegen einer **Forderung unter bzw. bis 750,00 EUR** erlassen und eingetragen werden. Sofern der gepfändete Anspruch auf Eigentumsübertragung mehrerer Grundstücke gerichtet ist, wird für die geltend gemachte Forderung des Gläubigers im Grundbuch eine echte „**Gesamthypothek**" eingetragen.[27] 29

B. Nach der Auflassung

I. Anwartschaftsrecht

Ist die Auflassung (§§ 873 Abs. 1, 925 Abs. 1 BGB) zwischen Eigentümer (= Verkäufer) und Schuldner (= Käufer) erklärt, wird nur noch die Eintragung im Grundbuch geschuldet. Streitig ist hierbei die Frage, wann genau nach der Auflassungserklärung und vor oder mit Eintragung der Eigentumsumschreibung im Grundbuch ein **dingliches Anwartschaftsrecht** vorliegt.[28] 30

Das Anwartschaftsrecht setzt voraus, dass von den mehraktigen Entstehungstatbeständen eines Rechts schon so viele Erfordernisse erfüllt sind, dass von einer gesicherten Rechtsposition des Erwerbers gesprochen werden kann, die der andere an 31

---

25 Hintzen, Rpfleger 1989, 439; Jung, Rpfleger 1997, 96; Behr, JurBüro 1997, 458.
26 BayObLG vom 14.5.1992, 2 Z 139/91, Rpfleger 1993, 13, 15.
27 OLG Düsseldorf vom 12.11.1980, 3 W 298/80, Rpfleger 1981, 199; Zöller/Stöber, ZPO, § 848 Rn 7; Baumbach/Lauterbach/Albers/Hartmann, ZPO, § 848 Rn 8; Hintzen, EWiR 1990, 201; Musielak/Becker, ZPO, § 848 Rn 5.
28 Vgl. Übersicht bei Böttcher, Rpfleger 1988, 253, 254.

der Entstehung des Rechts Beteiligte nicht mehr durch einseitige Erklärung zu zerstören vermag.²⁹

32 Die **Rechtsstellung des zukünftigen Erwerbers** muss bereits derart gefestigt sein, dass der Eigentumsübergang durch einseitige Erklärung des Erwerbers erfolgen und vom Veräußerer nicht mehr verhindert werden kann. Diese Voraussetzungen sind erfüllt, wenn die Auflassung gem. §§ 873 Abs. 1, 925 BGB erklärt und für beide Parteien bindend geworden ist und der Erwerber einen Eintragungsantrag an das Grundbuchamt gestellt hat oder eine Auflassungsvormerkung gem. § 883 BGB eingetragen ist.³⁰

33 Das Anwartschaftsrecht ist ein dem Volleigentum wesensähnliches Recht, eine selbstständig verkehrsfähige Vorstufe des Grundstückseigentums, deren Erstarkung zum Vollrecht vom Veräußerer nicht mehr verhindert werden kann.³¹

II. Praktische Fallgestaltungen

34 Es lassen sich bei der Abwicklung der Grundstücksübertragung **fünf Fallgestaltungen** unterscheiden:
(1) Verkäufer und Käufer haben in dem Kaufvertrag die Auflassungserklärung gleichzeitig notariell beurkunden lassen. Eine Auflassungsvormerkung ist im Grundbuch nicht eingetragen. Ein Umschreibungsantrag ist beim Grundbuchgericht nicht gestellt.
(2) Unter Vorlage einer notariellen Auflassungserklärung stellt der Verkäufer den Umschreibungsantrag auf den Namen des Käufers im Grundbuch.
(3) Unter Vorlage der notariellen Auflassungserklärung stellt der Käufer selbst den Umschreibungsantrag beim Grundbuchgericht. Nach Nichtbehebung eines Hindernisses wird der Antrag vom Grundbuchgericht zurückgewiesen.
(4) Verkäufer und Käufer haben im Kaufvertrag die Auflassungserklärung gleichzeitig notariell beurkunden lassen. Für den Käufer (= Schuldner) ist im Grundbuch eine Auflassungsvormerkung eingetragen.
(5) Unter Vorlage der notariell beurkundeten Auflassungserklärung stellt der Käufer (= Schuldner) den Umschreibungsantrag beim Grundbuchgericht. Dem Antrag steht zurzeit noch ein Hindernis entgegen, der Antrag ist somit noch nicht erledigt.

35 Unter Beachtung der grundsätzlichen Definition eines Anwartschaftsrechts ist in den zuvor genannten **Fallgestaltungen (1) bis (3)** ein Anwartschaftsrecht zu ver-

---

29 BGH vom 30.5.1958, V ZR 295/56, BGHZ 27, 360, 368; BGH vom 4.7.1962, V ZR 14/61, BGHZ 37, 319, 321; BGH vom 25.2.1966, V ZR 129/63, BGHZ 45, 186, 188; BGH, Rpfleger 1968, 83, BGH, Rpfleger 1982, 271, 272; BGH vom 5.4.1991, V ZR 39/90, NJW 1991, 2019.
30 VG Leipzig, VIZ 1997, 231 Ls. = ZOV 1997, 53.
31 BGH vom 30.4.1982, V ZR 104/81, Rpfleger 1982, 271, 272; MüKo/Smid, ZPO, § 848 Rn 9, § 857 Rn 28; MüKo/Kohler, BGB, § 925 Rn 35 ff.

neinen. Nur die Auflassungserklärung führt ebenso wenig zur Bejahung eines Anwartschaftsrechts wie im Fall der Stellung des Umschreibungsantrags vom Eigentümer (= Verkäufer), da dieser es jederzeit in der Hand hat, den Eigentumsumschreibungsantrag wieder zurückzunehmen und den Eigentumserwerb des Käufers zu verhindern.[32]

Aber auch wenn der Käufer den **Umschreibungsantrag** auf seinen Namen beim Grundbuchgericht gestellt hat, dies jedoch aufgrund eines nicht behobenen Hindernisses den Antrag zurückgewiesen hat, ist das Anwartschaftsrecht zu verneinen, da auch hier der Verkäufer wiederum die Möglichkeit hat, den Eigentumserwerb des Käufers zu verhindern. Er kann jederzeit unter Vorlage einer weiteren Auflassung mit einem Drittkäufer den Eigentumserwerb des Käufers (= Schuldner) verhindern (arg. § 878 BGB).   36

Konsequenz für den Pfändungsgläubiger ist, dass der Gläubiger in diesen Fällen wiederum den Eigentumsverschaffungsanspruch pfänden und den Beschluss dem Eigentümer (= Verkäufer) als Drittschuldner zustellen lassen muss. Auf Antrag ist auch hier ein Sequester zu bestellen, der dann den Umschreibungsantrag unter gleichzeitiger Beantragung der Sicherungshypothek für die titulierte Gläubigerforderung stellt. Der Entgegennahme der Auflassungserklärung bedarf es nicht mehr, da diese ja bereits vorliegt.   37

Ob nach erklärter Auflassung der **schuldrechtliche Eigentumverschaffungsanspruch** noch fortbesteht, ist umstritten. M.E. ist dies jedoch zu bejahen, da der Anspruch erst im Zeitpunkt der Eigentumsumschreibung im Grundbuch erfüllt wird.[33]   38

Zu bejahen ist ein Anwartschaftsrecht in jedem Fall, wenn der Eigentumsumschreibungsantrag unter Vorlage der beurkundeten Auflassung vom Käufer (= Schuldner) gestellt wird und dieser erledigungsreif ist.[34]   39

Zwischen dem Eingang des Antrags und der Eigentumsumschreibung im Grundbuch liegt ein Schwebezustand, der nur vom Käufer selbst wieder zerstört werden kann. Rechtsbeeinträchtigende Handlungen des Eigentümers können den Einigungserwerb des Käufers nicht mehr verhindern, da das Grundbuchgericht später beantragte Eingänge zeitlich und rangmäßig nachträglich erledigen muss (§ 17 GBO). Auch wenn dies nur eine Ordnungsvorschrift ist, ändert dies zunächst nichts an der Tatsache, dass jetzt der Käufer eine Rechtsposition erlangt hat, die dem Voll-   40

---

32 BGH vom 30.4.1982, V ZR 104/81, Rpfleger 1982, 271, 272.
33 BGH vom 17.6.1994, V ZR 204/92, NJW 1994, 2947 = DNotZ 1995, 47 = DB 1994, 2336 = MDR 1995, 248 = WM 1994, 2253 = ZIP 1994, 1863; KG, Rpfleger 1971, 312 m. Anm. Haegele; Palandt/Bassenge, BGB, § 925 Rn 21; Vollkommer, Rpfleger 1969, 412.
34 BGH vom 18.12.1967, V ZB 6/67, BGHZ 49, 197 = Rpfleger 1968, 83; BGH vom 1.12.1988, V ZB 10/88, ZIP 1989, 166 = Rpfleger 1989, 192; OLG Jena vom 28.9.1995, 6 W 73/95, Rpfleger 1996, 100, 101 = DNotZ 1997, 158; Brox/Walker, Zwangsvollstreckungsrecht, Rn 819; Behr, JurBüro 1997, 458, 459.

recht, dem Eigentum, so nahe kommt, dass das Anwartschaftsrecht zu bejahen ist (vgl. **Fallkonstruktion 5**, die Zwischenverfügung hindert nicht).

41 Ob das Anwartschaftsrecht auch dann zu bejahen ist, wenn neben der erklärten Auflassung für den Käufer im Grundbuch eine Auflassungsvormerkung eingetragen ist, Umschreibungsanträge dem Grundbuchgericht aber noch nicht vorliegen (vgl. **Fallkonstruktion 4**), war lange Zeit umstritten. Das OLG Hamm[35] begründete den Tatbestand des Vorliegens eines Anwartschaftsrechts dahin gehend, dass die Auflassungsvormerkung mit der Schutzwirkung der §§ 883, 888 BGB eine hinreichend gesicherte Rechtsposition darstellt. Das OLG Düsseldorf[36] folgte der Auffassung des OLG Hamm, vorverlegte den Zeitpunkt des Entstehens eines Anwartschaftsrechts bereits auf den Eingang des Antrags auf Eintragung der Auflassungsvormerkung beim Grundbuchgericht. Diese Auffassung ist – zu Recht – auf Kritik gestoßen.[37]

42 Das Anwartschaftsrecht zu bejahen, falls im Grundbuch eine Auflassungsvormerkung eingetragen ist, die mit dem dinglichen Rechtserwerb nichts zu tun hat, durchbricht das dem Sachenrecht innewohnende Abstraktionsprinzip. Die Vormerkung verstärkt die Position des Auflassungsempfängers nicht, sie entfällt, wenn der durch die Vormerkung gesicherte Anspruch erlischt. Die Auflassungsvormerkung sichert lediglich den schuldrechtlichen Eigentumverschaffungsanspruch. Sofern die Auflassung bereits erklärt ist, wird nur noch der Anspruch auf Eigentumsumschreibung im Grundbuch geschuldet. Ob allerdings in Gemäßheit des durch die Vormerkung geschützten Anspruchs die Leistung (Eigentumserwerb) erfolgt, hat das Grundbuchgericht bei der Eigentumsumschreibung nicht zu prüfen. Grundlage für die Eigentumsumschreibung ist allein die Auflassung und der entsprechende Antrag. Mithin sind nur diese Tatbestandsmerkmale Entstehungsvoraussetzung für das Anwartschaftsrecht.[38]

43 Der BGH[39] hat jedoch festgestellt, dass das **Anwartschaftsrecht** auch bei Eintragung der **Auflassungsvormerkung** bereits zu bejahen ist.[40]

---

35 Rpfleger 1975, 128 = NJW 1975, 879.
36 Vom 12.11.1980, 3 W 298/80, Rpfleger 1981, 199 m. Anm. Eickmann = DNotZ 1981, 130.
37 Eickmann, Rpfleger 1981, 200; Münzberg, in: FS Schiedermeier, 1976, S. 439 ff.
38 Vgl. hierzu auch Hintzen, Rpfleger 1989, 439 ff.
39 Vom 1.12.1988, V ZB 10/88, ZIP 1989, 166 = Rpfleger 1989, 192 und erneut vom 5.4.1991, V ZR 39/90, NJW 1991, 2019.
40 Dem angeschlossen haben sich u.a. BayObLG vom 13.8.1993, 2 Z BR 80/93, Rpfleger 1994, 162; OLG Jena vom 28.9.1995, 6 W 73/95, Rpfleger 1996, 100, 101 = NotZ 1997, 158; OLG Köln vom 25.1.1995, 19 W 3/95, NJW-RR 1995, 1107 = DWW 1995, 112.

III. Pfändung

Die Pfändung des Anwartschaftsrechts erfolgt im Wege der Rechtspfändung (§ 857 Abs. 1 ZPO). Die Pfändung wird mit Zustellung an den Käufer (= Schuldner) bewirkt, da ein Drittschuldner nicht vorhanden ist (§ 857 Abs. 2 ZPO). Der Eigentümer (= Verkäufer) des Grundstücks ist kein Drittschuldner, da sich der Rechtserwerb ohne seine Mitwirkung vollzieht.[41] Die Pfändung des Anwartschaftsrechts bewirkt nicht zugleich eine Pfändung des schuldrechtlichen Anspruchs auf Eigentumsverschaffung.[42]

44

IV. Sicherung der Pfändung

Zur Sicherung vor Verfügungen über das gepfändete Anwartschaftsrecht ist die wirksame Pfändung als Änderung der Verfügungsbefugnis bei der Auflassungsvormerkung im Grundbuch auf Antrag des Gläubigers im Wege der Grundbuchberichtigung einzutragen.[43] Diese Eintragung ist nach der zuvor genannten Entscheidung des BGH zulässig, auch wenn hierzu – berechtigte – Kritik geübt wurde.[44]

45

Hinweis
Der Gläubiger wird in der Praxis hierbei jedoch auf Schwierigkeiten stoßen. Bei der Pfändung des Anwartschaftsrechts prüft das Vollstreckungsgericht das Bestehen des Anspruchs nicht, es wird nur der angebliche Anspruch gepfändet. Das Grundbuchgericht muss jedoch, um das Grundbuch nicht unrichtig zu machen, prüfen, ob tatsächlich die Voraussetzungen für ein Anwartschaftsrecht vorliegen. Die erste dieser Voraussetzungen ist die bindende Auflassungserklärung.[45]

46

Wurde dem Grundbuchgericht bei der Eintragung der Auflassungsvormerkung bereits eine die Auflassung enthaltende notarielle Urkunde eingereicht, ergeben sich keine Schwierigkeiten. Oftmals wird jedoch nur eine für die Eintragung der Vormerkung genügende auszugsweise beglaubigte Abschrift der Vertragsurkunde vorgelegt. Entweder ist die Auflassung in der Urkunde überhaupt noch nicht erklärt oder aber der Notar ist gehalten, aufgrund der Kaufvertragsbedingungen keine die Auflassung enthaltende Ausfertigung auszuhändigen. Der Gläubiger muss die Auflassungsurkunde dem Grundbuchgericht jedoch vorlegen.[46]

47

Aber auch der grundsätzliche Anspruch auf Herausgabe der Urkunde (§ 792 ZPO) wird dem Gläubiger u.U. nicht weiterhelfen, da der Notar nach den Kaufvertrags-

48

---

41 BGHZ 49, 197 = Rpfleger 1968, 83; BayObLG, Rpfleger 1994, 162; Stöber, Forderungspfändung, Rn 2056.
42 OLG Hamm vom 13.9.2007, 15 W 298/07, Rpfleger 2008, 190 = FamRZ 2008, 1075.
43 Schöner/Stöber, Grundbuchrecht, Rn 1601; Münzberg, Rpfleger 1985, 307.
44 Eickmann, Rpfleger 1981, 200.
45 BGH v. 11.11.1983, V ZR 211/82, Rpfleger 1984, 143.
46 LG Bonn vom 20.3.1989, 5 T 34/89, Rpfleger 1989, 449.

bedingungen diese Urkunde nicht herausgeben wird. Der Gläubiger muss sich somit vorher überlegen, ob er ggf. bereit ist, den Kaufpreis oder den Restkaufpreis zu zahlen. Diese Beträge zählen sicherlich, wie auch eine gezahlte Grunderwerbsteuer, zu den notwendigen Kosten der Zwangsvollstreckung und können mit dem Hauptanspruch gegen den Schuldner beigetrieben werden.[47]

V. Doppelpfändung

49 Trotz der ergangenen Entscheidung des BGH zu den Tatbestandsmerkmalen des Anwartschaftsrechts sollte der Gläubiger niemals nur den Eigentumverschaffungsanspruch oder nur das Anwartschaftsrecht pfänden. Vorzuziehen ist in jedem Fall die **Doppelpfändung** beider Ansprüche, die auch in einem Pfändungsbeschluss ergehen kann. Der Beschluss ist sodann dem Eigentümer als Drittschuldner und dem Käufer als Schuldner zuzustellen. Nur diese Pfändung schützt den Gläubiger ohne genaue Kenntnis der Sachlage, ob die Auflassung erklärt ist, die Vormerkung im Grundbuch eingetragen ist oder nur ein schuldrechtlicher Vertrag vorliegt, vor möglichen Rechtsverlusten. Auch werden auf diese Weise die Schwierigkeiten bei der Eintragung des Pfändungsvermerks bei der Auflassungsvormerkung vermieden, da das Grundbuchgericht in jedem Fall entweder die Pfändung des Eigentumverschaffungsanspruchs oder die des Anwartschaftsrechts im Grundbuch eintragen wird.[48]

VI. Rang der Sicherungshypothek

50 Die Frage des Rangs der Sicherungshypothek, die für die titulierte Forderung des Gläubigers im Grundbuch eingetragen wird, ist zunächst einmal unabhängig davon, ob der Eigentumverschaffungsanspruch oder das Anwartschaftsrecht gepfändet wurde. In beiden Fällen entsteht die Sicherungshypothek kraft Gesetzes außerhalb des Grundbuchs (§ 848 Abs. 2 Satz 2 ZPO). Bei der Pfändung des Eigentumverschaffungsanspruchs hat der Sequester für die Eintragung der Sicherungshypothek Sorge zu tragen, im anderen Fall muss der Gläubiger selbst den Antrag beim Grundbuchgericht stellen, ein Sequester muss hier nicht mehr mitwirken.[49]

51 Ist der Sequester jedoch bestellt worden, beschränkt sich seine Aufgabe jetzt nur noch darauf, den Vollzug der Auflassung und die entstandene Sicherungshypothek im Grundbuch zu beantragen und die entsprechende Grundbuchberichtigung zu bewilligen.[50]

---

47 Stöber, Forderungspfändung, Rn 2052 m.w.N.
48 Münzberg, Rpfleger 1985, 307; Schuschke/Walker, Vollstreckung und vorläufiger Rechtsschutz, § 848 Rn 10; MüKo/Smid, ZPO, § 857 Rn 29; Behr, JurBüro 1997, 458, 460.
49 BayObLG vom 13.8.1993, 2 Z BR 80/93, Rpfleger 1994, 162.
50 OLG Jena vom 28.9.1995, 6 W 73/95, Rpfleger 1996, 100, 101 = DNotZ 1997, 158.

B. Nach der Auflassung §3

Unstreitig ist zunächst die Tatsache, dass die kraft Gesetzes entstandene Sicherungshypothek im Rang nach den im Kaufvertrag als Gegenleistung zu bestellenden Rechten steht, z.b. Restkaufpreishypothek, Wohnungsrecht, Reallast, Altenteil etc.[51]

52

Rechte, die dem Eigentümer nach dem zugrunde liegenden Vertragsverhältnis als Gegenleistung zu bestellen sind, erhalten stets Vorrang vor der Sicherungshypothek des Gläubigers, da der Schuldner (= Käufer) nur belastetes Eigentum erwirbt.[52]

53

Vereinzelt wird dies auch für den Vorrang für eine sog. **„Finanzierungsgrundschuld"** vertreten.[53] Diese Auffassung ist abzulehnen.[54] Den Begriff Finanzierungsgrundschuld sieht das Gesetz nicht vor. Es handelt sich hierbei um eine seitens des Käufers bestellte Grundschuld, die regelmäßig zur Sicherung eines Darlehens eingeräumt wird. Auch wenn der Schuldner (= Käufer) dieses Darlehen zur Zahlung des Kaufpreises einsetzt, entspringt die Grundschuld nicht dem Rechtsverhältnis zwischen Eigentümer und Käufer. Diese Grundschuld ist gerade nicht eine Gegenleistung für die Übertragung des Eigentums am Grundstück und ein im Kaufvertrag dem Eigentümer vorbehaltenes Recht. Darüber hinaus dient die Grundschuld in vielen Fällen auch nicht der Finanzierung des Kaufpreises allein, sondern weiterhin der Absicherung des geplanten Gebäudes auf dem Grundstück. Die Entscheidung, welcher Teil der Grundschuld der Kaufpreisfinanzierung dient und somit einen Rang vor der Sicherungshypothek haben soll und welcher nicht, kann vom Grundbuchgericht nicht entschieden werden. Im Übrigen prüft das Grundbuchgericht bei der Eintragung einer Grundschuld auch nicht die Sicherungsabrede, die Grundlage der Grundschuldbestellung ist.[55] Daran hat auch § 1192a Abs. 1a BGB nichts geändert.

54

Ein Grundpfandrechtsgläubiger kann den Vorrang vor einer kraft Gesetzes entstandenen Sicherungshypothek nach Pfändung des Anwartschaftsrechts allenfalls **gutgläubig** erwerben.[56]

55

VII. Beispiele

(1) Kaufvertrag zwischen Eigentümer und Käufer ist notariell beurkundet. Für den Käufer ist im Grundbuch eine Auflassungsvormerkung eingetragen. Die Pfändung ist nicht vermerkt. Aufgrund Belastungsvollmacht bestellt der

56

---

51 BayObLG, Rpfleger 1972, 182; BayObLG 14.5.1992, 2 Z 139/91, NJW-RR 1992, 1369 = Rpfleger 1993, 13; Musielak/Becker, ZPO, § 848 Rn 6 m.w.N.
52 BGH vom 18.12.1967, V ZB 6/67, BGHZ 49, 197 = Rpfleger 1968, 83; Schöner/Stöber, Grundbuchrecht, Rn 1597, 1562; Musielak/Becker, ZPO, § 848 Rn 6.
53 Böttcher, Rpfleger 1988, 252 ff.; Meikel/Böttcher, Grundbuchrecht, § 45 Rn 38.
54 Kehrbusch, Rpfleger 1988, 475 ff.; Hintzen, Rpfleger, 1989, 439 ff.
55 Palandt/Bassenge, BGB, § 1191 Rn 13.
56 BayObLG vom 13.8.1993, 2 Z BR 80/93, Rpfleger 1994, 162.

§ 3 Eigentumverschaffungsanspruch – Anwartschaftsrecht

Käufer eine Grundschuld für die Bank, die mit Rang vor der Vormerkung eingetragen wird. Nach der Auflassung beantragt der Käufer die Eigentumsumschreibung und gleichzeitig Eintragung einer Sicherungshypothek für den Gläubiger. Der Gläubiger hatte vor der Grundschuldbestellung sowohl den Eigentumverschaffungsanspruch als auch das Anwartschaftsrecht gepfändet.

(2) Kaufvertrag zwischen Eigentümer und Käufer ist abgeschlossen. Für den Käufer ist im Grundbuch eine Vormerkung eingetragen. Die Pfändung ist für den Gläubiger bei der Vormerkung vermerkt. Nachträglich ist eine Grundschuld für die Bank mit Rang vor der Vormerkung eingetragen worden. Nach der Auflassung wird der Eigentumsumschreibungsantrag unter gleichzeitiger Eintragung der Sicherungshypothek für den Gläubiger und Löschung der Vormerkung gestellt.

(3) Kaufvertrag zwischen Eigentümer und Käufer ist abgeschlossen. Für den Käufer ist im Grundbuch eine Vormerkung eingetragen. Die Pfändung ist für den Gläubiger bei der Vormerkung vermerkt. Dem Grundbuch liegt ein Antrag des Käufers auf Eintragung einer Grundschuld vor. Zeitlich später erfolgen der Umschreibungsantrag und der Antrag auf Eintragung der Sicherungshypothek für den Gläubiger.

(4) Nach Abschluss des Kaufvertrages zwischen dem Eigentümer und dem Käufer und Eintragung einer Auflassungsvormerkung für den Käufer erfolgt auf Antrag nach der Auflassung die Umschreibung auf den Käufer, Löschung der Vormerkung und Eintragung einer Grundschuld. Jetzt legt der Gläubiger den zugestellten Pfändungsbeschluss über das Anwartschaftsrecht vor und beantragt Eintragung der Sicherungshypothek im Rang vor der Grundschuld.

(5) Auflassungserklärung zwischen dem Eigentümer und Käufer liegt dem Grundbuchamt mit dem Antrag des Käufers auf Umschreibung und gleichzeitiger Eintragung einer bewilligten Grundschuld vor. Der Antrag ist noch nicht erledigt (z.B. Unbedenklichkeitsbescheinigung des FA fehlt). Der Gläubiger legt jetzt den zugestellten Pfändungsbeschluss über das Anwartschaftsrecht vor und beantragt Eintragung der Sicherungshypothek.

Lösung:

Zu (1)

57 Sollte der Gläubiger es unterlassen, die Pfändung bei der Vorbemerkung im Grundbuch vermerken zu lassen, läuft er Gefahr, die Rangposition seiner Sicherungshypothek zu verlieren. Trotz der Doppelpfändung hat die Grundschuld die erste Rangstelle zumindest gutgläubig erhalten.[57]

---

57 BayObLG vom 13.8.1993, 2 Z BR 80/93, Rpfleger 1994, 162; Schöner/Stöber, Grundbuchrecht, Rn 343.

B. Nach der Auflassung § 3

Zu (2)

Wie bereits ausgeführt, kann der Vorrang der Grundschuld nur mit Zustimmung des Pfändungsgläubigers eingetragen werden. Sofern diese Zustimmung vorliegt, hat die Sicherungshypothek selbstverständlich Rang nach der Grundschuld. **58**

Davon ausgehend, dass der Gläubiger dem Vorrang der Grundschuld nicht zugestimmt hat, wird das Grundbuchgericht die Sicherungshypothek zunächst hinter der Grundschuld im Grundbuch eintragen. Das Grundbuchgericht darf den Vorrang der Sicherungshypothek zunächst nicht eintragen, da es hierbei die Prüfung materiellrechtlicher Fragen und deren Durchsetzbarkeit vorwegnehmen würde. Dies ist Aufgabe des Prozessgerichtes. Der Gläubiger darf jedoch **in keinem Fall** der **Löschung der Auflassungsvormerkung** zustimmen. Die Schutzwirkung der Vormerkung kommt dem Pfändungsgläubiger zugute und ist nach Eintragung des Pfändungsvermerks vom Grundbuchgericht zu beachten. Ohne dessen Zustimmung kann die Löschung nicht erfolgen. Sicherlich wird der Gläubiger seine Zustimmungserklärung von einer entsprechenden Gegenleistung abhängig machen. **59**

Zu (3)

Der zeitlich zuerst eingegangene Antrag auf Eintragung der Grundschuld kann erst erledigt werden, wenn das Eigentum auf den Käufer umgeschrieben ist. Mit der Eigentumsumschreibung ist jedoch kraft Gesetzes die Sicherungshypothek außerhalb des Grundbuchs entstanden. Zumindest in einer logischen Sekunde des Eintragens des Schuldners als Eigentümer ist das Grundbuch unrichtig geworden. Die Eintragung der Grundschuld an erster Rangstelle würde das Grundbuch somit noch unrichtiger machen. Mit der Eigentumsumschreibung ist daher die Sicherungshypothek an erster Rangstelle einzutragen, die Grundschuld mit Rang dahinter. Der Grundschuldgläubiger kann sich auch nicht auf seinen guten Glauben berufen, da die Grundschuld für ihn noch nicht im Grundbuch eingetragen war.[58] **60**

Zu (4)

Die Sicherungshypothek kann nur an rangbereiter Stelle im Grundbuch eingetragen werden. Der Grundschuldgläubiger war zum Zeitpunkt der Eintragung seines Rechts gutgläubig in Bezug auf die vorlastenfreie Rangstelle.[59] Selbst wenn der Pfändungsgläubiger nachweist, dass die Pfändung des Anwartschaftsrechts wirksam vor Eintragung der Grundschuld erfolgt ist, kann der Vorrang nicht eingetragen werden. Zunächst ist von der Gutgläubigkeit des Grundschuldgläubigers auszugehen, bis der Nachweis des Gegenteils durch das zuständige Prozessgericht ausgesprochen wird. **61**

---

58 OLG Jena vom 28.9.1995, 6 W 73/95, Rpfleger 1996, 100, 101 = DNotZ 1997, 158, für die Eintragung einer weiteren Auflassungsvormerkung, bewilligt vom Erwerber für den Weiterverkauf; Schöner/Stöber, Grundbuchrecht, Rn 348.

59 BayObLG vom 13.8.1993, 2 Z BR 80/93, Rpfleger 1994, 162; LG Fulda vom 22.12.1987, 2 T 206/87, Rpfleger, 1988, 252; Schöner/Stöber, Grundbuchrecht, Rn 348.

Zu (5)

62 Trotz des zeitlich später eingegangenen Antrags auf Eintragung der Sicherungshypothek nach dem Umschreibungsantrag und dem Antrag auf Eintragung der Grundschuld ist die Sicherungshypothek an erster Rangstelle einzutragen (vgl. Fallkonstellation 3). Durch rechtzeitige Antragstellung konnte der Gläubiger auch hier gerade noch einen Rangverlust vermeiden.

63 *Hinweis*
Der Gläubiger hat es vielfach selbst in der Hand, durch schnelle und rechtzeitige Antragstellung beim Grundbuchgericht die Rangposition der Sicherungshypothek zu beeinflussen und zu sichern. Die Doppelpfändung „Eigentumverschaffungsanspruch und Anwartschaftsrecht" ist hierbei Voraussetzung.

VIII. Verwertung

64 Nach Eintragung des Schuldners als Eigentümer im Grundbuch und Eintragung der Sicherungshypothek für die titulierte Forderung des Gläubigers erfolgt die Zwangsvollstreckung in das Grundstück im Wege der Immobiliarvollstreckung, durch Zwangsversteigerung oder Zwangsverwaltung (§ 866 ZPO). Der Gläubiger kann wegen seiner Forderung das Verfahren als persönlicher Gläubiger betreiben (§ 10 Abs. 1 Nr. 5 ZVG), er kann aber auch die Zwangsversteigerung im Rang der Sicherungshypothek betreiben, sofern er über einen Duldungstitel verfügt.[60]

65 Fraglich ist jedoch, ob durch die Regelung in § 867 Abs. 3 ZPO, die aber nur für die Zwangssicherungshypothek Änderungen gebracht hat, etwas anderes gilt. Hiernach genügt die Vorlage des Titels, auf dem die Eintragung der Sicherungshypothek vermerkt ist, ein Duldungstitel ist entbehrlich. Auch wenn die Entstehungstatbestände der Sicherungshypotheken nach § 848 ZPO bzw. §§ 866, 867 ZPO verschieden sind, beruhen sie doch letztlich auf einer Zwangsvollstreckungsmaßnahme und sollten insoweit nach Entstehung auch gleich behandelt werden.[61] Dies klarzustellen, ist jedoch Aufgabe des Gesetzgebers.

IX. Mehrfache Pfändung

66 Haben mehrere Gläubiger den Eigentumverschaffungsanspruch oder das Anwartschaftsrecht gepfändet, entsteht für jeden Gläubiger eine Sicherungshypothek am Grundstück (§ 848 Abs. 2 ZPO). Das Rangverhältnis der Sicherungshypotheken untereinander richtet sich danach, in welcher zeitlichen Reihenfolge die Pfändungsbeschlüsse durch Zustellung wirksam geworden sind.[62]

---

60 Stöber, ZVG, § 15 Rn 9.4; Musielak/Becker, ZPO, § 867 Rn 11.
61 Hintzen/Wolf, Rn 6.293.
62 Stöber, Forderungspfändung, Rn 2063; Musielak/Becker, ZPO, § 848 Rn 6.

B. Nach der Auflassung § 3

X. Formulierungsvorschläge für die Pfändung

Hinweis 67
Der Gläubiger muss das amtliche Formular nutzen aufgrund der Verordnung über Formulare für die Zwangsvollstreckung (Zwangsvollstreckungsformular-Verordnung – ZVFV) vom 23. August 2012 (BGBl I 2012, S. 1822) in der geänderten Fassung aufgrund der Verordnung zur Änderung der Zwangsvollstreckungsformular-Verordnung vom 16. Juni 2014 (BGBl I 2014, S. 754). Hierbei ist das Feld „Anspruch G" oder eine gesonderte Anlage zu nutzen.

▼

Eigentumverschaffungsanspruch: 68

▬▬▬ wegen dieser Ansprüche sowie wegen der Kosten des Beschlusses und der Zustellung wird der Anspruch des Schuldners auf Auflassung und Eigentumsumschreibung aus dem Kaufvertrag vom ▬▬▬ (*Datum*) bzgl. des Grundstücks ▬▬▬ (*genaue Lagebezeichnung*), eingetragen im Grundbuch von ▬▬▬ (*Grundbuchbezeichnung*) gepfändet.

Zum Sequester ist Herr/Frau ▬▬▬ zu bestellen. Gleichzeitig wird angeordnet, dass das Grundstück an den Sequester herauszugeben und an ihn/sie aufzulassen ist.

Anwartschaftsrecht: 69

▬▬▬ wegen dieser Ansprüche sowie wegen der Kosten des Beschlusses und der Zustellung wird das Anwartschaftsrecht des Schuldners aus der Auflassungserklärung in der Urkunde des Notars ▬▬▬ Urkunden-Nr. ▬▬▬ vom ▬▬▬ auf Eigentumserwerb an dem Grundstück ▬▬▬ (*genaue Lagebezeichnung*), eingetragen im Grundbuch von ▬▬▬ (*Grundbuchbezeichnung*) gepfändet.

Zugleich wird das gepfändete Recht dem Gläubiger zur Einziehung überwiesen.

Doppelpfändung: 70

▬▬▬ wegen dieser Ansprüche sowie wegen der Kosten des Beschlusses und der Zustellung wird

der Anspruch des Schuldners aus dem Kaufvertrag vom ▬▬▬ (*Datum*) bzgl. des Grundstücks ▬▬▬ (*genaue Lagebezeichnung*), eingetragen im Grundbuch

§ 3 Eigentumverschaffungsanspruch – Anwartschaftsrecht

von ▓▓▓ (*Grundbuchbezeichnung*) auf Auflassung und Eigentumsumschreibung gepfändet

das Anwartschaftsrecht des Schuldners aus der Auflassungserklärung in der Urkunde des Notars ▓▓▓ Urkunden-Nr. ▓▓▓ vom ▓▓▓ auf Eigentumserwerb an dem Grundstück ▓▓▓ (*genaue Lagebezeichnung*) eingetragen im Grundbuch von ▓▓▓ (*Grundbuchbezeichnung*) gepfändet.

Gleichzeitig wird angeordnet, dass das Grundstück an einen noch zu bestellenden Sequester herauszugeben und an ihn/sie aufzulassen ist.

Zugleich werden die gepfändeten Rechte dem Gläubiger zur Einziehung überwiesen.[63]

---

[63] Vgl. Diepold/Hintzen, Musteranträge für Pfändung und Überweisung, Muster 26 zum Eigentumverschaffungsanspruch; 30 zum Anwartschaftsrecht.

Schaubild 4: Pfändung des Eigentumverschaffungsanspruchs

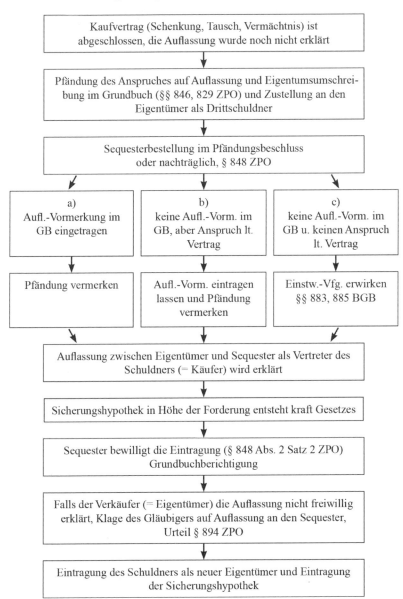

§ 3 Eigentumverschaffungsanspruch – Anwartschaftsrecht

72 Schaubild 5: Pfändung des Anwartschaftsrechts aus der Auflassung

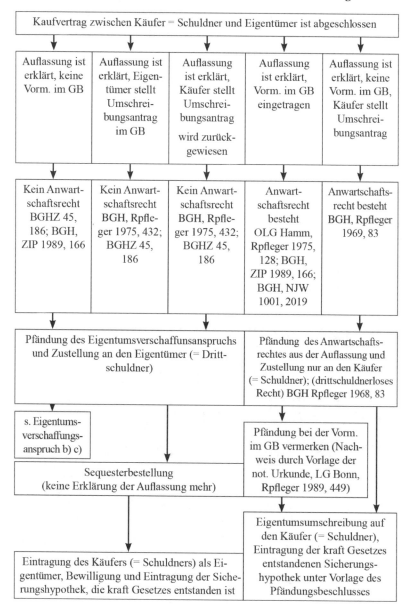

§ 4 Pfändung von Grundpfandrechten

Vor der Vollstreckung in Rechte oder Ansprüche, die sich unmittelbar oder auch nur mittelbar aus der Abt. III des Grundbuchs ergeben, steht wiederum die **Informationsbeschaffung** an erster Stelle.

Wenn der Gläubiger den Grundbuchauszug vorliegen hat, kann er häufig anhand der Bewilligungs- bzw. Eintragungsdaten der Grundpfandrechte feststellen, dass bereits Tilgungen auf die Kapitalrechte geleistet sein müssen, zumindest, dass die Rechte teilweise nicht mehr valutiert sein können. Empfehlenswert ist aber auch immer ein Blick in die Grundakten, in der die Eintragungsbewilligungen liegen. Vielfach befindet sich bei der Grundschuldbestellungsurkunde auch die Sicherungsabrede, aus der der Gläubiger u.U. wertvolle Hinweise zu Zahlungsmodalitäten ziehen kann. Weitere Informationen erlangt er dann nach der Pfändung über die Drittschuldnererklärung.

A. Hypothek

I. Pfändung der Hypothekenforderung

Die Hypothek als solche kann als dingliches Recht am Grundstück nicht gepfändet werden, sie ist vielmehr ein Pfandrecht am Grundstück, welches eine Geldforderung sichert, § 1113 BGB. Korrekt wäre also die Bezeichnung: „Pfändung einer hypothekarisch gesicherten Forderung". Mit der Übertragung der Forderung geht auch die Hypothek kraft Gesetzes auf den neuen Gläubiger über, § 1153 Abs. 1 BGB. Eine Übertragung der Hypothek ohne die Forderung oder der Forderung ohne die Hypothek ist nicht möglich, § 1153 Abs. 2 BGB (Akzessorietät). Entsprechend den sachenrechtlichen Regelungen der Abtretung (§§ 398, 873, 1154 BGB) bzw. Verpfändung (§ 1274 BGB) von Hypothekenforderungen erfolgt die Pfändung durch Beschluss (Ersatz für das Willenselement) und **Briefaushändigung** an den Gläubiger (**Publizitätselement**) oder bei brieflosen Rechten durch Beschluss und **Eintragung** der Pfändung im **Grundbuch** mit konstitutiver Wirkung (§ 830 Abs. 1 Satz 3 ZPO).

Dies setzt allerdings voraus, dass im Zeitpunkt der Pfändung die Forderung bereits durch eine wirksam entstandene Hypothek gesichert ist.[1] Insbesondere kann nicht aus § 830 Abs. 2 ZPO der Schluss gezogen werden, es müsse noch zur Wirksamkeit die Zustellung an den **Drittschuldner** hinzutreten.

---

1 OLG Hamm vom 3.7.1980, 15 W 85/80, Rpfleger 1980, 483 = NJW 1981, 354.

§ 4 Pfändung von Grundpfandrechten

Unabhängig davon, ob es sich bei der Hypothek um ein Briefrecht oder ein Buchrecht handelt, ist in beiden Fällen zur Wirksamkeit der Pfändung die Zustellung an den Drittschuldner **nicht** erforderlich.[2]

5 Vor Wirksamwerden der Pfändung besteht die Gefahr, dass der Drittschuldner mit befreiender Wirkung an den Hypothekengläubiger zahlt. Sofern der Vollstreckungsgläubiger den Pfändungsbeschluss – vor dessen Wirksamwerden – an den Drittschuldner zustellt, erlangt dieser Kenntnis von der bevorstehenden Pfändung und der **Wirksamkeitszeitpunkt** wird **gegenüber dem Drittschuldner** auf den Zustellungszeitpunkt vorverlagert, soweit es noch zu einer wirksamen Pfändung kommt. Rechtswirkungen wie Verstrickung, Pfandrecht oder Rangwahrung treten hierdurch nicht ein.[3]

6 Sofern die **Hypothek** tatsächlich – **noch** – **nicht entstanden** ist, vollzieht sich die Pfändung der Forderung nach § 829 ZPO, zur Wirksamkeit ist hier die Zustellung an den Drittschuldner zwingend (§ 829 Abs. 3 ZPO).[4]

7 Fallen persönlicher Schuldner und Grundstückseigentümer auseinander, sind **zwei Drittschuldner** vorhanden, denen gegenüber ggf. der Beschluss zugestellt werden muss.[5]

8 Während bei einer Buchhypothek die Pfändung mit konstitutiver Wirkung im Grundbuch bei dem Recht eingetragen werden muss, kann der Gläubiger die wirksame Pfändung bei einer Briefhypothek als Verfügungsbeschränkung im Wege der Grundbuchberichtigung eintragen lassen.[6]

II. Überweisung der Hypothekenforderung

9 Ebenso wie bei der Pfändung wird die Überweisung einer hypothekarisch gesicherten Forderung nicht mit der Zustellung des Überweisungsbeschlusses an den Drittschuldner wirksam. Hier gilt als Wirksamkeitszeitpunkt bereits die Aushändigung des Beschlusses an den Vollstreckungsgläubiger (§ 837 Abs. 1 Satz 1 ZPO). Dies gilt weiterhin unabhängig davon, ob es sich um eine Brief- oder Buchhypothek handelt. Grundsätzlich ist damit auch eine Eintragung im Grundbuch unzulässig.[7]

---

2 Vgl. auch MüKo/Smid, ZPO, § 830 Rn 18 unter Hinweis auf OLG Köln vom 26.10.1990, 2 Wx 90, OLGZ 1991, 154 = Rpfleger 1991, 241 m. Anm. Hintzen; Behr, JurBüro 1997, 514, 515.

3 OLG Köln vom 26.10.1990, 2 Wx 90, OLGZ 1991, 154 = Rpfleger 1991, 241 m. Anm. Hintzen; OLG Düsseldorf vom 5.12.1960, 3 W 171/60, NJW 1961, 1266; Schuschke/Walker, Vollstreckung und vorläufiger Rechtsschutz, § 830 Rn 5; Musielak/Becker, ZPO, § 830 Rn 8; Tempel, JuS 1967, 117, 118; Behr, JurBüro 1997, 514, 515.

4 OLG Hamm vom 3.7.1980, 15 W 85/80, Rpfleger 1980, 483 = NJW 1981, 354; Musielak/Becker, ZPO, § 830 Rn 2.

5 Musielak/Becker, ZPO, § 830 Rn 8.

6 Für viele: Zöller/Stöber, ZPO, § 830 Rn 8.

7 Stöber, Forderungspfändung, Rn 1838.

A. Hypothek § 4

Nur in einem Fall, bei der **Überweisung an Zahlungs statt** bei einem **Buchrecht**, ist zur Wirksamkeit die Grundbucheintragung zwingend (§ 837 Abs. 1 Satz 2 ZPO). Die Rechtswirkungen der Überweisung und die damit verbundenen Verwertungsrechte des Gläubigers treten somit völlig losgelöst von einer Zustellung an den Drittschuldner ein.[8]

10

III. Rückständige Hypothekenzinsen

Von den zuvor genannten Grundsätzen der Pfändung und Überweisung einer hypothekarisch gesicherten Forderung sind allerdings die Ansprüche auf rückständige Zinsen der Hypothek ausgenommen. Rückständige Zinsen vor Wirksamwerden der Pfändung werden wie eine „**normale**" **Forderung** behandelt und müssen nach den Vorschriften über die Forderungspfändung und -überweisung gepfändet und überwiesen werden, §§ 830 Abs. 3, 829 Abs. 3 ZPO i.V.m. § 1159 BGB und §§ 837 Abs. 2, 835 Abs. 3 ZPO. Zur Wirksamkeit ist also die **Zustellung an den Drittschuldner** notwendig.[9]

11

> *Hinweis*
> Damit erkennbar ist, dass rückständige Zinsen mit gepfändet werden sollen, muss sich dies aus dem Pfändungsantrag eindeutig ergeben. Dies gilt auch generell für die gesamte Zinsforderung. Zwar erstreckt sich das Pfandrecht kraft Gesetzes auch auf die laufenden Zinsen ab der Verpfändung, § 1289 BGB, dies ist aber für die zwangsvollstreckungsrechtliche Pfändung bestritten.[10]

12

IV. Einheitsbeschluss von Pfändung und Überweisung

In der gerichtlichen Vollstreckungspraxis werden der Pfändungs- und Überweisungsbeschluss regelmäßig gleichzeitig in einem Beschluss erlassen. Hierbei wird kein Unterschied gemacht, ob es sich um eine Forderungspfändung, Rechtspfändung oder eine andere zulässige Pfändung handelt.

13

Dennoch ist zwischen beiden Beschlüssen zu unterscheiden.[11] Entscheidendes Kriterium für die Zulässigkeit des gleichzeitigen Erlasses beider Beschlüsse bei der Forderungspfändung nach § 829 ZPO ist der Umstand, dass Voraussetzung für deren Wirksamkeit dasselbe Tatbestandsmerkmal ist, nämlich die Zustellung an den Drittschuldner. Es ist völlig unbestritten, dass die Überweisung unwirksam ist, bis

14

---

8 Stöber, Forderungspfändung, Rn 1840; Musielak/Becker, ZPO, § 837 Rn 2; unrichtig insoweit BGH vom 22.9.1994, IX ZR 165/93 in BGHZ 127, 146 = Rpfleger 1995, 119 m. Anm. Riedel = MDR 1995, 454 m. Anm. Diepold = ZIP 1994, 1720 = WM 1994, 2033 = NJW 1994, 3225 = DNotZ 1995, 139, der von Zustellung der Überweisung an den Drittschuldner spricht.
9 Für viele: Musielak/Becker, ZPO, § 830 Rn 2; Behr, JurBüro 1997, 514, 516.
10 Tempel, JuS 1967, 75, 78.
11 Vgl. im Einzelnen: Hintzen/Wolf, Rpfleger 1995, 94, 95.

die Pfändung wirksam wird. Da aber beide Zustellungen aufgrund des einheitlichen Beschlusses im selben Zeitpunkt erfolgen, treten auch die Rechtswirkungen der Überweisung mit der Wirksamkeit der Pfändung durch gleichzeitige Zustellung ein.[12]

15 In seiner Entscheidung vom 22.4.1994 (IX ZR 165/93) weicht der BGH[13] von der gängigen Vollstreckungspraxis ab und postuliert jedenfalls für den Fall der Pfändung hypothekarisch gesicherter Forderungen eine getrennte primäre Pfändung; erst nach dessen Wirksamkeit dürfe der Überweisungsbeschluss erlassen werden.

16 Folgt man dem BGH, so ergeben sich gravierende Konsequenzen sowohl für die Vollstreckungsgerichte als auch für den Vollstreckungsgläubiger. Die **Mehrarbeit** (doppelte Antragstellung, zwei Beschlüsse) sei einmal dahingestellt, aber es entstehen auch **Mehrkosten** infolge der Zustellung durch den Gerichtsvollzieher. Problematisch, wenn nicht sogar vollstreckungsvereitelnd, kann die Tatsache werden, dass für die Pfändung und den sich erst anschließenden Überweisungsbeschluss verschiedene Vollstreckungsgerichte zuständig werden können, sobald der Schuldner nach der Pfändung seinen Wohnort wechselt. Die Zuständigkeit ist jeweils neu zu prüfen.

17 Auch die **Diskrepanz zwischen der Pfändung der hypothekarisch gesicherten Forderung und den rückständigen Zinsen** (siehe Rn 11) dürfte nicht unproblematisch sein. Da für die Pfändung dieser älteren Zinsen die Zustellung an den Drittschuldner Wirksamkeitsvoraussetzung ist, kann der Überweisungsbeschluss zusammen mit dem Pfändungsbeschluss erlassen werden, während dies bei der Hypothekenpfändung getrennt erfolgen muss (drei Beschlüsse?).

18 Unbefriedigend ist auch die **privilegierte Vollstreckung der Verwaltungsbehörden**. Vollstrecken Finanzbehörden oder andere Verwaltungsvollstreckungsbehörden, dürfen diese aufgrund entsprechender gesetzlicher Regelungen die Pfändungs- und Überweisungsverfügung gleichzeitig erlassen (für das FA §§ 310, 314 Abs. 2 AO, für andere Vollstreckungsbehörden § 5 Verwaltungs-Vollstreckungsgesetz (VwVG-Bund) i.V.m. §§ 310, 314 Abs. 2 AO). Diese Bevorzugung der öffentlichen Hand als Vollstreckungsgläubiger gegenüber dem Privatgläubiger dürfte verfassungsrechtlich bedenklich sein!

19 Denkt man die Entscheidung des BGH konsequent weiter, stellt sich die Frage, ob die Trennung von Pfändung und Überweisung nicht generell angewandt werden muss, also auch bei der Forderungspfändung nach § 829 ZPO und den weiteren Pfändungsmöglichkeiten (Herausgabeansprüche, § 846 ZPO, Rechtspfändung, § 857 ZPO oder Pfändung in Gesellschaftsanteile, § 859 ZPO).

---

12 Für viele: Zöller/Stöber, ZPO, § 835 Rn 3.
13 In BGHZ 127, 146 = Rpfleger 1995, 119 m. Anm. Riedel = MDR 1995, 454 m. Anm. Diepold = ZIP 1994, 1720 = WM 1994, 2033 = NJW 1994, 3225 = DNotZ 1995, 139; vgl. auch Lüke, JuS 1995, 202.

20 Richtig ist, dass eine wirksame Pfändung zum Tatbestand der Überweisung gehört.[14]

21 Dies ergibt sich bereits aus dem Wortlaut des Gesetzes nach § 837 Abs. 1 ZPO „Zur Überweisung einer **gepfändeten** Forderung für die eine Hypothek besteht ...". Die Trennung zwischen beiden Beschlüssen zieht der BGH im Rahmen seiner Begründung zum Vertrauensschutz des Drittschuldners, sofern dieser aufgrund des Überweisungsbeschlusses an den Vollstreckungsgläubiger zahlt. Das entscheidende Kriterium ist hier, dass Wirksamkeitsvoraussetzung der Pfändung die Briefherausgabe an den Gläubiger bzw. die Grundbucheintragung ist und die Wirksamkeit der Überweisung durch Aushändigung des Beschlusses an den Gläubiger erfolgt. Im Gegensatz zur Forderungspfändung und -überweisung gibt es hier keinen einheitlichen Rechtsvorgang (wie die Zustellung an den Drittschuldner). Der Drittschuldner kann nicht ohne Weiteres erkennen, ob die Pfändung bereits wirksam geworden ist. Diese besonderen Tatbestandsmerkmale dürften den BGH dazu geführt haben, die Trennung von Pfändung und Überweisung zu fordern.[15]

22 Die BGH-Entscheidung zwingt aber nicht dazu, vom **Einheitsbeschluss** überhaupt Abstand zu nehmen. Bei hypothekarisch gesicherten Forderungen darf er, bei den Übrigen sollte er allerdings nicht mehr in der bisherigen Weise ergehen. Nicht möglich ist es, den Schwierigkeiten dadurch aus dem Wege zu gehen, dass der Überweisungsbeschluss unter der Bedingung erlassen wird, dass die Eintragung der Pfändung oder die Übergabe des Hypothekenbriefs erfolgt.[16] Denn dabei würde es sich um eine bedingte Vollstreckung und damit um einen unzulässigen Staatsakt handeln (anders als bei der Pfändung bedingter Ansprüche, bei denen die Pfändung unbedingt erfolgt und nur die getroffene Anordnung bedingt ist).[17]

23 Es spricht andererseits nichts dagegen, einen ggf. schwebend unwirksamen Überweisungsbeschluss[18] zu erlassen, wenn der Pfändungsgläubiger, der Vollstreckungsschuldner und v.a. auch der Drittschuldner hierauf hingewiesen werden, sodass eine schuldbefreiende Leistung des Drittschuldners gem. § 836 Abs. 2 ZPO wegen Kenntnis der tatsächlichen und rechtlichen Zusammenhänge entfällt.[19]

24 Der Hinweis verschafft dem Drittschuldner zwar nicht die Kenntnis davon, dass die gepfändete Forderung durch eine Hypothek gesichert ist. Weiß er es aber – wie in dem der BGH-Entscheidung zugrunde liegenden Fall, wo der Drittschuldner selbst

---

14 Vgl. bereits Tempel, JuS 1967, 167.
15 Vgl. Hintzen/Wolf, Rpfleger 1995, 94, 97.
16 Böttcher, Zwangsvollstreckung im Grundbuch, Rn 568 spricht von einem „Vorbehalt", der in den Beschluss mit aufzunehmen ist. Missverständlich ist der Vorbehalt, soweit nach wie vor von „gleichzeitiger" Wirksamkeit von Pfändung und Überweisung gesprochen wird.
17 BGH vom 8.7.1993, IX ZR 116/92, NJW 1993, 2876; RGZ 135, 139, 141.
18 Tempel, JuS 1967, 167 spricht von „aufschiebend bedingter Wirksamkeit".
19 Zum Inhalt eines solchen Hinweises vgl. Hintzen/Wolf, Rpfleger 1995, 94, 97; Riedel, Anm. zu BGH vom 22.9.1994, IX ZR 165/93, Rpfleger 1995, 122.

die Hypothek bestellt hatte –, so kann er sich aufgrund des Hinweises nicht mehr erfolgreich darauf berufen, er habe die vollstreckungsrechtlichen Konsequenzen der Pfändung einer hypothekarisch gesicherten Forderung nicht gekannt.[20]

V. Herausgabe des Hypothekenbriefs

1. Brief befindet sich beim Schuldner

25 Ist für die gesicherte Forderung eine Briefhypothek bestellt worden, benötigt der Gläubiger neben dem Pfändungsbeschluss die Übergabe des Briefs (§ 830 Abs. 1 Satz 1 ZPO). Das Pfandrecht ergreift auch den Hypothekenbrief (§ 952 Abs. 1 Satz 2, Abs. 2 BGB).[21]

26 Gibt der Schuldner den Brief freiwillig heraus, ist die Pfändung damit wirksam geworden. Ebenfalls wirksam wird die Pfändung, wenn der Gerichtsvollzieher den Brief zwangsweise dem Schuldner wegnimmt (§ 830 Abs. 1 Satz 2 ZPO). Hierbei handelt es sich um eine Herausgabevollstreckung (§ 883 ZPO). Der erforderliche Herausgabetitel ist hier der Pfändungsbeschluss und nicht der Überweisungsbeschluss.[22]

27 Dem Gerichtsvollzieher muss nicht neben dem Pfändungsbeschluss noch der der Pfändung zugrunde liegende Vollstreckungstitel vorgelegt werden.[23] Die Regelung in § 122 Abs. 2 GVGA – der Gerichtsvollzieher wird erst durch den Besitz des Schuldtitels und des Pfändungsbeschlusses zur Herausgabe legitimiert – ist unrichtig und entbehrt der gesetzlichen Grundlage.

28 Der Pfändungsbeschluss muss dem Schuldner vorher zugestellt sein.[24] Einer Klausel bedarf der Pfändungsbeschluss (ebenso wie der Überweisungsbeschluss) jedoch nicht.[25]

29 Mit der **Wegnahme des Briefs** zum Zweck der Ablieferung an den Gläubiger ist die Pfändung wirksam geworden (§ 830 Abs. 1 Satz 2 ZPO).

30 Befindet sich der **Brief nicht beim Schuldner** und auch **nicht bei einem Dritten**, muss der Schuldner auf Antrag des Gläubigers an Eides statt versichern, dass er nicht weiß, wo sich der Brief befindet (§ 883 Abs. 2 ZPO). Ist der **Brief verloren**, so kann er für kraftlos erklärt und neu gebildet werden, § 466 FamFG. Nach Erlass

---

20 Vgl. hierzu auch insgesamt Stöber, NJW 1996, 1180.
21 OLG Hamm vom 3.7.1980, 15 W 85/80, Rpfleger 1980, 483 = NJW 1981, 354.
22 Musielak/Becker, ZPO, § 830 Rn 4; Behr, JurBüro 1997, 514, 515.
23 So aber: Tempel, JuS 1967, 117, 119.
24 BGH vom 6.4.1979, V ZR 216/77, NJW 1979, 2045; Musielak/Becker, ZPO, § 830 Rn 4; Behr, JurBüro 1997, 514, 515.
25 Zöller/Stöber, ZPO, § 830 Rn 5; Musielak/Becker, ZPO, § 830 Rn 4.

des Ausschließungsbeschlusses (§§ 478, 439 FamFG) kann sich der Gläubiger einen neuen Brief vom Grundbuchamt aushändigen lassen.[26]

2. Brief befindet sich bei einem Dritten

Befindet sich der Brief bei einem Dritten und gibt dieser ihn freiwillig heraus, wird die Pfändung damit wirksam. Ist der Dritte nicht bereit den Brief herauszugeben, muss der Gläubiger den Herausgabeanspruch des Schuldners gegen den Dritten nach §§ 985, 952 BGB pfänden lassen.[27]

31

Vollstreckungstitel für diese Pfändung ist der Pfändungsbeschluss.[28]

32

Mit Überweisung zur Einziehung kann der Gläubiger dann den Herausgabeanspruch des Schuldners gegen den Dritten klageweise geltend machen (§§ 985, 952 BGB).

33

Ist die Hypothek bereits im Grundbuch eingetragen, entsteht das Recht als Fremdrecht erst mit der Aushändigung des Briefs (§ 1117 Abs. 1 BGB). Die wirksame Pfändung der Briefgrundschuld erfordert die Briefübergabe an den Gläubiger. Dass der Brief beim Grundbuchamt verwahrt wird und die (Hilfs-)Pfändung und Überweisung des Herausgabeanspruchs stattgefunden hat, ändert daran nichts.[29] Grundsätzlich hat das **Grundbuchgericht** den Brief dem Eigentümer auszuhändigen, der diesen dann an den Hypothekengläubiger weiterleitet. Erst mit Aushändigung an den Hypothekengläubiger entsteht das Recht als Fremdrecht. Pfändet der Gläubiger die hypothekarisch gesicherte Forderung vor der Briefaushändigung an den Gläubiger, handelt es sich zunächst um eine ganz normale Forderungspfändung. Wirksam wird diese mit Zustellung an den Drittschuldner (§ 829 Abs. 3 ZPO). Wird der Brief danach an den Hypothekengläubiger ausgehändigt, entsteht das Fremdrecht und das Pfandrecht erstreckt sich nunmehr auch an der Hypothek.[30]

34

Zur Wirksamkeit der Pfändung bedarf es aber noch der Briefübergabe an den Pfändungsgläubiger. Hat der Grundstückseigentümer mit dem Hypothekengläubiger vereinbart, dass dieser berechtigt ist, sich den Brief direkt durch das Grundbuchgericht aushändigen zu lassen (§ 1117 Abs. 2 BGB), entsteht die Hypothek bereits mit der Eintragung im Grundbuch, sofern die zu sichernde Forderung auch ausgezahlt ist.[31]

35

---

26 Zöller/Stöber, ZPO, § 830 Rn 5.
27 Str.: entweder Hilfspfändung oder § 886 ZPO, vgl. Zöller/Stöber, ZPO, § 830 Rn 6.
28 BGH vom 6.4.1979, V ZR 216/77, NJW 1979, 2045; Musielak/Becker, ZPO, § 830 Rn 5.
29 OLG München vom 20.6.2011, 34 Wx 259/11, BeckRS 2011, 22453 = NJOZ 2012, 171.
30 OLG Hamm vom 3.7.1980, 15 W 85/80, Rpfleger 1980, 483 = NJW 1981, 354; Stöber, Forderungspfändung, Rn 1797a, 1826.
31 BayObLG vom 12.3.1987, 2 Z 25/87, DNotZ 1988, 111 = Rpfleger 1987, 363; missverständlich insoweit Böttcher, Vollstreckung im Grundbuch, Rn 544, der das Entstehen der Hypothek mit der Eintragung gleichsetzt, ohne auf die Auszahlung der Forderung einzugehen.

§ 4 Pfändung von Grundpfandrechten

36 Hat das Grundbuchgericht den **Brief noch nicht ausgehändigt**, kann sich der Pfändungsgläubiger den Herausgabeanspruch auf Aushändigung des Briefs gegenüber dem Grundbuchgericht pfänden und zur Einziehung überweisen lassen.[32] In diesem Fall ist das Grundbuchgericht Dritter i.S.d. Herausgabevollstreckung (§ 886 ZPO).

37 Ist das Grundbuchgericht später in den Besitz des Briefs gelangt, weil dieser z.b. zur Erledigung eines gestellten Antrags benötigt wird, und pfändet der Gläubiger nunmehr die hypothekarisch gesicherte Forderung, kann er den Anspruch des Hypothekengläubigers gegen das Grundbuchgericht auf Herausgabe des Briefs pfänden und sich zur Einziehung überweisen lassen (Verwahrungsverhältnis, § 695 BGB).[33]

38 Vollstrecken **mehrere Pfändungsgläubiger** und nimmt der Gerichtsvollzieher den Brief für alle Gläubiger gleichzeitig weg, stehen alle Gläubiger im Gleichrang. Hat ein Gläubiger erstrangig gepfändet, wird er den Brief nicht herausgeben. Zur Wirksamkeit der Pfändung ist jedoch die **Einräumung des Mitbesitzes** am Brief genügend. Der erstrangige Gläubiger muss auch dem nachrangigen Gläubiger den Mitbesitz einräumen; dies geschieht zweckmäßigerweise durch Aushändigung des Briefs an den Gerichtsvollzieher, der den Brief dann für alle pfändenden Gläubiger treuhänderisch verwahrt.[34]

3. Teilpfändung und Briefbesitz

39 Betreibt der Gläubiger nur eine Teilpfändung der hypothekarisch gesicherten Forderung, haben der gepfändete und der nichtgepfändete Teil zunächst **Gleichrang**.[35]

40 Der Gläubiger muss ausdrücklich den bestimmten – gepfändeten – Teil **mit Vorrang vor dem Rest** pfänden. Er sollte auch den **Zinszeitraum** genau angeben, der mit gepfändet wird.[36]

41 Die **Briefübergabe** scheitert jedoch zunächst daran, dass der Gläubiger der Teilpfändung keinen Anspruch auf den Alleinbesitz des Briefs geltend machen kann. Nunmehr müssen **Teilbriefe** erstellt werden (§ 1152 BGB). Der Pfändungsgläubiger hat einen Anspruch auf Vorlage des Briefs beim Grundbuchgericht (oder Notar) zwecks Bildung eines solchen Teilbriefs (§ 61 GBO).[37] Mit Bildung dieser Teilbriefe und Aushändigung an den Pfändungsgläubiger ist die Pfändung dann bewirkt.

---

32 Stöber, Forderungspfändung, Rn 1821.
33 Vgl. Stöber, Forderungspfändung, Rn 1825.
34 Zöller/Stöber, ZPO, § 830 Rn 4; Musielak/Becker, ZPO, § 830 Rn 5.
35 OLG Oldenburg vom 8.1.1970, 5 Wx 67/69, Rpfleger 1970, 100; Tempel, JuS 1967, 75, 79.
36 OLG Oldenburg vom 8.1.1970, 5 Wx 67/69, Rpfleger 1970, 100, 101; Musielak/Becker, ZPO, § 830 Rn 6.
37 OLG Oldenburg vom 8.1.1970, 5 Wx 67/69, Rpfleger 1970, 100; Tempel, JuS 1967, 75, 80; Musielak/Becker, ZPO, § 830 Rn 6.

Ist die Forderung durch eine Buchhypothek gesichert, muss neben dem Pfändungsbeschluss die Eintragung der Pfändung im Grundbuch erfolgen (§ 830 Abs. 1 Satz 3 ZPO). 42

VI. Vorpfändung

Auch die Vorpfändung einer hypothekarisch gesicherten Forderung ist grundsätzlich zulässig.[38] Einer Briefübergabe und/oder Eintragung im Grundbuch bedarf es zur Wirksamkeit nicht. Die Vorpfändung wird wirksam durch **Zustellung an den Drittschuldner** (§ 845 Abs. 1 ZPO). 43

Ob eine Vorpfändung im Weg der **Grundbuchberichtigung** im Grundbuch bei der Hypothek eingetragen werden kann, ist umstritten.[39] 44

VII. Grundbucheintragung

Beantragt der Gläubiger die Eintragung der Pfändung im Grundbuch (beim Buchrecht zwingend, beim Briefrecht nur deklaratorisch) und ist der Schuldner als Betroffener noch nicht voreingetragen (§ 39 GBO), hat der Gläubiger ein **Antragsrecht zur Grundbuchberichtigung** (§ 14 GBO). Ist z.B. noch der Erblasser im Grundbuch als Gläubiger des Rechts eingetragen, kann der Vollstreckungsgläubiger Aushändigung des Erbscheines oder der zur Grundbuchberichtigung erforderlichen Urkunden verlangen (§ 792 ZPO). Notfalls muss der Gläubiger den Grundbuchberichtigungsanspruch (§ 894 BGB) pfänden und sich zur Einziehung überweisen lassen, um dann seinen Anspruch klageweise durchzusetzen.[40] 45

VIII. Verwertung durch Zwangsversteigerung

Aus dem Rang der Hypothek kann der Gläubiger die Zwangsversteigerung des Grundstücks betreiben, sofern er über einen Duldungstitel verfügt. Hat sich der Grundstückseigentümer bei Bestellung der Hypothek bereits der sofortigen Zwangsvollstreckung unterworfen (§§ 794 Abs. 1 Nr. 5, 800 ZPO), kann der Pfändungsgläubiger diese vollstreckbare Urkunde auf sich umschreiben lassen (§ 727 ZPO).[41] 46

---

38 Für viele: Stöber, Forderungspfändung, Rn 1866; Musielak/Becker, ZPO, § 845 Rn 1.
39 Bejahend: OLG Köln vom 26.10.1990, 2 Wx 90, Rpfleger 1991, 241; Stöber, Forderungspfändung, Rn 1866; verneinend: Hintzen, Rpfleger 1991, 242; Böttcher, Vollstreckung im Grundbuch, Rn 668.
40 Stöber, Forderungspfändung, Rn 1513, 1514 und Rn 1836; Tempel, JuS 1967, 75, 76; ders., JuS 1967, 117, 123; Musielak/Becker, ZPO, § 830 Rn 7.
41 Vgl. Hintzen/Wolf, Rn 6.367.

B. Grundschuld

I. Fremdgrundschuld

1. Pfändung

47 Auf die Zwangsvollstreckung in eine Grundschuld finden die Vorschriften über die Pfändung in eine Hypothekenforderung entsprechende Anwendung (§§ 857 Abs. 6, 830 ZPO). Dies entspricht auch den sachenrechtlichen Vorschriften, da auf die Grundschuld grundsätzlich die **Vorschriften über die Hypothek** Anwendung finden, soweit diese nicht ausdrücklich eine Forderung voraussetzen (§§ 1191, 1192 Abs. 1 BGB). Auch wenn in der Praxis regelmäßig die Grundschuld zur Sicherung einer bestimmten Geldforderung bestellt wird, ist sie in ihrem rechtlichen Bestand von einer Forderung nicht abhängig (fehlende Akzessorietät). Auch die Regelung in § 1192 Abs. 1a BGB besagt hierzu nichts anderes.

48 *Hinweis*
Die gesicherte Forderung muss immer gesondert gepfändet werden (§ 829 ZPO). Dem Gläubiger ist zu empfehlen, immer die „**Doppelpfändung**" von Grundschuld und Forderung vorzunehmen.[42]

49 Hat der Gläubiger nur die Grundschuld gepfändet und zahlt der Schuldner nun die Forderung zurück, gibt dies dem Drittschuldner der gepfändeten Grundschuld (= Eigentümer) eine dauernde Einrede aus dem Sicherungsvertrag, die auch dem Pfändungsgläubiger gegenüber wirkt (§§ 1192, 1157 BGB).[43] Dies gilt selbst dann, wenn persönlicher Schuldner und der Eigentümer als dinglicher Schuldner identisch sind.[44]

50 Die Grundschuld ist immer selbstständig zu pfänden und zu verwerten. Handelt es sich um eine **Briefgrundschuld**, wird die Pfändung wirksam mit Erlass des Pfändungsbeschlusses und der **Briefübergabe**. Gibt der Schuldner den Brief freiwillig heraus, ist die Pfändung damit wirksam geworden. Ebenfalls wirksam wird die Pfändung, wenn der Gerichtsvollzieher den Brief zwangsweise dem Schuldner wegnimmt (§ 830 Abs. 1 Satz 2 ZPO). Hierbei handelt es sich um eine Herausgabevollstreckung (§ 883 ZPO). Der erforderliche Herausgabetitel ist hier der Pfändungsbeschluss und nicht der Überweisungsbeschluss[45] (zur freiwilligen oder zwangsweisen Wegnahme vgl. Rn 25 ff.).

51 Mit Wirksamwerden der Pfändung ist u.a. ein relatives Verfügungsverbot entstanden (§§ 135, 136 BGB). Diese Einschränkung der Verfügungsbefugnis über das

---

[42] Zöller/Stöber, ZPO, § 857 Rn 15; Schuschke/Walker, Vollstreckung und vorläufiger Rechtsschutz, § 857 Rn 25; Musielak/Becker, ZPO, § 857 Rn 16.
[43] Stöber, Forderungspfändung, Rn 1880.
[44] Stöber, Forderungspfändung, Rn 1883.
[45] Musielak/Becker, ZPO, § 830 Rn 4.

Recht kann im Weg der Berichtigung im Grundbuch eingetragen werden. Handelt es sich bei der Grundschuld um ein **briefloses Recht**, ist neben dem Pfändungsbeschluss die Eintragung im Grundbuch zwingend (§ 830 Abs. 1 Satz 3 ZPO). Beantragt der Gläubiger die Eintragung der Pfändung im Grundbuch und ist der Schuldner als Betroffener noch nicht voreingetragen (§ 39 GBO), hat der Gläubiger ein Antragsrecht zur Grundbuchberichtigung (§ 13 GBO). Notfalls muss der Gläubiger den Grundbuchberichtigungsanspruch (§ 894 BGB) pfänden und sich zur Einziehung überweisen lassen, um dann seinen Anspruch klageweise durchzusetzen (zu Einzelheiten vgl. Rn 45).

In beiden Fällen (Brief- oder Buchgrundschuld) empfiehlt sich, wie bei der Hypothek, die Zustellung des Pfändungsbeschlusses an den Drittschuldner, damit dieser Kenntnis erlangt, da ihm gegenüber mit der Zustellung die Pfändung als bewirkt anzusehen ist, sofern diese selbst unmittelbar nachfolgt (§ 830 Abs. 2 ZPO) (zu Einzelheiten siehe Rn 5). 52

Soweit bei der Grundschuld **rückständige Zinsen** mit gepfändet werden, ist jedoch die Zustellung an den Drittschuldner zwingend, da diese wie eine Geldforderung gepfändet werden (§§ 830 Abs. 3, 829 Abs. 3 ZPO). Drittschuldner ist in diesem Fall nur der Grundstückseigentümer, da es eine persönliche Forderung nicht gibt (zu Einzelheiten vgl. Rn 11). 53

2. Einheitsbeschluss von Pfändung und Überweisung

Das vom BGH[46] postulierte Verbot des gleichzeitigen Erlasses von Pfändungs- und Überweisungsbeschluss ist zwar im Rahmen einer Entscheidung zur Pfändung einer hypothekarisch gesicherten Forderung ergangen, muss aber gleichermaßen für die Grundschuldpfändung gelten (soweit dem BGH m.E. jedoch nicht zu folgen ist, vgl. Rn 13 ff.). 54

3. Verwertung

Auch die Überweisung der gepfändeten Grundschuld vollzieht sich nach den Vorschriften über die Überweisung einer Hypothekenforderung (§§ 836, 837 ZPO). Die Überweisung wird wirksam mit Aushändigung des Überweisungsbeschlusses an den Gläubiger. Nur wenn die Überweisung an Zahlungs statt erfolgt und es sich um ein briefloses Recht handelt, ist die Eintragung der Überweisung im Grundbuch bei dem Recht zwingend (§ 837 Abs. 1 Satz 2 ZPO) (zu Einzelheiten vgl. Rn 8 ff.). 55

Nach der Pfändung und der Überweisung zur Einziehung ist der Gläubiger berechtigt, aus dem Rang der Grundschuld die Zwangsversteigerung des Grundstücks zu 56

---

46 BGH vom 22.9.1994, IX ZR 165/93 in BGHZ 127, 146 = Rpfleger 1995, 119 m. Anm. Riedel = MDR 1995, 454 m. Anm. Diepold = ZIP 1994, 1720 = WM 1994, 2033 = NJW 1994, 3225 = DNotZ 1995, 139; vgl. auch Lüke, JuS 1995, 202 und Stöber, NJW 1996, 1180.

betreiben, sofern er über einen Duldungstitel verfügt. Diesen kann er klageweise erstreiten oder aber er lässt sich die bereits vorhandene vollstreckbare Grundschuldbestellungsurkunde auf seinen Namen umschreiben (§§ 794 Abs. 1 Nr. 5, 800 ZPO, § 727 ZPO).[47]

II. Eigentümergrundschuld

57 Die Eigentümergrundschuld (§§ 1196, 1191 BGB) gibt dem Eigentümer selbst das Recht, aus dem Grundstück eine bestimmte Geldsumme verlangen zu können. Der Eigentümer ist nur insoweit in seinen Rechten beschränkt, als dass er nicht selbst die Zwangsvollstreckung gegen sich betreiben kann und dass er Zinsen aus dem Recht nur in einer Zwangsverwaltung verlangen kann (§ 1197 BGB[48]).

58 Die Eigentümergrundschuld kann, wie die anderen Grundpfandrechte auch, als Brief- oder Buchrecht begründet werden. Entsprechend den **Entstehungstatbeständen** spricht man von der
- offenen Eigentümergrundschuld,
- vorläufigen Eigentümergrundschuld,
- künftigen Eigentümergrundschuld.

1. Offene Eigentümergrundschuld

59 Der Eigentümer kann sein Grundstück mit einer Grundschuld auf seinen Namen belasten (sog. offene Eigentümergrundschuld; § 1196 Abs. 1 BGB). Ebenfalls unter diesen Begriff fallen die Grundpfandrechte, die zunächst als Fremdrecht eingetragen waren, dann jedoch auf den Namen des Eigentümers als Gläubiger der Grundschuld berichtigt wurden.

2. Pfändung

60 Die Pfändung der offenen Eigentümergrundschuld erfolgt nach §§ 857 Abs. 6, 830 ZPO.[49]

61 Auch wenn es sich bei der Eigentümergrundschuld um ein drittschuldnerloses Recht handelt, erfolgt die Pfändung nicht nach § 857 Abs. 2 ZPO. Diese Vorschrift enthält lediglich eine Sonderregelung für das Erfordernis der Zustellung des Pfändungsbeschlusses, wenn kein Drittschuldner vorhanden ist. Die Pfändung der Eigentümergrundschuld wird jedoch nicht wirksam mit **Zustellung** an den Schuldner,

---

[47] Vgl. Hintzen/Wolf, Rn 6.350.
[48] Vgl. BGH vom 18.12.1987, V ZR 163/86, NJW 1988, 1026.
[49] RGZ 59, 313, 316; BGH vom 6.4.1979, V ZR 216/77, NJW 1979, 2045 = Rpfleger 1979, 299; BGH vom 9.2.1989, IX ZR 17/88, MDR 1989, 633 = NJW-RR 1989, 636; Baumbach/Lauterbach/Albers/Hartmann, ZPO, § 857 Rn 23; Musielak/Becker, ZPO, § 857 Rn 17; Stöber, Forderungspfändung, Rn 1929; Behr, JurBüro 1997, 514, 516.

sondern mit **Übergabe des Grundschuldbriefs** oder bei einem Buchrecht mit Eintragung der Pfändung im Grundbuch (§ 830 ZPO).[50]

3. Verwertung

Die Verwertung der Eigentümergrundschuld erfolgt wie bei einer Fremdgrundschuld durch Überweisungsbeschluss zur Einziehung (§§ 837, 835 ZPO). Auch eine Überweisung an Zahlungs statt ist zulässig. Der Pfändungsgläubiger wird in diesem Fall kraft Gesetzes Inhaber der Grundschuld, die Eigentümergrundschuld wandelt sich in eine Fremdgrundschuld um.

62

Ist die Grundschuld **an Zahlungs statt** überwiesen, kann der Pfändungsgläubiger durch **Zwangsversteigerung** oder Zwangsverwaltung in das Grundstück die Verwertung betreiben. Für die Vollstreckung aus dem Rang der Grundschuld benötigt er einen Duldungstitel, den er entweder klageweise erstreitet; oder die Klausel ist, falls bereits eine Unterwerfungserklärung (§ 794 Abs. 1 Nr. 5 ZPO) vorliegt, auf den Gläubiger umzuschreiben (§ 727 ZPO).[51]

63

Ist die Grundschuld dem Gläubiger **zur Einziehung überwiesen** worden, kann er auch hier die Zwangsvollstreckung aus dem Rang der Grundschuld betreiben. Die Beschränkung nach § 1197 Abs. 1 BGB gilt dem Pfändungsgläubiger gegenüber nicht.[52]

64

Auch die **Zinsbeschränkung** des Eigentümers als Gläubiger der Grundschuld gilt nicht gegenüber dem Pfändungsgläubiger.[53]

65

> *Hinweis*
> Das offene oder nachgewiesene Eigentümerrecht sollte der Gläubiger immer pfänden und die Pfändung im Grundbuch bei dem Recht eintragen lassen. Handelt es sich um ein Recht ohne Brief, erfolgt die Eintragung mit konstitutiver Wirkung. Bei einem Briefrecht wird die Pfändung mit Briefübergabe bewirkt, die Eintragung im Grundbuch hat nur deklaratorische Bedeutung.

66

III. Vorläufige Eigentümergrundschuld

Hierunter ist das Zwischenstadium zwischen dem noch „Eigentümerrecht" und dem späteren Fremdrecht zu verstehen:

67

---

50 BGH vom 6.4.1979, V ZR 216/77, NJW 1979, 2045 = Rpfleger 1979, 299; Musielak/Becker, ZPO, § 857 Rn 17 m.w.N.
51 Für viele: Zöller/Stöber, ZPO, § 857 Rn 29; Ausnahme: keine Klauselumschreibung in den Fällen des § 1163 Abs. 1 Satz 1 und Abs. 2 BGB, hier kann der Pfändungsgläubiger nicht als Rechtsnachfolger angesehen werden.
52 BGH vom 18.12.1987, V ZR 163/86, Rpfleger 1988, 181 = NJW 1988, 1026; OLG Köln vom 7.10.1958, 4 U 70/58, NJW 1959, 2167; Musielak/Becker, ZPO, § 857 Rn 17.
53 MüKo/Eickmann, BGB, § 1197 Rn 7; Hintzen/Wolf, Rn 6.312; a.A.: Zöller/Stöber, ZPO, § 857 Rn 29; Musielak/Becker, ZPO, § 857 Rn 17.

- der Eigentümer hat zugunsten des Gläubigers eine Hypothek zur Eintragung gebilligt, die Forderung ist aber noch nicht ausbezahlt (§§ 1163 Abs. 1 Satz 1, 1177 Abs. 1 BGB),
- bei der Bestellung einer Briefhypothek- oder Grundschuld ist der Brief dem Gläubiger noch nicht übergeben worden (§§ 1191, 1163 Abs. 2 BGB).

68 Die **Pfändung** erfolgt nach den Vorschriften über die Hypothekenpfändung (§ 830 ZPO).[54]

69 Sie ist jedoch regelmäßig in der Praxis zum Scheitern verurteilt. Handelt es sich um ein Recht ohne Brief, wird die Pfändung wirksam mit Eintragung im Grundbuch (§ 830 Abs. 1 Satz 3 ZPO). Im Grundbuch ist jedoch bereits die Hypothek bzw. die Grundschuld auf den Namen des Gläubigers eingetragen, sodass für die Eintragung der Pfändung die Voreintragung des Schuldners (= Eigentümers) nicht gegeben ist (§ 39 GBO).

70 Die Pfändung des Briefrechts wird durch Übergabe bzw. Wegnahme des Briefs bewirkt (§ 830 Abs. 1 Satz 1 ZPO). Hierauf hat der Grundpfandrechtsgläubiger einen vorrangigen Anspruch. Das vorläufige Eigentümerrecht ist auflösend bedingt durch Valutierung des Grundpfandrechts. Bei Bedingungseintritt, d.h. bei Auszahlung des Darlehens, entsteht die Hypothek rückwirkend als Fremdrecht (§ 161 Abs. 1 Satz 2 BGB). Das Pfandrecht wird wirkungslos.[55]

71 Die **Briefübergabe** wird in der Praxis zwischen Eigentümer und Gläubiger regelmäßig durch eine Vereinbarung nach § 1117 Abs. 2 BGB **ersetzt**. Das Fremdrecht entsteht mit Eintragung und Auszahlung der Forderung, die Briefübergabe ist zur Entstehung des Rechts nicht mehr erforderlich.

72 *Hinweis*
Die Pfändung eines vorläufigen Eigentümerrechts kommt regelmäßig nicht in Betracht, der Gläubiger sollte hiervon Abstand nehmen (es sei denn, es steht fest, dass die Valutierung unterbleibt).

IV. Künftiges Eigentümerrecht

73 Als künftiges Eigentümerrecht bezeichnet man das im Grundbuch eingetragene Fremdrecht, welches dem Eigentümer als künftige Eigentümergrundschuld zusteht. Die Hypothek wandelt sich kraft Gesetzes in eine Eigentümergrundschuld um, wenn die hypothekarisch gesicherte Forderung zurückbezahlt ist (§§ 1163, 1177 BGB).

74 Die Sicherungsgrundschuld dagegen ist, wenn der Sicherungszweck weggefallen ist, dem Eigentümer zurückzugewähren.

---

54 Für viele Musielak/Becker, ZPO, § 857 Rn 17.
55 MüKo/Eickmann, BGB, § 1163 Rn 68.

B. Grundschuld § 4

Dieses künftige Eigentümerrecht ist ein **selbstständiges Vermögensrecht**, das der Pfändung unterliegt (§ 857 Abs. 6 ZPO).[56]

Nach *Brox/Walker*[57] ist die künftige Eigentümergrundschuld bei Bestellung einer Sicherungsgrundschuld nicht pfändbar. Mangels Akzessorietät hat der Eigentümer nach Erlöschen lediglich die Rückgewähransprüche, die jedoch nur schuldrechtlichen Charakter haben. Für die Pfändung fehlt die konkrete rechtliche Grundlage. Diese Auffassung trifft nur begrenzt zu, wenn auf die Forderung gezahlt wird. Zahlt der Eigentümer auf das dingliche Recht, entsteht eine **Eigentümergrundschuld**.[58]

Auch durch **Verzichtserklärung** (§ 1168 BGB), **Abtretung** (§ 1154 BGB) oder durch **Ausschließungsbeschluss** (§ 1170 Abs. 2 BGB) entsteht eine Eigentümergrundschuld.

75

76

77

1. Pfändung

Die Pfändung wird bewirkt durch Briefübergabe oder bei einem Recht ohne Brief durch Eintragung im Grundbuch (§ 830 ZPO) (zum Einheitsbeschluss von Pfändung und Überweisung siehe Rn 13).

78

> *Hinweis*
> In der Praxis wird der Gläubiger diese Wirksamkeitsvoraussetzung nicht herbeiführen können, da der Grundpfandrechtsgläubiger den Brief solange nicht herausgeben wird, wie der Sicherungszweck noch besteht. Bei einem Buchrecht scheitert die Eintragung der Pfändung im Grundbuch, da der Schuldner noch nicht voreingetragen ist (§ 39 GBO). Der Gläubiger muss daher wie nachfolgend beschrieben vorgehen.

79

2. Briefrecht

Ist das im Grundbuch eingetragene Fremdrecht tatsächlich bereits Eigentümergrundschuld geworden, muss der Grundstückseigentümer (= Schuldner) im Besitz des Briefs sein. Der **Gerichtsvollzieher** kann den Brief im Weg der Zwangsvollstreckung dem Schuldner wegnehmen (§ 830 Abs. 1 Satz 2 ZPO). Damit ist die Pfändung bewirkt. Das Pfandrecht ergreift auch den Hypothekenbrief (§ 952 Abs. 1 Satz 2, Abs. 2 BGB).[59]

80

---

56 Zöller/Stöber, ZPO, § 857 Rn 25; Stöber, Forderungspfändung, Rn 1948.
57 Zwangsvollstreckungsrecht, Rn 749.
58 BGH vom 13.7.1983, VIII ZR 134/82, ZIP 1983, 1044; BGH vom 25.3.1986, IX ZR 104/85, ZIP 1986, 900; vgl. zur Zahlung des Konkursverwalters/Insolvenzverwalters auf die Grundschuld BGH vom 14.6.1994, XI ZR 4/94, NJW 1994, 2692 = Rpfleger 1995, 14; OLG Brandenburg vom 21.12.2011, 4 U 13/11, BeckRS 2012, 01662.
59 OLG Hamm vom 3.7.1980, 15 W 85/80, Rpfleger 1980, 483 = NJW 1981, 354.

81 Befindet sich der Brief noch im Besitz eines Dritten, insbes. im Besitz des noch eingetragenen Gläubigers, hat der Schuldner einen **Herausgabeanspruch** bzgl. des Briefs (§ 985 BGB). Dieser Herausgabeanspruch ist vom Gläubiger mit zu pfänden und ggf. klageweise durchzusetzen.[60] Vollstreckungstitel für diese Pfändung ist der Pfändungsbeschluss.[61]

82 Mit **Überweisung zur Einziehung** kann der Gläubiger dann den Herausgabeanspruch des Schuldners gegen den Dritten klageweise geltend machen (§§ 985, 952 BGB).

3. Teilpfändung

83 Wenn nur ein **Teilbetrag** des eingetragenen Fremdrechts Eigentümergrundschuld geworden ist, kann der Gläubiger den Brief nicht vollständig herausverlangen, ihm steht nur das Recht auf Bildung eines Teilbriefs zu (§ 1145 BGB). Weiterhin stehen dem Gläubiger nachfolgende Ansprüche zu, die im Wege der **Hilfspfändung** mit gepfändet werden müssen:

- das Miteigentum am Brief (§§ 952, 1008 BGB);
- der Anspruch auf Aufhebung der Gemeinschaft am Brief (§§ 749 Abs. 1, 752 BGB);
- der Anspruch auf Vorlage des Briefs beim Grundbuchgericht oder dem Notar, zwecks Erstellung eines Teilbriefs und Aushändigung an den Pfändungsgläubiger (§ 1145 Abs. 1 Satz 2 BGB);
- der Grundbuchberichtigungsanspruch (§ 894 BGB).[62]

84 Erfüllt der Drittschuldner die Ansprüche nicht freiwillig, sind sie von dem Gläubiger ggf. im Klageweg durchzusetzen. Mit Übergabe des Briefs an den Pfändungsgläubiger ist die Pfändung bewirkt.

4. Buchrecht

85 Den Nachweis der **Unrichtigkeit des Grundbuchs** durch Entstehen einer Eigentümergrundschuld führt der Gläubiger dem Grundbuchgericht gegenüber regelmäßig durch Vorlage einer **löschungsfähigen Quittung**. In der löschungsfähigen Quittung muss der Gläubiger erklären, dass **er selbst und zu welchem Zeitpunkt von dem Grundstückseigentümer** befriedigt wurde.[63]

---

60 Stöber, Forderungspfändung, Rn 1939; str.: entweder Hilfspfändung oder § 886 ZPO vgl. Zöller/Stöber, ZPO, § 830 Rn 6.
61 BGH vom 6.4.1979, V ZR 216/77, NJW 1979, 2045; Musielak/Becker, ZPO, § 830 Rn 5.
62 Vgl. bereits: RGZ 59, 318; Tempel, JuS 1967, 215, 216; Zöller/Stöber, ZPO, § 857 Rn 23; Hintzen/Wolf, Rn 6.319; Musielak/Becker, ZPO, § 857 Rn 17.
63 OLG Frankfurt am Main vom 16.10.1996, 20 W 248/96, NJW-RR 1997, 209 = FGPrax 1997, 11 = Rpfleger 1997, 103 = ZfIR 1997, 44; Schöner/Stöber, Grundbuchrecht, Rn 2728; Zöller/Stöber, ZPO, § 857 Rn 24.

86 Weitere **Nachweise** sind z.b. die Verzichtserklärung (§ 1168 BGB), ein Ausschließungsbeschluss (§ 1170 Abs. 2 BGB) oder die Abtretungserklärung. Ist der Schuldner bereits im Besitz dieser Unterlagen, können diese im Weg der Herausgabevollstreckung erlangt werden (§ 836 Abs. 3 ZPO).[64]

87 Werden die Unterlagen beim Schuldner nicht vorgefunden, und versichert dieser, dass er nicht wisse, wo sich diese befinden, ist er zu **Versicherung an Eides statt** verpflichtet (§ 883 Abs. 2 ZPO). Vollstreckungstitel für die Herausgabevollstreckung ist einzig und allein der Pfändungsbeschluss.[65]

88 Der Überweisungsbeschluss kann keinen Vollstreckungstitel darstellen.[66] Der Überweisungsbeschluss setzt zwingend das Wirksamwerden der Pfändung voraus, bei einem Buchrecht die Grundbucheintragung, die jedoch mangels Vorlage der entsprechenden Unterlagen noch nicht herbeigeführt werden kann und bei einem Briefrecht die Briefwegnahme, um die es aber gerade hier geht. Der Pfändungsbeschluss ist daher zur Herausgabevollstreckung genügend.

89 Ist der Schuldner noch nicht im Besitz einer löschungsfähigen Quittung oder der anderen zuvor genannten Unterlagen, muss der Gläubiger den Urkundenherausgabeanspruch (§ 1144 BGB) und den Grundbuchberichtigungsanspruch, § 894 BGB, im Wege der **Hilfspfändung** mit pfänden.

90 Erfüllt der Grundpfandrechtsgläubiger die Ansprüche nicht freiwillig, muss der Pfändungsgläubiger diese ggf. **klageweise** durchsetzen.

91
> *Hinweis*
> Auf die Pfändung eines zukünftigen Eigentümerrechts sollte der Gläubiger regelmäßig nicht verzichten, auch wenn die Pfändung zunächst nicht wirksam werden kann. Dann muss der Gläubiger zunächst abwarten, bis sich das Recht in eine Eigentümergrundschuld umgewandelt hat bzw. die gesicherte Forderung getilgt ist. Will der Gläubiger sich gegen beeinträchtigende Verfügungen sichern, muss er im Weg der einstweiligen Verfügung ein Verfügungsverbot bzw. Widerspruch erwirken und im Grundbuch eintragen lassen.[67]
> Sobald der Gläubiger den Nachweis der Eigentümergrundschuld führen kann, sollte er die Pfändung durch Briefwegnahme bzw. Grundbucheintragung wirksam werden lassen. Für die Grundbucheintragung ist in diesem Fall nicht unbedingt die Voreintragung des Schuldners als „Gläubiger" der Grundschuld notwendig (§ 39

---

64 Tempel, JuS 1967, 215, 216.
65 A.A.: Stöber, Forderungspfändung, Rn 1822, der den Zahlungstitel als Herausgabetitel ansieht; mangels gerichtlicher Klärung wird jedoch empfohlen, beide Titel zu bezeichnen.
66 So aber: OLG Frankfurt am Main vom 7.2.1977, 20 W 7/77, Rpfleger 1977, 221; Böttcher, Vollstreckung im Grundbuch, Rn 604.
67 Vgl. hierzu: OLG Düsseldorf vom 26.8.1987, 9 W 58/87, NJW-RR 1988, 266; Tempel, JuS 1967, 268, 270.

Abs. 1 GBO), der Schuldner ist als Eigentümer des Grundstücks und Inhaber der Grundschuld bereits in Abt. I des Grundbuchs voreingetragen.

C. Rückgewähransprüche

I. Wahlmöglichkeiten

92 In der Praxis werden Realkredite nahezu immer durch eine Grundschuld gesichert. Eine Hypothek wird nur noch im Grundbuch eingetragen, z.b. zur Sicherung ausgezahlter öffentlicher Mittel oder wenn der Eigentümer das Grundstück und den Hausbau über eine Lebensversicherung finanziert. Die Grundschuld ist ein abstrakt dingliches Recht (§ 1192 Abs. 1 BGB); das Gläubigerrecht ist materiell-rechtlich nicht von dem Bestand einer persönlichen Forderung des Grundschuldgläubigers gegen den Grundstückseigentümer abhängig. Grundschulden sind für Kreditgeber daher flexibler, weil Einwendungen aus der Forderung, im Gegensatz zur Hypothek, gegenüber der Grundschuld nicht geltend gemacht werden können. Diese Rechtslage erleichtert dem Gläubiger insbes. die Rechtsverfolgung des dinglichen Anspruchs. Auch wenn die Grundschuld eine Forderung nicht verlangt, ist die Bestellung einer abstrakten Grundschuld unüblich. Sichert die Grundschuld eine Forderung (sog. Sicherungsgrundschuld, § 1192 Abs. 1a BGB oder oftmals auch als **valutierte Grundschuld** bezeichnet),[68] so steht sie rechtlich und wirtschaftlich dem Grundschuldgläubiger zu (oder ist von ihm aufgrund schuldrechtlicher Verpflichtung dem Forderungsinhaber zu übertragen). Regelmäßig sichert die Grundschuld wirtschaftlich eine oder mehrere bestimmte festgelegte Forderungen[69] oder auch die Forderung aus einem Kontokorrentverhältnis. Die gegenseitigen Ansprüche des Sicherungsgebers gegen den Gläubiger der Grundschuld und umgekehrt werden im Sicherungsvertrag[70] („**Sicherungsabrede**") festgehalten. Regelmäßig kann davon ausgegangen werden, dass der Eigentümer auch Sicherungsgeber ist. Der Sicherungsvertrag kann formfrei geschlossen werden,[71] er unterliegt den AGB.[72]

93 Nach Wegfall des Sicherungszwecks hat der Grundstückseigentümer gegenüber dem Grundschuldgläubiger einen Anspruch auf **Ausgleichung der Bereicherung**

---

68 Im Sprachgebrauch des BGH mittlerweile üblich, vgl. BGH vom 22.9.2011, IX ZR 197/10, WM 2011, 2103 = MDR 2011, 1380 = Rpfleger 2012, 92 oder BGH vom 20.10.2010, XII ZR 11/08, NJW-RR 2011, 164 = Rpfleger 2011, 169 = DNotZ 2011, 348 = WM 2011, 90 = MDR 2011, 24.
69 Hierzu bei einer Bausparkasse: BGH vom 5.4.2005, XI ZR 167/04, NJW-RR 2005, 985 = MDR 2005, 1124 = WM 2005, 1076 = ZIP 2005, 1024.
70 Auch bezeichnet als Zweckerklärung, Verwendungszweckerklärung oder Zweckbestimmungserklärung. Allgemein zum Inhalt solcher Abreden: Joswig, ZfIR 1998, 185; Wenzel, ZfIR 1997, 13.
71 BGH vom 28.10.2003, XI ZR 263/02, NJW 2004, 158 = MDR 2004, 287 = WM 2003, 2410 = ZIP 2004, 64 = InVo 2004, 205 = ZfIR 2004, 97.
72 Für viele MüKo/Eickmann, BGB, § 1191 Rn 27 ff.

aus der Sicherungsabrede oder aus § 812 BGB.[73] Dieser Anspruch ist aufschiebend bedingt durch Tilgung der Forderung und entsteht bereits mit Abschluss der Sicherungsabrede.

Tritt der Gläubiger die durch eine Grundschuld gesicherte Forderung ab, so steht dem Sicherungsgeber ein **Anspruch auf Rückgewähr der Grundschuld** nur dann zu, wenn nach den Gesamtumständen der Sicherungszweck entfallen ist.[74] 94

Die teilweise Tilgung der gesicherten Forderung löst, wenn damit der Sicherungszweck endgültig entfällt, einen Anspruch des Sicherungsgebers auf Rückgewähr eines entsprechenden Teils der Sicherungsgrundschuld aus.[75] 95

Der **Rückgewähranspruch** kann erfüllt werden durch: 96

- Übertragung = **Abtretung**,
- **Verzicht** (§ 1168 BGB),
- **Aufhebung** (§§ 875, 1183 BGB).[76]

Das grundsätzliche **Wahlrecht** (§ 262 BGB) steht dem Sicherungsgeber zu. In der Praxis werden jedoch regelmäßig **abweichende Vereinbarungen** getroffen. Dem Eigentümer steht nahezu immer nur der Aufhebungsanspruch zu. Der Gläubiger behält sich jedoch vor, auf die Grundschuld zu verzichten. 97

Der Rückgewähranspruch geht nicht kraft Gesetzes mit dem Eigentum am Grundstück auf den neuen Eigentümer über, er muss mit abgetreten werden.[77] 98

Tritt anstelle des Darlehensschuldners und Bestellers einer Sicherungsgrundschuld ein **Dritter** nach Erwerb des belasteten Grundstücks mit Zustimmung des Gläubigers in das Kreditverhältnis ein, so wird er nicht nur alleiniger persönlicher Schuldner, sondern erwirbt auch den durch den Wegfall des Sicherungszwecks aufschiebend bedingten Anspruch auf Rückgewähr der Grundschuld.[78] 99

Der Erwerber eines Grundstücks, der ein dem Verkäufer von dritter Seite gewährtes Grundschulddarlehen in Anrechnung auf den Kaufpreis übernimmt, kann dem Sicherungsnehmer entgegenhalten, dass er zur Tilgung der gesamten Forderung nur gegen Rückgewähr der Grundschuld verpflichtet ist.[79] 100

---

73 BGH vom 11.10.1995, XII ZR 62/94, NJW-RR 1996, 234 = KTS 1996, 318 = WM 1996, 133; BGH vom 2.10.1990, XI ZR 205/89, NJW-RR 1991, 305 = Rpfleger 1991, 105; BGH vom 25.10.1984, IX ZR 142/83, NJW 1985, 800 = Rpfleger 1985, 103; MüKo/Eickmann, BGB, § 1191 Rn 13 ff.
74 BGH vom 2.10.1990, XI ZR 205/89, NJW-RR 1991, 305; BGH vom 26.4.1994, XI ZR 97/93, NJW-RR 1994, 847.
75 BGH vom 8.12.1989, V ZR 53/88, NJW-RR 1990, 455.
76 BGH vom 3.2.2012, V ZR 133/11, Rpfleger 2012, 329 = NJW 2012, 1142 = WM 2012, 591; BGH, NJW-RR 1994, 847.
77 BGH vom 13.7.1983, VIII ZR 134/82, ZIP 1983, 1044 = NJW 1983, 2502; BGH vom 25.3.1986, IX ZR 104/85, ZIP 1985, 900 = NJW 1986, 2108.
78 BGH vom 25.3.1986, IX ZR 104/85, ZIP 1985, 900 = NJW 1986, 2108.
79 BGH vom 5.2.1991, XI ZR 45/90, NJW 1991, 1821.

101 Auch die **Ansprüche auf Rückgewähr vorrangiger Grundschulden** sind keine Nebenansprüche des nach §§ 1192 Abs. 2, 1150, 268 Abs. 3 BGB abgelösten Grundpfandrechts. Sie gehen daher nicht auf den Ablösenden über, sondern müssen **gesondert abgetreten** werden.[80]

II. Pfändung

102 Der Anspruch eines Sicherungsgebers (= Grundstückseigentümer) gegen den Gläubiger einer Grundschuld auf Ausgleichung der Bereicherung nach Wegfall des Sicherungszwecks (= Rückgewähranspruch) unterliegt als selbstständiges Vermögensrecht dem Pfändungszugriff der Gläubiger des Sicherungsgebers.

103 Gepfändet wird der Rückgewähranspruch im Weg der **Rechtspfändung** (§§ 857 Abs. 1, 829 ZPO). Die Pfändung wird wirksam mit Zustellung an den zu Rückgewähr verpflichteten Grundschuldgläubiger.[81] Grundschuld und Grundbesitz müssen als betroffener Gegenstand im Pfändungsbeschluss genau bezeichnet werden.[82]

104 Steht der Rückgewähranspruch nicht mehr dem Eigentümer (= Schuldner) zu, geht die ausgebrachte Pfändung ins Leere (z.B. der Rückgewähranspruch ist bereits an einen Dritten abgetreten). Wird der abgetretene Rückgewähranspruch an den Eigentümer (= Schuldner) zurückabgetreten, lebt das Pfändrecht nicht wieder auf bzw. erfasst nicht mehr den Rückgewähranspruch.

105 Der vereinbarte Ausschluss der Abtretbarkeit des Rückgewähranspruchs hindert die Pfändung nicht (§ 851 Abs. 2 ZPO).

106 *Hinweis*
Mit der wirksamen Pfändung besteht kein Anspruch auf die Grundschuld, deren Brief oder sonstige Unterlagen, da nur der schuldrechtliche Rückgewähranspruch gepfändet ist. Der Gläubiger sollte daher immer gleichzeitig auch die zukünftige Eigentümergrundschuld pfänden und sich zur Einziehung überweisen lassen.

III. Pfändbare Ansprüche

107 Der Pfändung nur eines einzelnen der drei möglichen Ansprüche auf Rückgewähr der Grundschuld ist abzuraten.[83]

108 Hat der Gläubiger z.B. nur den Rückübertragungsanspruch gepfändet, kann er die übrigen Ansprüche nicht mehr geltend machen (Verzicht oder Aufhebung). Auch der Drittschuldner kann in diesem Fall den Anspruch nur durch Rückübertragung

---

80 BGH vom 17.3.1988, IX ZR 79/87, BGHZ 104, 26 = NJW 1988, 1665 = Rpfleger 1988, 306.
81 Stöber, Forderungspfändung, Rn 1889.
82 BGH vom 28.2.1975, V ZR 146/73, NJW 1975, 980; BGH vom 19.9.1991, IX ZR 69/90, NJW-RR 1992, 612, 614.
83 Vgl. Musielak/Becker, ZPO, § 857 Rn 22.

erfüllen, die beiden anderen Möglichkeiten sind ihm verwehrt. In der Praxis kann regelmäßig davon ausgegangen werden, dass im Sicherungsvertrag zwischen Sicherungsgeber und Sicherungsnehmer abweichende Vereinbarungen getroffen wurden. Entweder steht dem Grundschuldgläubiger das alleinige Wahlrecht zu, oder aber, als einziger Weg der Rückgewährung ist die Aufhebung der Grundschuld vereinbart. Die Pfändung eines einzelnen Anspruchs kann daher u.U. **ins Leere** gehen.[84]

> *Hinweis*
> Will sich der Gläubiger über den Inhalt der Sicherungsabrede informieren, kann er als Vollstreckungsgläubiger jederzeit das Grundbuch einsehen. Bei den in der Praxis verwendeten Grundschuldbestellungsurkunden ist oftmals die Sicherungsabrede enthalten.

109

IV. Verwertung

Der gepfändete Rückgewähranspruch wird dem Gläubiger regelmäßig zur Einziehung überwiesen (§ 835 Abs. 1 ZPO). Der Überweisungsbeschluss bezieht sich jedoch nur auf den schuldrechtlichen Rückgewähranspruch. Erfüllt der Grundschuldgläubiger den Rückgewähranspruch durch Rückabtretung der Grundschuld an den Eigentümer, erstrecken sich die Rechte des Gläubigers an dem Rückgewähranspruch nicht an der Eigentümergrundschuld. Zwecks Vermeidung eines neuerlichen Überweisungsbeschlusses sollte der Gläubiger darauf achten, dass in dem Pfändungs- und Überweisungsbeschluss bzgl. des Rückgewähranspruchs **zugleich der Überweisungsbeschluss für die Grundschuld aufzunehmen ist**.[85]

110

Umstritten ist die Frage, ob der Rückgewähranspruch auch an Zahlungs statt überwiesen werden kann (§ 835 Abs. 1 ZPO). Folge der Überweisung an Zahlungs statt ist, dass die Grundschuld bei Rückgewähr durch den Gläubiger nicht auf den Eigentümer, sondern direkt auf den Vollstreckungsgläubiger als Fremdrecht übergeht. In diesem Fall entsteht keine Eigentümergrundschuld. Folgerichtig ist diese Grundschuld auch nicht dem **gesetzlichen Löschungsanspruch** eines nachrangigen Grundpfandrechtsgläubigers ausgesetzt (§ 1179a BGB). Das zurückgewährte Recht ist nicht Eigentümerrecht geworden, sondern Fremdrecht geblieben.[86]

111

Nach a.A. ist eine Überweisung an Zahlungs statt nicht möglich, da der Rückgewähranspruch keinen Nennwert hat.[87]

112

---

84 Vgl. hierzu: BGH vom 18.7.2014, V ZR 178/13, Rpfleger 2014, 661 = WM 2014, 1719; BGH vom 9.2.1989, IX ZR 145/87 in BGHZ 106, 375 = NJW 1989, 1349 = Rpfleger 1989, 295, der einen Verstoß gegen § 9 AGBG gesehen hat, wenn die Geltung eines solchen Ausschlusses nicht für den Fall getroffen wurde, dass das Grundstück durch Zuschlag in der Zwangsversteigerung gewechselt hat.
85 Stöber, Forderungspfändung, Rn 1901; MüKo/Eickmann, BGB, § 1191 Rn 120.
86 OLG Braunschweig, JurBüro 1969, 439; Dempewolf, NJW 1959, 558.
87 LG Köln vom 2.4.1958, 9 O 99/57, MDR 1958, 852; Stöber, Forderungspfändung, Rn 1892 Fn 44.

§ 4 Pfändung von Grundpfandrechten

113 Die Befürworter der Überweisung an Zahlungs statt argumentieren damit, dass der Forderung auf Rückgewähr der gleiche Nennwert wie der Eigentümergrundschuld zuzuschreiben ist. **Pfandobjekt** ist nicht der Rückgewähranspruch, sondern durch die dingliche Surrogation letztendlich die Grundschuld. **Dingliche Surrogation** tritt jedoch nur bei der Rückabtretung der Grundschuld ein.[88]

114 Korrespondierend muss dies dann auch für die Pfändung gelten. Eine Überweisung an Zahlungs statt ist daher m.E. nur zulässig, wenn der Gläubiger als Einzelanspruch den Rückgewähranspruch durch Rückabtretung pfändet. Wird die Pfändung aller drei Wahlmöglichkeiten auf Rückgewähr gepfändet, ist der Anspruch nur zur Einziehung zu überweisen.

V. Wirkung der Pfändung

115 Der Gläubiger kann nach Pfändung und Überweisung zur Einziehung den Rückgewähranspruch erst bei Fälligkeit durchsetzen, er darf z.b. das Kontokorrentverhältnis nicht selbstständig kündigen.[89]

116 Um die **Fälligkeit** herbeizuführen, kann der Pfändungsgläubiger, sofern er hierzu bereit ist, einen noch offenstehenden Restbetrag an den Grundschuldgläubiger leisten. Diese Beträge gehören dann zu den Kosten der Zwangsvollstreckung und können von dem Schuldner beigetrieben werden (§ 788 ZPO).[90]

117 Neben der Kenntnis des Inhalts der Sicherungsabrede ist für den Gläubiger von ganz erheblicher Bedeutung, die Höhe der persönlichen Forderung zu erfahren. Ob das Recht auf Bekanntgabe der **Höhe der persönlichen Forderung** als Nebenrecht von der Pfändung miterfasst ist oder nicht, ist höchstrichterlich noch nicht entschieden worden. Besteht nach dem Sicherungsvertrag eine Auskunftsverpflichtung, wird diese von der Pfändung umfasst.[91] Ob sie auch isoliert pfändbar ist, ist streitig.[92]

118 *Hinweis*
Der Gläubiger sollte bei der Abgabe der Drittschuldnererklärung durch den Grundschuldgläubiger darauf achten, dass die Fragen zur Höhe der persönlichen Forderung beantwortet werden. Sofern der Pfändungsgläubiger noch keine Kenntnis des Sicherungsvertrags hat, ist der Drittschuldner aufgrund der Pfändung verpflichtet, den Sicherungsvertrag an den Gläubiger herauszugeben.

---

88 Stöber, Forderungspfändung, Rn 1895.
89 Stöber, Forderungspfändung, Rn 1892.
90 Stöber, Forderungspfändung, Rn 1892 (siehe auch Pfändung des Anwartschaftsrechts, § 3 Rn 3 ff.).
91 Schuschke/Walker, Vollstreckung und vorläufiger Rechtsschutz, § 857 Rn 21; Musielak/Becker, ZPO, § 857 Rn 22.
92 Bejahend: AG Dorsten vom 10.2.1984, 10 M 683/83, Rpfleger 1984, 424; Böttcher, Vollstreckung ins Grundbuch, Rn 685; verneinend: Stöber, Forderungspfändung, Rn 1890a.

C. Rückgewähransprüche §4

119 Mit der **Regelung ab dem 1.1.1999** in § 836 Abs. 3 Satz 2 ZPO ist der Schuldner auf Antrag des Gläubigers verpflichtet, die Auskünfte zu Protokoll zu geben und seine **Angaben an Eides statt zu versichern**. Mit dieser Regelung sollte erreicht werden, dass dem Gläubiger ein besseres Druckmittel an die Hand gegeben wird, damit der Schuldner seiner Auskunftsverpflichtung nachkommt. Der **Titel** für die eidesstattliche Versicherung ist der zugestellte Pfändungs- und Überweisungsbeschluss. Zuständig für die Abnahme der eidesstattlichen Versicherung ist der Gerichtsvollzieher. Das Verfahren läuft weitgehend nach den Regeln über die Vermögensauskunft ab (Auftrag an den Gerichtsvollzieher, Terminsbestimmung, bei Verweigerung oder Nichterscheinen Erlass des Haftbefehls).

120 Da der Pfändungs- und Überweisungsbeschluss die Grundlage für die Auskunftsverpflichtung ist, der Gläubiger den Titel selbst inhaltlich nicht ausgestalten bzw. konkretisieren darf, müssen sich die gewünschten Auskünfte bereits aus dem Beschluss selbst ergeben. Hierauf ist bei der Beantragung der Pfändung zu achten.[93] In einer Entscheidung zur Kontenpfändung stellt der BGH[94] fest, dass der Gläubiger, zu dessen Gunsten Ansprüche des Schuldners auf Auszahlung von Guthaben auf einem Pfändungsschutzkonto gepfändet und überwiesen werden, verlangen kann, dass die gemäß § 836 Abs. 3 Satz 1 ZPO bestehende Verpflichtung des Schuldners zur Herausgabe der bei ihm vorhandenen Nachweise, welche gemäß § 850k Abs. 2, Abs. 5 Satz 2 ZPO zur Erhöhung der Pfändungsfreibeträge führen können, in den Pfändungs- und Überweisungsbeschluss aufgenommen wird.

VI. Wirkung der Erfüllung des Rückgewähranspruchs

1. Aufhebung der Grundschuld

121 Erfüllt der Gläubiger den Rückgewähranspruch durch **Aufhebung der Grundschuld** (§§ 875, 1192 BGB), erlischt diese. Diese Art der Erfüllung ist für den Gläubiger uninteressant, da das Pfandrecht ebenfalls untergegangen ist. Sofern in der Sicherungsabrede eine entsprechende Vereinbarung getroffen worden ist, kann der Gläubiger diese Art der Erfüllung aber nicht verhindern.[95]

122 *Hinweis*
Das Erlöschen der Grundschuld am Grundstück des Schuldners bewirkt, dass die nachrangigen Grundpfandrechte im Rang aufrücken. Daher ist es nunmehr ganz wichtig, dass der Gläubiger an dem Grundstück des Schuldners für seine titulierte Forderung eine Zwangssicherungshypothek hat eintragen lassen, die nunmehr ebenfalls mit Erlöschen der vorrangigen Grundschuld rangmäßig aufrückt.

---

93 Hintzen/Wolf, Rn 6.65; Behr, JurBüro Beilage Heft 4/1998, 12, 13; ebenso und zum Verfahren: Hornung, Rpfleger 1998, 381, 399 ff.
94 BGH vom 21.2.2013, VII ZB 59/10, Rpfleger 2013, 402 = NJW-RR 2013, 766.
95 BGH vom 16.1.1987, V ZR 185/85, NJW-RR 1987, 590.

2. Rückübertragung der Grundschuld

123 Erfüllt der Grundschuldgläubiger den Rückgewähranspruch durch Rückübertragung an den Eigentümer, entsteht für diesen eine Eigentümergrundschuld. Die Abtretung des Rechts erfolgt bei Briefrechten durch schriftlichen Abtretungsvertrag und Briefübergabe an den Eigentümer (§§ 1154, 1192 BGB).[96]

124 Handelt es sich um ein Buchrecht, erfolgt die Rückabtretung durch Einigung und Eintragung der Abtretung im Grundbuch (§§ 1192, 1154 Abs. 2 BGB). Im Weg der **dinglichen Surrogation** wandelt sich kraft Gesetzes das Pfandrecht am Rückgewähranspruch in ein Pfandrecht an der Eigentümergrundschuld um (§ 1287 BGB analog).[97]

125 Der **Rang** bestimmt sich nach dem Zeitpunkt der Anspruchspfändung.[98]

126 Der Grundschuldgläubiger hat daher bei dem **Briefrecht** die Abtretungserklärung und den Brief an den Pfändungsgläubiger auszuhändigen. Der Pfändungsgläubiger kann unter Vorlage des Briefs die Pfändung bei der Eigentümergrundschuld im Grundbuch vermerken lassen. Bei einem **Buchrecht** bedarf die Wirksamkeit der Pfändung der Eintragung im Grundbuch. Dies sollte der Gläubiger gleichzeitig mit der Umschreibung der Grundschuld auf den Eigentümer veranlassen.

127 Hat sich der Gläubiger den Anspruch **an Zahlungs statt** überweisen lassen (siehe Rn 62), ist direkt ein Fremdrecht zugunsten des Pfändungsgläubigers entstanden.

3. Verzicht auf die Grundschuld

128 Begehrt der Pfändungsgläubiger und erfüllt der Grundschuldgläubiger den Rückgewähranspruch durch Verzicht auf die Grundschuld, entsteht kraft Gesetzes eine Eigentümergrundschuld (§§ 1168, 1192 BGB).

129 Entgegen dem **dinglichen Surrogationsprinzip**, wie im Fall der Rückabtretung, setzt sich das Pfandrecht an der Eigentümergrundschuld nicht fort.[99]

130 Der **BGH differenziert** streng zwischen dem schuldrechtlichen Anspruch auf Erfüllung und der dinglichen Wirkung der Erfüllung selbst. Das Pfandrecht geht mit Erfüllung des schuldrechtlichen Rückgewähranspruchs durch Verzichtserklärung des Gläubigers unter. An der Eigentümergrundschuld hat der Pfändungsgläubiger keinerlei Rechte.

---

[96] BGH vom 16.1.1987 – V ZR 185/85, NJW-RR 1987, 590.
[97] Stöber, Forderungspfändung, Rn 1895.
[98] Stöber, Forderungspfändung, Rn 1895 und 1902.
[99] BGH vom 6.7.1989, IX ZR 277/88, ZIP 1989, 1174 = NJW 1989, 2536; Clemente, EWiR 1989, 881; Stöber, Forderungspfändung, Rn 1893; a.A. OLG Celle, JR 1955, 146.

C. Rückgewähransprüche § 4

Hinweis **131**
Auch hier ist wieder zu erkennen, dass die Pfändung des Rückgewähranspruchs allein u.U. nicht zum Ziel führen kann. Der Gläubiger ist gut beraten, wenn er zusätzlich die zukünftige Eigentümergrundschuld gleichzeitig mit gepfändet hat. Sollten in der Sicherungsabrede keine konkreten Absprachen über das schuldrechtliche Wahlrecht zur Erfüllung des Rückgewähranspruchs getroffen sein, ist dem Gläubiger zu empfehlen, nur die Abtretung zu betreiben (direktes Pfandrecht an der Eigentümergrundschuld).

Schaubild 6: Wirkung der Erfüllung des Rückgewähranspruchs (Übersicht) **132**

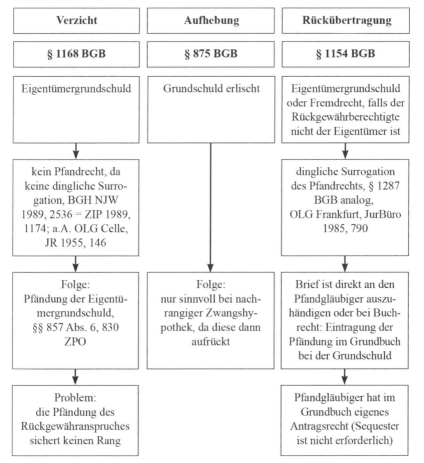

VII. Sicherung der Pfändung

133 Die Pfändung des Rückgewähranspruchs kann im Grundbuch regelmäßig nicht eingetragen werden. Die Pfändung nur des schuldrechtlichen Anspruchs des Sicherungsgebers gegen den Grundschuldgläubiger auf Rückübertragung der Grundschuld kann im Grundbuch nur eingetragen werden, wenn der Anspruch bereits durch eine Vormerkung gesichert ist oder die Eintragung einer solchen bewilligt wird.[100] Der Rückgewährsanspruch selbst ist kein im Grundbuch gesicherter Anspruch.

134 Etwas anderes gilt jedoch, sofern für den Rückgewähranspruch im Grundbuch eine Vormerkung eingetragen ist (§ 883 BGB). Diese Vormerkung wird als unselbstständiges Nebenrecht von der Pfändung des Rückgewähranspruchs miterfasst.[101]

VIII. Abgetretene Rückgewähransprüche

135 Die **schuldnerische Wahlmöglichkeit** auf Erfüllung des Rückgewähranspruchs ist in der Praxis regelmäßig bereits bei Abschluss der Sicherungsabrede auf den Anspruch auf Aufhebung der Grundschuld durch Löschung im Grundbuch reduziert. Weiterhin haben sich die Gläubigerbanken den Rückgewähranspruch des Eigentümers gegen die ihnen im Rang vorgehenden oder gleichstehenden Rechte abtreten lassen. In der Praxis sind diese Abtretungen in nahezu allen Fällen in der Grundschuldbestellungsurkunde oder in der Sicherungsabrede formularmäßig enthalten. Der Pfändungsgläubiger muss davon ausgehen, dass dies geschehen ist, wenn der Grundschuld im Grundbuch weitere Rechte nachfolgen. Die Ansprüche auf Rückgewähr vorrangiger Grundschulden sind keine Nebenrechte des nach § 1192 Abs. 2, §§ 1150, 268 Abs. 1, 3 BGB abgelösten Grundpfandrechts. Sie gehen deshalb nicht nach § 401 Abs. 1, § 412 BGB auf den Ablösenden über.[102]

136 *Beispiel*

Recht III/1	50.000,00 EUR
Recht III/2	40.000,00 EUR
Recht III/3	30.000,00 EUR

Rückgewähranspruch des Eigentümers gegen den Gläubiger des Rechts III/1 ist abgetreten an den Gläubiger III/2 und erneut abgetreten an den Gläubiger III/3.

Falls der Pfändungsgläubiger den Rückgewähranspruch des Eigentümers gegen die Grundschuld III/1 pfändet, geht diese ins Leere, da dem Eigentümer dieser

---

100 OLG Düsseldorf vom 12.11.2012, I-3 Wx 242/12, DNotZ 2013, 144 = FGPrax 2013, 16 = Rpfleger 2013, 267 Ls.
101 Stöber, Forderungspfändung, Rn 1900.
102 Zur Bedeutung des Anspruchs auf Rückübertragung abgetretener Rückgewähransprüche BGH vom 17.3.1988 – IX ZR 79/87, BGHZ 104, 26 = NJW 1988, 1665.

Anspruch nicht mehr zusteht. Auch im Fall der Rückabtretung des Anspruchs an den Eigentümer lebt das Pfandrecht nicht wieder auf.[103]

1. Pfändbarer Anspruch

Nachrangige Gläubiger verlangen die Abtretung des Rückgewähranspruchs nur zu weiteren Sicherungszwecken. Der Eigentümer hat einen **Anspruch auf Rückabtretung**, wenn der abgetretene Rückgewähranspruch nicht mehr benötigt wird, weil der nachrangige Gläubiger z.B. durch Zahlung befriedigt wurde.

137

Dieser Anspruch des Eigentümers auf **Rückgewähr des abgetretenen Rückgewähranspruchs** ist als selbstständiges Vermögensrecht pfändbar (§§ 857, 829 ZPO).[104] Die Pfändung wird wirksam mit Zustellung an den Drittschuldner, dies ist in diesem Fall der Zessionar (im obigen Beispiel III/2, III/3).

138

2. Weiter abgetretener Rückgewähranspruch

Der Anspruch des Eigentümers auf Rückabtretung des Rückgewähranspruchs gegenüber einem nachrangigen Grundpfandrechtsgläubiger wird in der Praxis an nachrangige Gläubiger nochmals abgetreten. Auch hiervon muss der Gläubiger regelmäßig ausgehen, da diese Abtretung ebenfalls formularmäßig in der Grundschuldbestellungsurkunde bzw. Sicherungsabtretung enthalten ist. Der Gläubiger muss dann auch diesen Anspruch pfänden und dem Drittschuldner zustellen lassen (im obigen Beispiel III/3).

139

Alle diese Ansprüche haben nur **Sicherungscharakter** und erlöschen, sobald der Rückgewähranspruch nicht mehr benötigt wird.

140

3. Praktische Anwendung

Im zuvor aufgeführten Beispiel bedeutet dieses:

141

- der Eigentümer hat einen Rückgewähranspruch gegenüber den Gläubigern III/1, III/2, III/3;
- der Rückgewähranspruch des Eigentümers gegenüber dem Recht III/1 ist abgetreten an den Gläubiger des Rechts III/2, der Anspruch des Eigentümers gegenüber dem Recht III/2 ist abgetreten an den Gläubiger des Rechts III/3;
- der Anspruch des Eigentümers auf Rückabtretung des abgetretenen Rückgewähranspruchs von III/1 an III/2 ist wiederum abgetreten worden an den Gläubiger des Rechts III/3.

---

103 BGH vom 5.7.1971, II ZR 176/68, NJW 1971, 1939.
104 Vgl. BGH vom 18.6.1998, IX ZR 311/95, NJW 1998, 2969; OLG Frankfurt am Main vom 16.5.1983, 1 U 220/82, JurBüro 1984, 109.

142 *Hinweis*
Der Gläubiger muss daher nicht nur die Rückgewähransprüche des Eigentümers gegenüber den im Grundbuch eingetragenen Grundschulden pfänden, sondern auch die Ansprüche auf Rückabtretung der Rückgewähransprüche und den Anspruch auf Rückgewähr der abgetretenen Rückgewähransprüche. Der Pfändungsbeschluss ist an alle Grundpfandrechtsgläubiger zuzustellen.

4. Verwertung

143 Die Verwertung bzw. Durchsetzung der Rückgewähransprüche werden jedoch nicht in der Zwangsversteigerung vom Vollstreckungsgericht geprüft, diese sind ggf. klageweise durchzusetzen. Der Gläubiger kann jedoch im Verteilungstermin Widerspruch erheben und seinen Anspruch im Wege der Widerspruchsklage durchsetzen.[105] Nach Ansicht des BGH kann ein Widerspruch durchaus auf einen abgetretenen Anspruch auf Rückgewähr nicht mehr valutierter Teile einer Grundschuld gestützt werden. Einwendungen gegen den Teilungsplan können nicht nur aus dinglichen Rechten, sondern auch aus schuldrechtlichen Ansprüchen hergeleitet werden. Letztere müssen jedoch geeignet sein, die Geltendmachung des dinglichen Rechts eines anderen zu beschränken oder auszuschließen, d.h. diesen anderen zu verpflichten, den auf sein dingliches Recht entfallenden Erlösanteil dem Widersprechenden zu überlassen.

5. Auswirkungen bei „Einzel"-Vollstreckung

144 Ausgangsfall:
Recht III/1   50.000,00 EUR Grundschuld für A
Recht III/2   40.000,00 EUR Grundschuld für B
Recht III/3   20.000,00 EUR Zwangshypothek für G

145 *Beispiel 1*
Der Gläubiger pfändet nur den Anspruch auf Rückgewähr gegenüber dem Grundpfandrecht III/1. Der Gläubiger des Rechts III/2 betreibt die Zwangsversteigerung in das schuldnerische Grundstück.
Folge:
Nach den Versteigerungsbedingungen bleibt das Recht III/1 i.H.v. 50.000,00 EUR bestehen, es ist in das geringste Gebot aufzunehmen, §§ 44, 45, 52 ZVG. Die Pfändung des Gläubigers geht ins Leere. Das Recht III/1 ist als bestehenbleibendes Recht vom Ersteher mit Zuschlag zu übernehmen.

---

105   Vgl. hierzu BGH vom 20.12.2001, IX ZR 419/98, WM 2002, 337 = NJW 2002, 1578 = ZIP 2002, 407 = InVo 2002, 164 = MDR 2002, 603 = Rpfleger 2002, 273; BGH vom 21.2.1991, IX ZR 64/90, NJW-RR 1991, 1197 = Rpfleger 1991, 381.

C. Rückgewähransprüche § 4

Beispiel 2 **146**
Der Pfändungsgläubiger hat den zukünftigen Anspruch auf das Eigentümerrecht aus dem Recht III/2 gepfändet und sich zur Einziehung überweisen lassen. Betreibt der Gläubiger des Rechts III/2 die Zwangsversteigerung des schuldnerischen Grundstücks, erlischt dieses Recht nach den Versteigerungsbedingungen.
Im Versteigerungsverfahren meldet der Gläubiger das Kapital i.H.v. 40.000,00 EUR an. Er begehrt darüber hinaus nur noch Restzinsen von z.B. 2.000,00 EUR (von Amts wegen wären z.B. laufende Zinsen i.H.v. 4.000,00 EUR zu berücksichtigen).

Folge:
Der Pfändungsgläubiger geht in der Erlösverteilung leer aus. Ein Eigentümerrecht ist nicht entstanden und aus den zurückgezahlten Zinsen entsteht keine Eigentümergrundschuld, § 1178 BGB.[106]

Beispiel 3 **147**
Der das Zwangsversteigerungsverfahren betreibende Gläubiger des Rechts III/2 meldet zum Verfahren nur einen Kapitalbetrag von 30.000,00 EUR nebst laufenden Zinsen an. Zu dem im Grundbuch eingetragenen Restkapital von 10.000,00 EUR sagt er zunächst nichts. Der Pfändungsgläubiger meldet daraufhin den Rückgewähranspruch bzgl. des Rechts III/2 an.

Folge:
Die Anmeldung des Rückgewähranspruchs führt nicht zu einer Zuteilung an den Pfändungsgläubiger. Die Durchsetzung des Rückgewähranspruchs erfolgt nicht im Zwangsversteigerungsverfahren, sondern diese muss der Gläubiger ggf. im Prozesswege durchsetzen.

Selbst wenn vorliegend noch alle drei schuldnerischen Wahlmöglichkeiten bzgl. der Rückgewähr der Grundschuld geschuldet werden, erhält der Pfändungsgläubiger zunächst nichts. Das Zwangsversteigerungsgericht kann allein aufgrund der Pfändung keine Zuteilung an den Pfändungsgläubiger vornehmen. Der auf die Grundschuld entfallende Erlös gebührt immer zunächst dem Grundschuldgläubiger.

Erst durch seine „rechtsgeschäftliche" Erklärung (in Erfüllung der Rückgewähransprüche) kann eine Änderung der dinglichen Rechtslage herbeigeführt werden (z.B. Verzicht mit der Rechtsfolge nach § 1168 BGB).

Vorliegend hat der Grundpfandrechtsgläubiger zunächst keine rechtsändernde Erklärung abgegeben, sondern lediglich eine sog. „Minderanmeldung" vorgenommen. Das Zwangsversteigerungsgericht wird in diesem Fall an den Gläubiger

---
[106] Dassler/Schiffhauer/Hintzen, ZVG, § 114 Rn 36; Stöber, ZVG, § 45 Rn 7.

des Rechts III/2 das gesamte Kapital von 40.000,00 EUR und die angemeldeten Zinsen zuteilen.

Aber: Aus der Sicherungsabrede heraus hat der Grundstückseigentümer gegenüber dem Grundpfandrechtsgläubiger III/2 einen Anspruch auf Auskehrung des Mehrerlöses i.H.d. nicht mehr benötigten Kapitals (hier 10.000,00 EUR). Das Pfandrecht des Gläubigers am Rückgewähranspruch erstreckt sich auch auf diesen Anspruch (Mehrerlös).[107]

Diesen Anspruch auf den Mehrerlös kann der Pfändungsgläubiger durchsetzen, es sei denn, der Eigentümer hat den Rückgewähranspruch vorher an einen anderen nachrangigen Gläubiger abgetreten. Hier entscheidet jetzt die zeitliche Rangfolge: Pfändung oder Abtretung.

148

Beispiel 4
Der das Zwangsversteigerungsverfahren betreibende Gläubiger des Rechts III/2 meldet im Zwangsversteigerungsverfahren nur 30.000,00 EUR Kapital nebst Zinsen an. Im Übrigen bewilligt er hinsichtlich des nicht mehr benötigten Kapitalbetrags über 10.000,00 EUR die Löschung des Rechts. Stimmt der Eigentümer der Löschung zu, ist das Recht i.H.d. Teilbetrags untergegangen (§ 875, 1183 BGB) (erfolgen die Erklärungen im Zwangsversteigerungstermin, ist eine Grundbucheintragung zur Löschung nicht mehr erforderlich).

Folge:

Ist genügend Erlös vorhanden, erhält der Gläubiger nunmehr nur noch seinen geltend gemachten Anspruch über 30.000,00 EUR nebst Zinsen zugeteilt. Die restlichen 10.000,00 EUR werden an die aufrückenden nachrangigen Gläubiger zugeteilt.

- Der Gläubiger geht mit seiner Pfändung ins Leere.

Jetzt erlangt der Pfändungsgläubiger einen taktischen Vorteil, wenn er am Grundstück des Schuldners eine Zwangssicherungshypothek hat eintragen lassen, die nunmehr im Rang aufrückt.

149

Hinweis
Die gepfändeten Rückgewähransprüche und die Ansprüche auf Rückabtretung dieser Ansprüche allein führen nicht immer zur Befriedigung des titulierten Anspruchs.

Hinzukommen müssen:

- die Pfändung des jetzigen und zukünftigen Eigentümerrechts
- die Eintragung einer Zwangssicherungshypothek zur **Geltendmachung des gesetzlichen Löschungsanspruchs (§ 1179a BGB)**.

---

[107] BGH vom 28.2.1975, V ZR 146/73, NJW 1975, 980 = Rpfleger 1975, 219.

C. Rückgewähransprüche § 4

Nur die **Kombination aller drei vorstehend genannten Vollstreckungsmöglichkeiten** bietet dem Gläubiger eine aussichtsreiche Chance, bei der Verwertung des Grundstücks zum Zuge zu kommen. Alle Vollstreckungsmöglichkeiten sind gleichzeitig und nebeneinander zulässig. Es liegt keine Übersicherung vor, da die Realisierungschancen von vornherein im Zeitpunkt der Pfändung bzw. Eintragung der Zwangshypothek nicht abgeschätzt werden können. **150**

Hinweis zum gesetzlichen Löschungsanspruch **151**
Gläubiger, deren Grundpfandrechte seit dem 1.1.1978 bestellt worden sind, haben gem. § 1179a BGB den Anspruch auf Löschung vor- oder gleichrangiger Grundpfandrechte, die sich mit dem Eigentum in einer Person vereinigen. Der gesetzliche Löschungsanspruch steht auch dem Gläubiger einer Zwangssicherungshypothek zu, nicht jedoch dem Berechtigten einer Arresthypothek, § 932 Abs. 1 Satz 2 ZPO.

In zwei Entscheidungen aus 2004 und 2006 hat der IX. Senat des BGH die praktische Nutzbarkeit des gesetzlichen Löschungsanspruchs erheblich infrage gestellt. **152**

(1) Für die Durchsetzung in der Zwangsversteigerung hat der BGH wie folgt entschieden:[108] „Verzichtet der Gläubiger einer durch den Zuschlag erloschenen Grundschuld erst im Verteilungsverfahren für den nicht valutierten Teil seines Rechts auf den Erlös, so kann ein gleich- oder nachrangiger Hypothekar aus seinem Recht der Zuteilung dieses Erlöses an den Eigentümer nicht widersprechen."

Nach dem Sachverhalt fällt der Gläubiger einer Zwangssicherungshypothek bei der Erlösverteilung in voller Höhe aus. Unter Berufung auf den gesetzlichen Löschungsanspruch verlangt der Gläubiger der Zwangssicherungshypothek die Zuteilung des auf eine vorrangige Eigentümergrundschuld entfallenden Betrages.

Da nach den Versteigerungsbedingungen alle Grundpfandrechte mit Erteilung des Zuschlags erloschen sind, führt eine Verzichtserklärung eines hebungsberechtigten Gläubigers nach Auffassung des BGH nicht zu einer Eigentümergrundschuld sondern zu einem „Eigentümererlöspfandrecht". Der gesetzliche Löschungsanspruch nach § 1179a BGB erstreckt sich nach Auffassung des BGH nicht auf ein solches Erlöspfandrecht. Das infolge der Verzichtserklärung erworbene Eigentümererlöspfandrecht ist kein Surrogat für eine nach § 1168 Abs. 1 BGB entstandene Eigentümergrundschuld. Die Vormerkungswirkungen des gesetzlichen Löschungsanspruchs, die auf Aufhebung einer aus einem Fremdrecht entstandenen

---

108 BGH vom 22.7.2004, IX ZR 131/03, Rpfleger 2004, 717 = NJW-RR 2004, 1458 = DNotZ 2005, 125 = MDR 2005, 176 = WM 2004, 1786 = ZIP 2004, 1724 = InVo 2005, 118 = ZfIR 2004, 1028 = ZNotP 2004, 485.

Eigentümergrundschuld gerichtet sind, erstrecken sich nicht im Wege der Surrogation auf den Erlösanspruch zugunsten des Eigentümers.[109]

153 (2) Zur Frage der Insolvenzfestigkeit entschied der BGH[110] in 2006: „Der gesetzliche Löschungsanspruch des nachrangigen Grundschuldgläubigers ist nicht insolvenzfest, wenn die vorrangige Sicherungsgrundschuld zwar zum Zeitpunkt der Eröffnung des Insolvenzverfahrens nicht mehr valutiert ist, das Eigentum an dem Grundstück und die Grundschuld jedoch zu diesem Zeitpunkt noch nicht zusammengefallen sind."

Die wesentlichen Argumente des BGH sind: Die Insolvenzfestigkeit des gesetzlichen Löschungsanspruchs setze einen bereits zzt. der Insolvenzeröffnung *vormerkungsfähigen* Anspruch voraus. § 1179a Abs. 1 Satz 3 BGB sei insoweit Rechtsgrund- und nicht nur Rechtsfolgeverweisung auf § 883 BGB. Der Anspruch aus § 1179a Abs. 1 BGB sei ein *künftiger* Anspruch i.S.v. § 883 Abs. 1 Satz 2 BGB, deshalb müssten „die allgemein für die Vormerkungsfähigkeit künftiger Ansprüche erforderlichen Voraussetzungen auch für den gesetzlichen Vormerkungsschutz des nachrangigen Grundschuldgläubigers gelten." Jedenfalls sei die Vormerkungsfähigkeit eines künftigen Anspruchs zu verneinen, „wenn seine Entstehung ausschließlich vom Willen des Schuldners oder davon abhängt, dass dieser ein Rechtsgeschäft überhaupt erst vornimmt." Der BGH schließt von der angeblichen Vormerkungsunfähigkeit auf die mangelnde Insolvenzfestigkeit i.S.v. § 106 InsO, weil zzt. der Insolvenzeröffnung die Vereinigung von Grundpfandrecht und Eigentum noch nicht eingetreten sei und es deshalb an einem vormerkungsfähigen Löschungsanspruch fehle. Vor dem Vereinigungsfall sei die Rechtsposition des Nachrangläubigers noch völlig ungesichert.

■ **Aktuelle neue Rechtslage**

Mit erfreulicher Deutlichkeit hat sich der V. Zivilsenat des BGH den Gegenargumenten angeschlossen und den Rechtsansichten des IX. Senates widersprochen.[111] Der BGH entschied: „Der Anspruch aus § 1179a Abs. 1 Satz 1 BGB ist insolvenzfest (Aufgabe von BGHZ 166, 319). Der Anspruch aus § 1179a Abs. 1 Satz 1 BGB mit den Wirkungen des Satzes 3 der Norm ist auch gegeben, wenn der vorrangige (oder gleichrangige) Grundpfandrechtsgläubiger auf sein Recht erst nach erfolgter Versteigerung des Grundstücks im Verteilungsverfahren verzichtet."

---

109 Hierzu eingehend Hintzen/Böhringer, Rpfleger 2004, 661; Anm. Clemente, EWiR 2004, 1021; Dümig, ZfIR 2004, 1031–1033; Bartels, WuB VI E § 91 ZVG 1.05; Mayer, RpflStud 2005, 4; Stöber, WM 2006, 607 empfiehlt der Praxis, der Entscheidung des BGH nicht zu folgen, da die vertretene Auffassung sich nicht mit der bestehenden Rechtslage decke und sich der BGH auf Nachweise berufe, die die getroffene Aussage nicht nachweisen.

110 BGH vom 9.3.2006, IX ZR 11/05, NJW 2006, 2408 = Rpfleger 2006, 484 mit abl. Anm. Alff = WM 2006, 869 = ZIP 2006, 1141; damit ist die Entscheidung des OLG Köln vom 22.12.2004, 2 U 103/04, Rpfleger 2005, 249 aufgehoben.

111 BGH vom 27.4.2012, V ZR 270/10, Rpfleger 2012, 452 = NJW 2012, 2274.

Soweit der IX. Zivilsenat in dem Urt. v. 22.7.2004 hinsichtlich der Rechte an dem Versteigerungserlös bei einem erst im Verteilungsverfahren erklärten Verzicht des Gläubigers auf sein vorrangiges Grundpfandrecht eine andere Rechtsauffassung vertreten hat, hat er mitgeteilt, dass er hieran nicht festhält (Rn 21 der Entscheidung). Konkret hatte die Gläubigerin erst nach der Erteilung des Zuschlags auf ihre vorrangige Grundschuld verzichtet mit der Folge, dass sich die Grundschuld aufgrund ihres Erlöschens (§ 91 Abs. 1) nicht mehr nach § 1168 Abs. 1, § 1192 Abs. 1 BGB in eine Eigentümergrundschuld umwandeln konnte. Darauf kommt es nach Ansicht des BGH auch richtigerweise nicht an. Durch die Zuschlagserteilung ist nämlich der Versteigerungserlös im Wege gesetzlicher Surrogation an die Stelle des Grundstücks getreten; an ihm setzen sich die erloschenen Rechte und früheren Rechtsbeziehungen fort, soweit dies nicht durch den veränderten Gegenstand (Erlös statt Grundstück) ausgeschlossen ist. Folge dessen ist, dass der Anspruchsberechtigte rechtlich genauso zu behandeln ist wie in dem Fall eines Verzichts der Gläubigerin vor Zuschlagserteilung. Dann hätte der Löschungsanspruch nach § 1179a Abs. 1 Satz 1 BGB mit der Wirkung des Satzes 3 der Norm geltend gemacht werden können.

154

Zu den **Verwertungsaussichten in der Zwangsversteigerung** des Grundstücks bei gepfändetem Eigentümerrecht und Rückgewähranspruch und der Möglichkeit des gesetzlichen Löschungsanspruchs folgende Übersichten anhand eines konkreten Beispiels:

155

§ 4 Pfändung von Grundpfandrechten

156 Gesetzlicher Löschungsanspruch und Auswirkungen im Zwangsversteigerungsverfahren

Ausgangsfall:
III/1	30.000,00 EUR	(15.000,00 EUR getilgt)	Erlös:	40.000,00 EUR
III/2	20.000,00 EUR		alle Rechte erlöschen	
III/3	50.000,00 EUR			

a) normale Zuteilung

Erlös	40.000,00 EUR		Ausfall		
–	30.000,00 EUR	an III/1 Gl. und Eigt.	III/2	10.000,00 EUR
–	10.000,00 EUR	an III/2	III/3	50.000,00 EUR

b) III/2 macht Löschungsanspruch geltend

Erlös	40.000,00 EUR		Ausfall		
–	15.000,00 EUR	III/1 Gl.	Eigt. III/1	10.000,00 EUR
	25.000,00 EUR		III/3	50.000,00 EUR
–	20.000,00 EUR	III/2		
–	5.000,00 EUR	III/1 Eigt.		

c) III/2 und III/3 machen Löschungsanspruch geltend

Erlös	40.000,00 EUR		Ausfall		
–	15.000,00 EUR	III/1 Gl.	Eigt. III/1	15.000,00 EUR
	25.000,00 EUR		III/3	45.000,00 EUR
–	20.000,00 EUR	III/2		
–	5.000,00 EUR	III/3		

d) nur III/3 macht Löschungsanspruch geltend, Zuteilungsprüfung für:

III/3		III/2	III/1	III/1 Eigt.	
40.000,00 EUR		40.000,00 EUR	erhält seine	40.000,00 EUR	III/3
– 15.000,00 EUR (III/1 Gl.)		– 30.000,00 EUR (III/1 Gl.)		– 5.000,00 EUR	III/3
– 20.000,00 EUR (III/2 § 880 BGB)				– 10.000,00 EUR	III/2
				– 15.000,00 EUR	III/1
5.000,00 EUR		10.000,00 EUR	15.000,00 EUR	10.000,00 EUR	

Ausfall:
Eigt. III/1	5.000,00 EUR
III/2	10.000,00 EUR
III/3	45.000,00 EUR

C. Rückgewähransprüche §4

Pfändung und Löschungsanspruch zusammen 157

Beispiel

III/1	50.000,00 EUR für A
III/2	50.000,00 EUR Eigentümerrecht – gepfändet für G
III/3	30.000,00 EUR für B – macht Löschungsanspruch geltend

a) Erlös 130.000,00 EUR
Folge: III/3 wird immer gedeckt, kein Löschungsanspruch zulässig, G erhält 50.000,00 EUR zugeteilt.

b) Erlös 120.000,00 EUR
Folge: III/3 erhält 30.000,00 EUR, falls sein Recht vor der Pfändung eingetragen war, III/1 erhält 50.000,00 EUR, G aus III/2 erhält 40.000,00 EUR Rest.

Beispiel

III/1	50.000,00 EUR Eigentümerrecht – gepfändet für G
III/2	80.000,00 EUR für A
III/3	50.000,00 EUR für B – macht Löschungsanspruch geltend
Erlös	80.000,00 EUR
Folge:	III/3 erhält nie etwas, da ihm III/2 mit 80.000,00 EUR vorgeht, G aus III/1 erhält somit 50.000,00 EUR

Beispiel

III/1	80.000,00 EUR Eigentümerrecht – gepfändet für G (später als Eintragung III/3)
III/2	40.000,00 EUR für A
III/3	80.000,00 EUR für B – macht Löschungsanspruch geltend

Erlös: 80.000,00 EUR
Folge: III/3 erhält
    80.000,00 EUR
    – 40.000,00 EUR   auf III/2
    40.000,00 EUR
III/2 erhält
    80.000,00 EUR
    – 80.000,00 EUR   auf III/1
    . 0,00 EUR
III/1 erhält
    80.000,00 EUR
    – 40.000,00 EUR   auf III/3
    40.000,00 EUR

§ 4 Pfändung von Grundpfandrechten

158 Befriedigungsmöglichkeit aus Rückgewähranspruch

Beispiel

Recht	III/1	50.000,00 EUR (zurückgezahlt 10.000,00 EUR)
	III/2	75.000,00 EUR (zurückgezahlt 15.000,00 EUR)
	III/3	50.000,00 EUR

Rückgewähranspruch Eigt. gegen III/1, abgetreten an III/2;
Rückgewähranspruch Eigt. gegen III/2 und Anspruch auf
Rückabtretung der Abtretung von III/1 an III/2, abgetreten an III/3.

Erlös:		in der Zwangsversteigerung erhalten	Rückgewähranspruch außergerichtlich durchsetzen		
100.000,00 EUR	III/1	50.000,00 EUR			
	III/2	50.000,00 EUR	(+) an III/2	10.000,00 EUR aus III/1	
110.000,00 EUR	III/1	50.000,00 EUR			
	III/2	60.000,00 EUR	(+) an III/2	10.000,00 EUR aus III/1 aber	
			(−) da nie mehr als 60.000,00 EUR		
			(+) an III/3	10.000,00 EUR	
125.000,00 EUR	III/1	50.000,00 EUR	aus abgetretenem Rückgewähranspruch		
	III/2	75.000,00 EUR	(+) an III/2	10.000,00 EUR aus III/1 aber	
			(−) da nicht mehr als 60.000,00 EUR		
			(+) an III/3	10.000,00 EUR	
			aus abgetretenem Rückgewähranspruch		
			(+) an III/3	15.000,00 EUR	
			aus Rückgewähranspruch gegen III/2		
150.000,00 EUR	III/1	50.000,00 EUR			
	III/2	75.000,00 EUR			
	III/3	25.000,00 EUR	(+) an III/3	10.000,00 EUR	(s.o.)
			(+) an III/3	15.000,00 EUR	(s.o.)
			somit insgesamt	50.000,00 EUR	
160.000,00 EUR	III/1	50.000,00 EUR			
	III/2	75.000,00 EUR			
	III/	35.000,00 EUR	(+) an III/3	10.000,00 EUR	(s.o.)
			(+) an III/3	5.000,00 EUR	(s.o.)
			damit bereits	50.000,00 EUR	erhalten
			Rest:	10.000,00 EUR	
			aus Rückgewähranspruch gegen III/3 an Eigt.		

C. Rückgewähransprüche § 4

Befriedigungsmöglichkeit in der Zwangsversteigerung bei gepfändetem Eigentümerrecht und Rückgewähranspruch nebst Löschungsanspruch 159

Fall:
III/1	Grundschuld für	A: 50.000,00 EUR (valutiert nur 40.000,00 EUR)
III/2	Grundschuld für	B: 40.000,00 EUR
III/3	Zwangssicherungshypothek für	G: 20.000,00 EUR

Rückgewähranspruch Eigentümer gegen III/1, abgetreten an III/2; G aus III/3 hat
a) künftige Eigentümergrundschulden aus III/1, 2 gepfändet und überweisen lassen
b) Rückgewähranspruch Eigt. gegen III/1 und Anspruch auf Rückabtretung gegen III/2 gepfändet und überweisen lassen.

Erlös: 60.000,00 EUR   Zuteilung: 50.000,00 EUR an III/1
                                      10.000,00 EUR an III/2

A aus III/1 erfüllt Rückgewähranspruch durch:

a) Aufhebungserklärung und Eigt. stimmt zu:	Teilbetrag über 10.000,00 EUR aus III/1 erlischt.	III/2 erhält 10.000,00 EUR durch Aufrücken.	III/3 geht leer aus; Löschungsanspruch geht ins Leere; gepfändeter Rückgewähranspruch geht ins Leere.
b) Verzichtserklärung:	Teileigentümergrundschuld über 10.000,00 EUR aus III/1.	Abgetretener Rückgewähranspruch geht ins Leere, da keine Erstreckung an Eigentümergrundschuld Löschungsanspruch geltend machen.	Gepfändeter Rückgewähranspruch geht ins Leere, da kein Pfandrecht an Eigentümergrundschuld. Löschungsanspruch III/2 geht vor, **aber** evtl. Pfändung des Eigentümerrechts; **Rang entscheidet:** Eintragung III/2 oder ZU des PfÜB.
c) Rückabtretung:	Fremdrecht; Abtretung über 10.000,00 EUR an III/2 wegen abgetretenem Rückgewähranspruch.	III/2 erhält die 10.000,00 EUR als Rechtsinhaber wegen abgetretenem Rückgewähranspruch.	III/3 Rückgewähranspruch geht ins Leere; kein Löschungsanspruch, da direkt Fremdrecht; Pfändung geht ins Leere, da direkt Fremdrecht.

160 Weitere Beispiele zur Verzichtserklärung[112]

Erlös:	90.000,00 EUR	**Zuteilung:**	50.000,00 EUR an III/1 40.000,00 EUR an III/2
Verzichtserklärung:	Teileigentümergrundschuld über 10.000,00 EUR aus III/1.	Abgetretener Rückgewähranspruch des III/2 geht ins Leere, da keine Erstreckung an Eigentümergrundschuld. kein Löschungsanspruch, da volle Befriedigung	Gepfändeter Rückgewähranspruch des III/3 geht ins Leere, da kein Pfandrecht an Eigentümergrundschuld. Löschungsanspruch III/3: 90.000,00 EUR − 40.000,00 EUR aus III/1 − 40.000,00 EUR aus III/2 10.000,00 EUR an III/3 90.000,00 EUR − 50.000,00 EUR aus III/1 40.000,00 EUR an III/2 an III/1 ebenfalls 40.000,00 EUR; Eigentümer fällt aus.
Erlös:	80.000,00 EUR	**Zuteilung:**	50.000,00 EUR an III/1 30.000,00 EUR an III/2
Verzichtserklärung:	Teileigentümergrundschuld über 10.000,00 EUR aus III/1	Abgetretener Rückgewähranspruch des III/2 geht ins Leere, da keine Erstreckung an Eigentümergrundschuld. Löschungsanspruch geltend machen. III/2 wurde nach der Pfändung des zukünftigen Eigentümerrechts zugunsten des Gläubigers aus III/3 im Grundbuch eingetragen.	Gepfändeter Rückgewähranspruch des III/3 geht ins Leere, da kein Pfandrecht an Eigentümergrundschuld. Löschungsanspruch des III/2 geht dem Anspruch des III/3 vor. Pfändung des künftigen Eigentümerrechts erfolgte vor Eintragung des Rechts III/2: **dann:** 10.000,00 EUR an III/3, da Löschungsanspruch des III/2 dem Pfandrecht nachgeht.

---

[112] Siehe zuvor Rn 128.

IX. Formulierungsvorschläge für die Pfändung

Hinweis 161
Der Gläubiger muss das amtliche Formular nutzen aufgrund der Verordnung über Formulare für die Zwangsvollstreckung (Zwangsvollstreckungsformular-Verordnung – ZVFV) vom 23. August 2012 (BGBl I 2012, S. 1822) in der geänderten Fassung aufgrund der Verordnung zur Änderung der Zwangsvollstreckungsformular-Verordnung vom 16. Juni 2014 (BGBl I 2014, S. 754). Hierbei ist das Feld „Anspruch G" oder eine gesonderte Anlage zu nutzen.

Hypothek: 162

▓▓▓▓ wegen dieser Ansprüche sowie wegen der Kosten des Beschlusses und der Zustellung wird die angebliche Forderung des Schuldners gegen ▓▓▓▓ und die für diese Forderung im Grundbuch von ▓▓▓▓ (*Grundbuchangaben*) eingetragene Brief/Buchhypothek in Abt. III Nr. ▓▓▓▓ i.H.v. ▓▓▓▓ nebst ▓▓▓▓ Zinsen seit dem ▓▓▓▓ gepfändet.

Bei einem **Briefrecht**: Die Pfändung erfasst auch den Anspruch des Schuldners auf Aushändigung des Briefs gegen ▓▓▓▓.

Grundschuld: 163

▓▓▓▓ wegen dieser Ansprüche sowie wegen der Kosten des Beschlusses und der Zustellung wird die angeblich für den Schuldner im Grundbuch von ▓▓▓▓ (*Grundbuchangaben*) in Abt. III Nr. ▓▓▓▓ eingetragene Grundschuld i.H.v. ▓▓▓▓ nebst Zinsen seit dem ▓▓▓▓ gepfändet.

Bei einem **Briefrecht**: Die Pfändung erfasst auch den Anspruch des Schuldners auf Aushändigung des Briefs gegen ▓▓▓▓.

Eigentümergrundschuld (offene): 164

▓▓▓▓ wegen dieser Ansprüche sowie wegen der Kosten des Beschlusses und der Zustellung wird die für den Schuldner im Grundbuch von ▓▓▓▓ (*Grundbuchangaben*) in Abt. III Nr. ▓▓▓▓ eingetragene Eigentümergrundschuld i.H.v. ▓▓▓▓ nebst Zinsen seit dem ▓▓▓▓ gepfändet.

Bei einem **Briefrecht**: Die Pfändung erfasst auch den Anspruch des Schuldners auf Aushändigung des Briefs gegen ▓▓▓▓.

§ 4 Pfändung von Grundpfandrechten

▼

165 **Eigentümergrundschuld (zukünftige):**

 wegen dieser Ansprüche sowie wegen der Kosten des Beschlusses und der Zustellung wird die jetzige und zukünftige für den Schuldner aus der im Grundbuch von (*Grundbuchangaben*) in Abt. III Nr. ▬▬▬ eingetragenen Hypothek/Grundschuld entstandenen Eigentümergrundschuld i.h.v. ▬▬▬ nebst den Zinsen, einschließlich des Grundbuchberichtigungsanspruchs und des Anspruchs auf Herausgabe der zur Grundbuchberichtigung benötigten Urkunden gepfändet.

Bei einem **Briefrecht**: Die Pfändung erfasst auch den Anspruch des Schuldners auf Aushändigung des Briefs gegen ▬▬▬.

▲

▼

166 **Rückgewähransprüche:**

 wegen dieser Ansprüche sowie wegen der Kosten des Beschlusses und der Zustellung werden die Ansprüche des Schuldners auf Rückgewähr durch Rückabtretung, Verzicht oder Aufhebung der im Grundbuch von ▬▬▬ (*Grundbuchangaben*) in Abt. III Nr. ▬▬▬ eingetragenen Grundschuld über ▬▬▬ (*Betrag*) gegenüber dem ▬▬▬ (*Drittschuldner ist der eingetragene Grundschuldgläubiger*) gepfändet.

Weiterhin werden die Ansprüche des Schuldners auf Rückabtretung der abgetretenen vorgenannten Ansprüche gegenüber dem ▬▬▬ (*Drittschuldner ist der im Grundbuch nachrangig eingetragene Grundpfandrechtsgläubiger*) gepfändet und, sollte dieser Anspruch ebenfalls abgetreten sein, auch der dann zustehende weiter gehende Rückübertragungsanspruch.[113]

▲

---

113 Vgl. Diepold/Hintzen, Musteranträge für Pfändung und Überweisung, Muster 42–45 zur Hypothek, 85–87 zur Grundschuld, 61–63 zur Eigentümergrundschuld (offene); 65–67 zur Eigentümergrundschuld (zukünftige).

§ 5 Zwangssicherungshypothek

A. Das Grundbuch als Vollstreckungsorgan

Das Grundbuchgericht wird bei der Eintragung der Zwangssicherungshypothek nach §§ 866, 867 ZPO in einer doppelten Funktion tätig: sowohl als Vollstreckungsgericht als auch als Gericht der freiwilligen Gerichtsbarkeit. Die Eintragung ist sowohl ein Akt der Zwangsvollstreckung und richtet sich nach den Vorschriften des 8. Buchs der ZPO als auch ein reines Grundbuchgeschäft, geregelt in der Grundbuchordnung.[1]

Soweit die Auffassung vertreten wird, es handele sich ausschließlich um einen Akt der Zwangsvollstreckung,[2] kann dem nicht in vollem Umfang gefolgt werden. Die Zwangssicherungshypothek ist in ihren rechtlichen Wirkungen nach der Eintragung im Grundbuch einer Sicherungshypothek entsprechend den sachenrechtlichen Vorschriften (§§ 1184, 1185 BGB) gleichgestellt.[3]

Der wesentliche Unterschied besteht lediglich in den Entstehungsvoraussetzungen: auf der einen Seite durch Einigung und Eintragung (§ 873 BGB), auf der anderen Seite durch einen die Erklärungen des Schuldners ersetzenden Vollstreckungstitel nebst den weiteren Vollstreckungsvoraussetzungen und der Eintragung im Grundbuch (§ 867 ZPO).[4]

Neben den Voraussetzungen der Zwangsvollstreckung sind jedoch auch speziell einige typische **Eintragungsvoraussetzungen des Grundbuchrechts** zu beachten, z.B.

- die Bezeichnung von Grundstück und Geldbetrag (§ 28 GBO),
- die Voreintragung des Betroffenen (§ 39 GBO),
- die Angabe des Gemeinschaftsverhältnisses (§ 47 GBO),

die auf den Grundsätzen des materiellen Grundstücksrechts und des Grundbuchverfahrensrechts basieren, z.B.

- der **Bestimmtheitsgrundsatz**: Art, Inhalt und Berechtigter eines Rechts müssen genau erkennbar sein,
- der **Publizitätsgrundsatz**, der die Vermutung der Richtigkeit des Grundbuchs mit der Folge gutgläubigen Erwerbs fordert oder
- das **Legalitätsprinzip**, das Grundbuchgericht muss die Gesetzmäßigkeit jeder Eintragung von Amts wegen prüfen und feststellen.

---

1 H.M. Zöller/Stöber, ZPO, § 867 Rn 1.
2 Habermeier, Die Zwangshypotheken der Zivilprozessordnung, 1988.
3 Schöner/Stöber, Grundbuchrecht, Rn 2160.
4 Vgl. zum Gesamtkomplex: Hintzen, Rechtsprechung der Zwangssicherungshypothek von 1980–1990, ZIP 1991, 474 ff.; Böttcher, JurBüro 1997, 399 und 461.

5 Wenn das Finanzamt die Eintragung einer Sicherungshypothek wegen Steuerrückständen beantragt und das Vorliegen der gesetzlichen Vorschriften für die Vollstreckung bestätigt, hat das Grundbuchgericht keine entsprechende Prüfung mehr vorzunehmen. Die Prüfung durch das Grundbuchgericht beschränkt sich im Wesentlichen auf die formelle Seite des Ersuchens sowie auf die spezifisch grundbuchrechtlichen Voraussetzungen der Eintragung. Ein Eintragungsantrag, der eine Bestätigung nach § 322 Abs. 3 Satz 3 AO enthält, ist vielmehr ein Verwaltungsakt, der selbstständig beim Finanzgericht angefochten werden kann.[5]

B. Der Eintragungsantrag

I. Belastungsgegenstand

6 Die Eintragung der Zwangssicherungshypothek ist neben der Zwangsversteigerung und der Zwangsverwaltung eine der drei Möglichkeiten der Immobiliarzwangsvollstreckung (§ 866 Abs. 1 ZPO). Der Zwangsvollstreckung in das unbewegliche Vermögen unterliegen die in § 864 ZPO aufgeführten Vollstreckungsobjekte. Im Einzelnen kann die **Zwangssicherungshypothek** daher **eingetragen werden auf**:

- dem im Bestandsverzeichnis des Grundbuchs selbstständig gebuchten Grundstück,
- dem ideellen Bruchteil eines Miteigentümers am Grundstück (§ 864 Abs. 2 ZPO), insbes. auch dem Wohnungs- und/oder Teileigentum nach dem WEG,
- dem Erbbaurecht (§§ 1, 11 ErbbauRG) und auch dem Wohnungs- bzw. Teileigentumserbbaurecht,
- dem ideellen Bruchteil eines zuvor genannten Erbbaurechts,
- den im Schiffregister eingetragenen Schiffen,
- und weiteren Rechten nach Bundes- oder Landesrecht, z.B. selbstständiges Gebäudeeigentum in den neuen Bundesländern.[6]

7 Der Eintragung einer Zwangssicherungshypothek an dem in Deutschland belegenen Gebäudeeigentum eines **ausländischen Staates** steht die Staatenimmunität entgegen, wenn der ausländische Staat Wohnungen in diesem Gebäude Diplomaten seiner diplomatischen Mission als Dienstwohnung überlassen hat. Dies gilt auch, wenn diese Nutzung für Zwecke der diplomatischen Mission nicht den überwiegenden Teil des Gebäudes betrifft.[7]

---

[5] OLG Schleswig vom 24.8.2011, 2 W 261/10, Rpfleger 2012, 65.
[6] Vgl. Stöber, ZVG, Einl. Rn 13; Demharter, GBO, § 3 Rn 4, 6, 7.
[7] KG vom 14.6.2010, 1 W 276/09, Rpfleger 2010, 658 und auch LG Bonn vom 27.3.2009, 6 T 228/04, NJW-RR 2009, 1316; Abgrenzung zu BVerfGE 15, 25 und zu OLG Köln vom 24.3.2004, 2 Wx 34/03, FGPrax 2004, 100 = Rpfleger 2004, 478 = IPRax 2006, 170.

II. Rechtsschutzinteresse

Grundsätzlich muss auch bei der Eintragung der Zwangssicherungshypothek das Rechtsschutzinteresse des Gläubigers bejaht werden, auch wenn es sich nur um eine Sicherungsmaßnahme und keinen Akt der Verwertung handelt.[8]

Das Rechtsschutzinteresse kann nicht bei **hohen Vorbelastungen** und **Geringwertigkeit des Grundstücks** verneint werden. Hierbei würde die unzulässige Prognose gestellt, dass der Gläubiger sehr wahrscheinlich nicht mit einer Befriedigung seiner Forderung rechnen kann. Dies ist bereits vom Ansatz her rechtsirrig, da die Zwangssicherungshypothek die Verwertung nicht primär zum Ziel hat.[9]

Auch gilt das **Verbot der Überpfändung** nicht (§ 803 Abs. 1 Satz 2 ZPO), da der Gläubiger kraft Gesetzes alle drei Arten der Immobiliarvollstreckung einzeln oder nebeneinander in Anspruch nehmen kann (§ 866 Abs. 2 ZPO).[10]

Abzulehnen ist die Eintragung der Zwangssicherungshypothek, wenn der Gläubiger für seine Forderung bereits eine rechtsgeschäftlich bestellte Hypothek an dem zu belastenden Grundstück eingetragen hat.[11] Ebenfalls unzulässig ist die Eintragung einer Zwangssicherungshypothek nach Unterwerfung wegen der Zahlung einer Grundschuldsumme, sofern diese Grundschuld bereits an demselben Grundstück als dingliche Last eingetragen ist.[12]

Da das Rechtsschutzinteresse fehlt, ist die Eintragung einer sog. „**Ausfallhypothek**" neben einer bereits eingetragenen weiteren Hypothek gleichfalls unzulässig.[13]

Die **Eintragung einer zweiten (Arrest)Hypothek** (Ausfall-Zwangshypothek) auf einem Grundstück ohne gleichzeitige Löschung einer wegen derselben Forderung bereits eingetragenen Zwangssicherungshypothek ist auch dann nicht zulässig, wenn aus vollstreckungsrechtlichen Gründen, die nicht vom Gläubiger zu vertreten sind, Zweifel an der hinreichenden Sicherung durch die bereits eingetragene Zwangssicherungshypothek bestehen.[14]

---

8 Schuschke/Walker, Vollstreckung und vorläufiger Rechtsschutz, § 867 Rn 6.
9 Vgl. LG Marburg vom 24.7.1984, 3 T 138/84, Rpfleger 1984, 406; vgl. Hintzen, ZIP 1991, 476.
10 Zur Zwangsverwaltung BGH vom 18.7.2002, IX ZB 26/02, Rpfleger 2002, 578 = MDR 2002, 1213 = WM 2002, 1809 = ZIP 2002, 1595 = InVo 2003, 41 = ZfIR 2002, 753 und zur Zwangsversteigerung BGH vom 30.1.2004, IXa ZB 233/03, Rpfleger 2004, 302 = NZM 2004, 347 = WM 2004, 646 = InVo 2004, 290 = ZfIR 2004, 440.
11 Schuschke/Walker, Vollstreckung und vorläufiger Rechtsschutz, § 867 Rn 6 m.w.N.; MüKo/Eickmann, ZPO, § 867 Rn 71, der dies auch generell ablehnt.
12 OLG Köln vom 23.10.1995, 2 Wx 30/95, Rpfleger 1996, 153 = NJW-RR 1996, 1106 = FGPrax 1996, 13 = WM 1996, 151.
13 OLG Stuttgart vom 15.1.1971, 8 W 6/71 NJW 1971, 898 = Rpfleger 1971, 191.
14 LG Hechingen vom 15.9.1992, 4 T 86/92, Rpfleger 1993, 169.

14 Anders kann das Rechtsschutzinteresse jedoch nicht verneint werden, wenn die Zwangssicherungshypothek neben einer bereits an einem **anderen Grundstück** bestellten rechtsgeschäftlichen Hypothek eingetragen werden soll.[15] Erst recht gilt dies, wenn es sich bei dem Grundpfandrecht an dem **anderen Grundstück** um eine Grundschuld handelt.[16]

III. Zeitpunkt des Antragseingangs

15 Die Zwangssicherungshypothek wird auf Antrag des Gläubigers ins Grundbuch eingetragen (§ 867 Abs. 1 Satz 1 ZPO). **Antragsberechtigt** ist nur der Gläubiger, nicht der Schuldner (der wohl in der Praxis auch nie den Antrag selbst stellen wird).[17] Für den Antrag auf Eintragung einer Sicherungshypothek ist die Beiordnung eines Rechtsanwalts im Rahmen bewilligter Verfahrenskostenhilfe nicht geboten.[18]

16 Der Antragsteller kann sich jederzeit von einem Bevollmächtigten vertreten lassen. Das Grundbuchamt hat die Wirksamkeit der Vollmacht von Amts wegen zu prüfen, dagegen nicht die des vorgelegten Vollmachtsnachweises.[19] Stellt ein **Rechtsanwalt** den Antrag für seinen Mandanten, ist eine gesonderte Vollmacht nicht vorzulegen, es gelten die §§ 81, 88 ZPO.[20]

Im Verfahren auf Eintragung einer Zwangshypothek kann sich der Gläubiger auch von Bevollmächtigten (hier: Inkassodienstleiter) vertreten lassen, die nicht zum Personenkreis des § 10 Abs. 2 FamFG gehören. Hierfür ist nicht Voraussetzung, dass der Antrag selbst in öffentlicher oder öffentlich beglaubigter Form gestellt wird.[21]

17 Auch wenn der Antrag grundsätzlich **formlos** gestellt werden kann, muss er schriftlich oder zu Protokoll der Geschäftsstelle erklärt werden, da der **Eingangsvermerk** auf dem Antrag anzubringen ist (§§ 13, 17 GBO). Der Eingangsvermerk ist die Bezeugung des Eingangs beim zuständigen Grundbuchgericht, nebst genauer Angabe von Tag, Stunde und Minute, denn hiervon ist die Erledigungsreihenfolge abhängig. Entscheidend ist der Zeitpunkt der Vorlage bei dem zuständigen Grundbuchbeamten (§ 13 Abs. 3 GBO), d.h., der Antrag kann auch dem Rechtspfleger direkt

---

15 RGZ 98, 106.107; LG Lübeck vom 11.2.1985, 7 T 116/85, Rpfleger 1985, 287; a.A. MüKo/Eickmann, ZPO, § 867 Rn 71.
16 BayObLG vom 20.9.1990, 2 Z 96/90, Rpfleger 1991, 53 = MDR 1991, 163.
17 Schöner/Stöber, Grundbuchrecht, Rn 2160; Musielak/Becker, ZPO, § 867 Rn 2.
18 OLG Hamm vom 17.6.2011, I-15 W 650/10, Rpfleger 2012, 23.
19 OLG Zweibrücken vom 16.11.2000, 3 W 191/00, Rpfleger 2001, 174 = InVo 2001, 184 = JurBüro 2001, 271.
20 Vgl. Schuschke/Walker, Vollstreckung und vorläufiger Rechtsschutz, § 867 Rn 2; Musielak/Becker, ZPO, § 867 Rn 2.
21 OLG München vom 15.6.2012, 34 Wx 199/12, Rpfleger 2012, 619.

gegenüber abgegeben werden, allerdings muss der **jeweilige Rechtspfleger** für die Eintragung selbst nach dem Geschäftsverteilungsplan zuständig sein.[22]

IV. Inhalt des Antrags

Der Antrag sollte erkennen lassen: **wem soll was woran zustehen?** Das Grundstück ist in Übereinstimmung mit dem Grundbuch zu bezeichnen (§ 28 Satz 1 GBO). Gläubiger und Schuldner sind entsprechend dem Titel oder der Angabe in der Klausel zu bezeichnen. Sind mehrere Gläubiger forderungsberechtigt, ist deren Gemeinschaftsverhältnis anzugeben (§ 47 GBO). Regelmäßig hat das Grundbuchgericht den Gläubiger gleichlautend mit der Bezeichnung im Vollstreckungstitel als Berechtigten im Grundbuch einzutragen. Allerdings ist der Einzelkaufmann nicht mit seiner Firma, sondern mit seinem bürgerlichen Namen im Grundbuch einzutragen. § 15 Abs. 1 GBV verlangt die Eintragung mit Vor- und Zunamen, Geburtsdatum oder dem Wohnort.

18

Weiter sollte der Gläubiger, wie bei jeder anderen Vollstreckungsmaßnahme auch, eine genaue Forderungsaufstellung in seinen Antrag aufnehmen. Hierzu gehören auch die bisherigen Vollstreckungskosten (§ 788 ZPO).[23]

19

Hinweis
Nicht zu den eintragungsfähigen Kosten zählen die Eintragungsgebühren für die Zwangssicherungshypothek selbst und die für den Rechtsanwalt entstehenden Zwangsvollstreckungskosten, hierfür haftet das Grundstück kraft Gesetzes (§ 867 Abs. 1 Satz 3 ZPO). Damit diese Kosten nicht vom Grundbuchgericht beanstandet werden, sollten sie tunlichst besser nicht im Antrag aufgeführt werden.

20

V. Antragsrücknahme

Bis zum Vollzug der Eintragung im Grundbuch (Unterzeichnung) kann der Vollstreckungsantrag jederzeit zurückgenommen werden. Grundbuchrechtlich bedarf sowohl die Antragsrücknahme als auch die Vollmacht zur Antragsrücknahme der öffentlichen Beglaubigung (§§ 31, 29 GBO).[24] Dies würde für einen Rechtsanwalt bedeuten, dass § 88 Abs. 2 ZPO keine Anwendung findet.

21

---

22 OLG Düsseldorf vom 11.12.1996, 3 Wx 512/96, NJW-RR 1997, 781 = FGPrax 1997, 51 = Rpfleger 1997, 259; OLG Düsseldorf vom 7.5.1993, 3 Wx 138/93, NJW-RR 1994, 1024 = Rpfleger 1993, 488; OLG Frankfurt vom 7.9.1981, 20 W 469/81, Rpfleger 1982, 32; LG Lübeck vom 1.6.1994, 7 T 239/94, Rpfleger 1995, 66.
23 Zur Problematik Restforderung oder Teilforderung: Hintzen/Wolf, Rn 2.6 ff.
24 OLG Hamm vom 30.1.1985,15 W 41/85, Rpfleger 1985, 231; OLG Düsseldorf vom 18.8.1999, 3 Wx 286/99, Rpfleger 2000, 62; Demharter, GBO, Anhang zu § 44 Rn 69; Meikel/Hertel, GBO, § 31 Rn 4; Musielak/Becker, ZPO, § 867 Rn 2.

22 Diese Auffassung ist abzulehnen. Der Antrag auf Eintragung der Zwangssicherungshypothek ist wie jeder andere Antrag in der Zwangsvollstreckung formlos (schriftlich) zulässig und kann auch rechtswirksam in derselben (schriftlichen) formlosen Art und Weise wieder zurückgenommen werden.[25]

23 *Hinweis*
Sofern das Grundbuchgericht in der Praxis auf einer formgerechten öffentlich beglaubigten Rücknahmeerklärung besteht, ist bei den Kosten zu überlegen: für die Zurückweisung entsteht eine Gebühr von 50 % der für die Eintragung bestimmten Gebühr (GNotKG KV 14400) und für eine Antragsrücknahme entsteht eine Gebühr von 25 % der für die Eintragung bestimmten Gebühr (GNotKG KV 14401). Allerdings entsteht bei der Antragsrücknahme – falls das Grundbuchgericht die notariell beglaubigte Form verlangt – noch die Beglaubigungsgebühr für den Notar nach GNotKG KV 25100 (0,2 Gebühr, mindestens 20,00 EUR und höchstens 70,00 EUR.

C. Vollstreckungsvoraussetzungen

I. Titel

1. Titelarten

24 Als Grundlage der Eintragung der Zwangssicherungshypothek ist jeder auf Zahlung gerichtete rechtskräftige oder vorläufig vollstreckbare Titel geeignet (§§ 704 ff. ZPO). Auch ein Beschluss nach § 888 ZPO ist ausreichend. Die Eintragung wegen eines Brutto-Lohntitels des ArbG ist ebenfalls zulässig.[26]

25 Hat das Prozessgericht den Schuldner durch Zwangsgeld angehalten, eine nur durch ihn ausführbare Handlung vorzunehmen, ist der Gläubiger für die zwangsweise Durchsetzung zuständig und verantwortlich.[27] Der Gläubiger ist jedoch nicht Empfangsberechtigter des Zwangsgeldes, als Gläubiger der Hypothek ist daher das Land, vertreten durch die jeweilige Gerichtskasse, zu vermerken.[28]

26 Eine Zwangssicherungshypothek kann auch für einen Anspruch auf Hinterlegung von Geld eingetragen werden, denn auch dabei handelt es sich um Zwangsvollstreckung wegen einer Geldforderung nach §§ 803 ff. ZPO. Sie ist auch dann möglich, wenn der Anspruch inhaltlich auf Leistung an einen Dritten gerichtet ist, z.B. Hinterlegung bei dem früheren Prozessbevollmächtigten der Schuldner.[29]

---

25 Vgl. hierzu Hintzen, ZIP 1991, 474, 475.
26 BGH vom 21.4.1966, VII ZB 3/66, WM 1966, 758.
27 Musielak/Lackmann, ZPO, § 888 Rn 15.
28 Musielak/Lackmann, ZPO, § 888 Rn 15.
29 LG Essen vom 25.6.2001, 11 T 197/01, InVo 2001, 387 = Rpfleger 2001, 543.

Weitere Vollstreckungstitel sind insbes. die in § 794 ZPO aufgeführten „weiteren Vollstreckungstitel". Ausreichend ist auch, wenn die Vollstreckung aus Urteilen betrieben wird, durch die der Schuldner zur Duldung der Zwangsvollstreckung wegen einer Geldforderung verurteilt worden ist.[30] Ein **Duldungstitel** nach § 794 Abs. 1 Nr. 5 ZPO kann jedoch allein niemals Grundlage der Eintragung sein, da er nicht auf Zahlung gerichtet ist (§ 866 Abs. 1 ZPO). Ausreichend ist der Duldungstitel ausnahmsweise dann, wenn hierin die Verpflichtung zur Duldung der Zwangsvollstreckung in das Grundstück für eine titulierte fremde Schuld ausgesprochen wird, sofern der jetzige Eigentümer das Grundstück in anfechtbarer Weise oder im Weg der Vermögensübernahme erworben hat.[31] Der Duldungstitel muss als Eintragungsgrundlage, insbes. um auch der Ordnungsvorschrift nach § 39 GBO (es fehlt die Voreintragung des betroffenen Schuldners) zu genügen, rechtskräftig sein (§ 10 AnfG).[32]

27

Ein nach § 3 AnfG ergangener Duldungstitel gegen einen Grundstückseigentümer reicht zur Eintragung von Sicherungshypotheken nicht aus, wenn in ihm die Leistungstitel lediglich mit Gericht, Datum und Aktenzeichen in Bezug genommen sind.[33] Neben der Vorlage des Duldungstitels gegen den derzeitigen Eigentümer ist gleichzeitig der auf die Geldforderung lautende Titel gegen den Schuldner, von dem der jetzige Eigentümer das Grundstück erworben hat, erforderlich.[34]

28

Dem Duldungstitel gleichzustellen ist der Duldungsbescheid einer Vollstreckungsbehörde.[35]

29

2. Zinsen im Titel

Zinsen aus dem Titel werden grundsätzlich als Nebenforderung im Grundbuch eingetragen. Eine antragsgemäß zunächst ohne Zinsen nur für die Hauptforderung zur Eintragung in das Grundbuch gelangte Zwangshypothek kann später nicht mehr um Eintragung der ebenfalls titulierten Zinsen an derselben Rangstelle erweitert werden. Eine Eintragung der Erweiterung an rangbereiter Stelle ist nur möglich, wenn die Mindestgrenze des § 866 Abs. 3 ZPO erreicht ist.[36]

30

---

30 BGH vom 4.7.2013, V ZB 151/12, Rpfleger 2013, 668 = NJW 2013, 3786.
31 KG, HRR 1930, 67.
32 LG Hamburg, Rpfleger 1951, 567.
33 OLG Schleswig vom 14.12.1995, 2 W 19/95, MDR 1996, 416.
34 OLG Frankfurt vom 14.1.1987, 20 W 4/87, NJW-RR 1988, 463, 464; BayObLG vom 3.11.1994, 2 Z BR 98/94, Rpfleger 1995, 305.
35 OLG Hamm vom 19.4.1983, 15 W 57183, Rpfleger 1983, 481.
36 OLG Celle vom 30.11.2012, 4 W 202/12, FGPrax 2013, 103.

31 Rückständige Zinsen bis zur Antragstellung können nicht kapitalisiert und der Hauptforderung zugerechnet werden.[37] Dies ist nur möglich, wenn die Zinsen selbst kapitalisiert tituliert sind.

32 Ist ein variabler Zinssatz tituliert (z.b. § 247 BGB), ist kein Höchstzinssatz anzugeben und einzutragen. In der Rechtsprechung hat der BGH[38] bestätigt, dass es in diesem Fall nicht der Angabe eines Höchstzinssatzes bedarf, der Zinssatz ist wie tituliert bei der Zwangshypothek einzutragen. Durch die Umstellung des Gesetzes auf den Basiszinssatz (§ 288 Abs. 1 und 2 BGB) ist eine weitere Ausnahme begründet worden, die es rechtfertigt, bei der Eintragung rechtsgeschäftlich vereinbarter variabler Zinsen in das Grundbuch nicht mehr die Angabe eines Höchstzinssatzes zu verlangen, sofern sich der variable Zinssatz – wie hier – aus der Bezugnahme auf eine gesetzlich bestimmte Bezugsgröße ergibt.

33 Nicht eintragungsfähig sind die gesetzlichen Verzugszinsen, hierfür haftet das Grundstück auch ohne Eintragung.[39]

3. Währung

34 Für die Eintragung einer Zwangssicherungshypothek aufgrund eines Titels in ausländischer Währung war früher nur die Form einer Höchstbetragshypothek geeignet, da eine Eintragung in Fremdwährung nicht zulässig war.[40] Die Forderung war nach dem Kurswert zum Zeitpunkt der Zahlung umzurechnen (§ 244 Abs. 2 BGB). Diese Ungewissheit konnte durch einen vom Gläubiger zu bestimmenden angemessenen „Höchstbetrag" ausgeglichen werden.[41] Da bei der Höchstbetragshypothek die Zinsen im Höchstbetrag eingerechnet sind (§ 1190 BGB), hatte der Gläubiger diese bei einer verzinslichen Schuld bei seiner Angabe des einzutragenden Betrags mit einzurechnen.

35 Nach § 28 GBO kann die Eintragung auch in einer einheitlichen Europäischen oder anderen Währung erfolgen, gegen die keine währungspolitischen Bedenken bestehen, hierzu ist eine Verordnung des BMJ und des BMF erforderlich.[42] Hiervon hat

---

37 OLG München vom 30.9.2011, 34 Wx 356/11, Rpfleger 2012, 138 = FGPrax 2012, 11; OLG München vom 26.1.2012, 34 Wx 433/11, Rpfleger 2012, 383; OLG Hamm vom 8.1.2009, I-15 Wx 291/08, Rpfleger 2009, 447; Schuschke/Walker, Vollstreckung und vorläufiger Rechtsschutz, § 866 Rn 6; Musielak/Lackmann, ZPO, § 866 Rn 4; a.A. LG Bonn vom 22.9.1981, 4 T 490/81, Rpfleger 1982, 75.
38 BGH vom 26.1.2006, V ZB 143/05, Rpfleger 2006, 313 m. Anm. Wagner = NJW 2006, 1341 = DNotZ 2006, 526 = MDR 2006, 1037 = WM 2006, 672 = ZIP 2006, 699 = ZNotP 2006, 184.
39 MüKo/Eickmann, ZPO, § 867 Rn 45.
40 § 28 Satz 2 a.F. GBO; a.A. mit beachtlichen Argumenten: Reuter, Fremdwährung und Rechnungseinheiten im Grundbuch, Diss., 1991.
41 LG Osnabrück, Rpfleger 1968, 122; vgl. auch LG Traunstein vom 9.5.1988, 4 T 1114/88, Rpfleger 1988, 499 m. Anm. Sievers.
42 Vgl. Demharter, GBO, § 28 Rn 26.

der Gesetzgeber mittlerweile Gebrauch gemacht. Neben dem EUR sind zugelassene Währungen US-Dollar, Schweizer Franken und alle Währungen der EU-Länder.[43]

4. Weitere Besonderheiten

Die Eintragung gegen einen minderjährigen Schuldner und Eigentümer bedarf keiner vormundschafts(familien)gerichtlichen Genehmigung, da diese nur bei rechtsgeschäftlichen Verfügungen über das Grundstück erforderlich ist.[44] **36**

Ist der Schuldner verheiratet und lebt im gesetzlichen Güterstand der Zugewinngemeinschaft oder in einer eingetragenen Lebenspartnerschaft, kann der andere Ehepartner/Lebenspartner der Eintragung nicht mit dem Hinweis auf § 1365 BGB widersprechen, da es sich vorliegend nicht um einen Akt der Verwertung handelt, sondern die Eintragung ist lediglich ein Sicherungsmittel.[45] **37**

Leben die Ehegatten im Güterstand der Gütergemeinschaft, genügt zur Eintragung die Vorlage des Titels gegen den das Gesamtgut verwaltenden Ehepartner.[46] Allerdings muss der Gläubiger dem Grundbuchgericht gegenüber den Nachweis führen, dass der Titelschuldner der Alleinverwalter ist, z.B. durch Vorlage des Güterrechtsvertrags oder unter Hinweis auf die Eintragung im Güterrechtsregister.[47] **38**

Zur Zwangsvollstreckung in Gegenstände des Gesamtguts einer Gütergemeinschaft nach niederländischem Recht wegen persönlicher Schulden eines Ehegatten ist nach deutschem Vollstreckungsrecht ein Zahlungstitel gegen diesen und ein Duldungstitel gegen den anderen Ehegatten erforderlich, die auch in getrennten Prozessen erwirkt werden können.[48] **39**

Hat sich in einem gerichtlichen Vergleich der Schuldner verpflichtet, zur Befreiung des Gläubigers aus dessen Debetsaldo bei der Gläubigerbank an diese einen bestimmten Betrag zu zahlen, kann der Gläubiger die Eintragung einer Zwangssicherungshypothek verlangen, jedoch nur mit der Maßgabe, dass er als Gläubiger und neben ihm seine Bank als Zahlungsempfänger im Grundbuch eingetragen werden. Auf eine entsprechende Antragsumstellung hat das Grundbuchgericht – jedenfalls als Vollstreckungsorgan – ggf. gem. § 139 ZPO hinzuwirken.[49] **40**

---

43 Vgl. Rellermeyer, Rpfleger 1999, 49; Musielak/Becker, § 867 Rn 4; Demharter, GBO, § 28 Rn 29.
44 Wieczorek/Storz, ZPO, § 866 Rn 22.
45 Palandt/Brudermüller, BGB, § 1365 Rn 4 ff.
46 Zöller/Stöber, ZPO, § 740 Rn 7.
47 BayObLG vom 14.7.1983, 2 Z 44/83, Rpfleger 1983, 407; BayObLG vom 28.2.1984, 2 Z 13/84, Rpfleger 1984, 232.
48 BGH vom 18.3.1998, XII ZR 251/96, MDR 1998, 969 = Rpfleger 1998, 350 = InVo 1998, 254 = NJW-RR 1998, 1377 = FamRZ 1998, 905 = WM 1998, 1591.
49 OLG Karlsruhe vom 11.11.1997, 11 Wx 89/97, Rpfleger 1998, 158.

II. Klausel

41 Sofern der Vollstreckungstitel einer Klausel bedarf (Ausnahme z.B. der Vollstreckungsbescheid, § 796 ZPO, der Arrestbefehl oder die einstweilige Verfügung, §§ 929, 936 ZPO), wird das Grundbuchgericht grundsätzlich nicht deren wirksame Erteilung prüfen.

42 Bei der Überschreitung der funktionellen Zuständigkeit hält das OLG Hamm[50] an seiner Auffassung fest, dass eine Vollstreckungsklausel, die der Urkundsbeamte der Geschäftsstelle unter Überschreitung seiner funktionellen Zuständigkeit erteilt hat, obwohl sie nach § 726 Abs. 2 ZPO nur von dem Rechtspfleger hätte erteilt werden dürfen, nicht lediglich anfechtbar, sondern unwirksam ist. Nach einer Grundsatzentscheidung des BGH[51] kann diese Rechtsauffassung nicht weiter Bestand haben. Im Erinnerungsverfahren nach § 766 ZPO ist der Einwand des Schuldners grundsätzlich nicht zu berücksichtigen, der Urkundsbeamte der Geschäftsstelle habe die der Vollstreckung zugrunde liegende Klausel nach §§ 724, 725 ZPO zu Unrecht ohne die gemäß § 726 Abs. 1 ZPO erforderlichen Nachweise erteilt. Gegenstand der Prüfung bei der Klauselerteilung ist der Inhalt des Titels, der in der Regel durch Auslegung zu ermitteln ist. Gelangt die Prüfung des Urkundsbeamten zum objektiv falschen Ergebnis und erteilt er zu Unrecht eine einfache Vollstreckungsklausel nach §§ 724, 725 ZPO, so liegt darin eine fehlerhafte Ausübung der ihm nach dem Gesetz übertragenen Aufgaben. Allerdings ist dieser Fehler nicht derart schwerwiegend, dass er auch ohne eine erfolgreiche Anfechtung im Verfahren nach § 732 ZPO die im Erinnerungsverfahren zu berücksichtigende Unwirksamkeit der Klausel begründen könnte. Nach der Rechtsprechung des BGH kann ein Vollstreckungsakt ausnahmsweise, nämlich bei grundlegenden, schweren Mängeln, nichtig und deshalb von vornherein unwirksam sein, was hier aber nicht vorliegt.

43 Sogenannte Widerrufsvergleiche bedürfen stets einer qualifizierten Vollstreckungsklausel nach § 726 ZPO. Der Urkundsbeamte der Geschäftsstelle kann nach § 795b ZPO nur dann die Vollstreckungsklausel erteilen, wenn die Wirksamkeit des Vergleichs ausschließlich vom Eintritt einer sich aus der Verfahrensakte ergebenden Tatsache abhängig ist. Dies ist bei einem Widerrufsvergleich nur dann der Fall, wenn ausschließlich dem Gericht gegenüber zu widerrufen ist. Aus der erforderlichen qualifizierten Klausel nach § 726 ZPO wird durch § 795b ZPO lediglich die Zuständigkeit vom grundsätzlich zuständigen Rechtspfleger auf den ausnahmsweise zuständigen Urkundsbeamten der Geschäftsstelle verlagert.[52]

---

50 OLG Hamm vom 1.4.2011, I-15 W 19/11, Rpfleger 2011, 621; so im Ergebnis auch OLG Dresden vom 18.6.2010, 17 W 590/10, MDR 2010, 1491.
51 BGH vom 12.1.2012, VII ZB 71/09, Rpfleger 2012, 321 = NJW-RR 2012, 1146 und erneut BGH vom 25.10.2012, VII ZB 57/11, Rpfleger 2013, 161 = NJW-RR 2013, 437.
52 LG Koblenz vom 5.1.2011, 2 T 719/10, Rpfleger 2011, 389.

C. Vollstreckungsvoraussetzungen § 5

Zur Erwirkung eines Kostenfestsetzungsbeschlusses bedarf der Rechtsnachfolger des im Titel ausgewiesenen Kostengläubigers nach § 727 ZPO einer Umschreibung des Titels in Gestalt einer auf ihn lautenden vollstreckbaren Ausfertigung.[53] Gemäß § 103 Abs. 1 ZPO kann der Anspruch auf Erstattung der Prozesskosten nur aufgrund eines zur Zwangsvollstreckung geeigneten Titels geltend gemacht werden. Antragsbefugt ist grundsätzlich nur derjenige, zu dessen Gunsten im Titel eine Kostengrundentscheidung nach §§ 91 ff. ZPO ergangen ist. Stirbt der im Titel genannte Kostengläubiger nach Rechtshängigkeit, so tritt die Rechtskraftwirkung des Urteils unter den Voraussetzungen des § 325 ZPO auch für dessen Rechtsnachfolger ein. Um den dem Grunde nach zugesprochenen Kostenerstattungsanspruch durchsetzen zu können, bedarf der Rechtsnachfolger nach § 727 ZPO einer Umschreibung des Titels. 44

Immer wieder führen **Namens- oder Firmenänderungen** in der Zwangsvollstreckung zu Problemen. Der BGH[54] hat klargestellt, dass die bloße Änderung des Namens oder der Firma einer Partei der Vollstreckung eines Titels dann nicht entgegensteht, wenn der Gläubiger die Personenidentität dem zuständigen Vollstreckungsorgan durch entsprechende Urkunden zweifelsfrei nachweist. Dass die Namensänderung bzw. Umfirmierung einer Partei in der Vollstreckungsklausel nicht vermerkt („beigeschrieben") wird, führt lediglich dazu, dass das zuständige Vollstreckungsorgan, das zu eigenen Ermittlungen hinsichtlich der Parteiidentität zwar berechtigt, nicht aber verpflichtet ist, die Durchführung der Vollstreckung mit der Begründung verweigern kann, diese Identität lasse sich nicht zweifelsfrei feststellen. Ein Vollstreckungsgläubiger, der es unterlässt, einen die Identität klarstellenden Vermerk bei der Stelle zu erwirken, die die vollstreckbare Ausfertigung des Titels erstellt hat, läuft immer Gefahr, dass das Vollstreckungsorgan die Durchführung der Vollstreckung mit der Begründung verweigert, die Parteiidentität lasse sich nicht zweifelsfrei feststellen. Allerdings betont der BGH auch, dass das Vollstreckungsorgan aber nicht gehindert ist, die Identität der Parteien mit den in der Vollstreckungsklausel genannten Personen im Wege eigener Ermittlungen festzustellen. Wer als Vollstreckungsschuldner in Anspruch genommen wird, wird hierdurch nicht unbillig belastet; denn ihm steht die Möglichkeit offen, die Bejahung der Identität durch das Vollstreckungsorgan mit den dafür vorgesehenen Rechtsbehelfen anzugreifen. 45

Wird auf Einspruch des Schuldners ein Vollstreckungsbescheid durch Urteil aufrechterhalten, so enthält dieses regelmäßig keinen vollstreckungsfähigen Inhalt. Die Vollstreckbarkeit richtet sich weiterhin nach dem Vollstreckungsbescheid, so- 46

---

53 BGH vom 13.4.2010, VIII ZB 69/09, Rpfleger 2010, 603 = FamRZ 2010, 1160.
54 BGH vom 21.7.2011, I ZB 93/10, Rpfleger 2011, 677 = NJW-RR 2011, 1335 = DGVZ 2012, 8.

dass es zur Eintragung einer Zwangssicherungshypothek keiner Vollstreckungsklausel bedarf.[55]

47 Ist im Insolvenzeröffnungsverfahren nach Bestellung eines vorläufigen Insolvenzverwalters und Erlass eines allgemeinen Verfügungsverbots die Verwaltungs- und Verfügungsbefugnis nach § 22 InsO auf den vorläufigen Insolvenzverwalter übergegangen, ist vor der Antragstellung auf Eintragung der Zwangshypothek der Titel dennoch nicht auf den vorläufigen Insolvenzverwalter umzuschreiben, da es sich konkret um eine Zwangsvollstreckung in das unbewegliche Vermögen handelt.[56]

III. Zustellung

48 Die Zwangsvollstreckung darf nur beginnen, wenn der Vollstreckungstitel vorher oder gleichzeitig zugestellt wurde bzw. wird (§ 750 Abs. 1 ZPO).[57] Da die letztere Möglichkeit nur bei der Gerichtsvollziehervollstreckung zutrifft, hat der Gläubiger den Titel grundsätzlich vor der Antragstellung beim Grundbuchgericht dem Schuldner im Parteibetrieb zuzustellen, sofern nicht bereits eine Zustellung von Amts wegen erfolgt ist, denn auch diese ist zunächst ausreichend.

49 Genügend ist die Zustellung des Vollstreckungstitels, die vollstreckbare – mit Klausel versehene – Ausfertigung braucht nicht vor der Vollstreckung zugestellt zu sein. Nur wenn für den Titel eine qualifizierte Klausel i.S.v. § 726 ZPO erteilt wurde oder eine Rechtsnachfolgeklausel erteilt ist, müssen neben dem vollstreckbaren Titel auch die Klausel und die Urkunden, aufgrund derer diese erteilt wurde, dem Schuldner vor der Vollstreckung zugestellt worden sein (§ 750 Abs. 2 ZPO).[58]

50 Ob diese qualifizierte Klausel von dem zuständigen Rechtspfleger zu Recht erteilt wurde, ist nicht weiter zu prüfen bzw. zu beanstanden, hiergegen muss der Schuldner mit den **Rechtsmitteln des Klauselverfahrens** vorgehen.[59] Mit dem Verfahren nach § 732 ZPO kann der Schuldner aber nur Einwendungen gegen eine dem Gläubiger erteilte Klausel erheben, die Fehler formeller Art zum Gegenstand haben.[60]

---

55 LG Koblenz vom 4.2.1998, 2 T 47/98, Rpfleger 1998, 357 = NJW-RR 1998, 1026 = JurBüro 1998, 324.
56 Zöller/Stöber, ZPO, § 727 Rn 18.
57 Ausnahme: Arrest und einstweilige Verfügung, §§ 929 Abs. 3, 936 ZPO.
58 Vgl. OLG Hamm vom 24.8.1993, 11 W 12/93, Rpfleger 1994, 173 und 511 m. Anm. Hintzen/Wolfsteiner.
59 Zöller/Stöber, ZPO, § 750 Rn 20; Schuschke/Walker, Vollstreckung und vorläufiger Rechtsschutz, § 750 Rn 29; Musielak/Lackmann, ZPO, § 750 Rn 22.
60 BGH vom 5.7.2005, VII ZB 27/05, MDR 2005, 1432 = Rpfleger 2005, 612 = WM 2005, 1997 = InVo 2006, 23 und BGH vom 4.10.2005, VII ZB 54/05, NJW-RR 2006, 567 = MDR 2006, 352 = Rpfleger 2006, 27 = WM 2006, 329 = InVo 2006, 24.

IV. Sicherungsvollstreckung

Bei der Eintragung der Zwangssicherungshypothek im Wege der „Sicherungsvollstreckung" nach § 720a Abs. 1b ZPO, d.h. ohne den erforderlichen und im Vollstreckungstitel ausgesprochenen Nachweis einer zu erbringenden Sicherheitsleistung, ist neben der Zustellung des Titels auch die Klausel zwei Wochen vor Beginn der Zwangsvollstreckung dem Schuldner zuzustellen, § 750 Abs. 3 ZPO. Es muss aber nur die „qualifizierte", nicht die einfache Klausel zugestellt werden.[61] **51**

Bei der Eintragung der Zwangssicherungshypothek meint „vor Beginn der Vollstreckung" (siehe § 750 Abs. 3 ZPO) den Zeitpunkt der Antragstellung beim Grundbuchgericht und nicht die Eintragung im Grundbuch.[62] **52**

V. Fälligkeit

Die Zwangssicherungshypothek kann nur wegen bereits fälliger Leistungen im Grundbuch eingetragen werden (§ 751 Abs. 1 ZPO). Hierauf hat der Gläubiger zu achten, wenn er z.b. aus einem Unterhaltstitel vollstreckt. Bei jeder fälligen Leistung müssen dann wiederum sämtliche allgemeinen und besonderen Vollstreckungsvoraussetzungen erfüllt sein, also auch die Mindestgrenze von 750,01 EUR (§ 866 Abs. 3 ZPO). **53**

Ist der Vollstreckungstitel mit einer „Verfallklausel" versehen, genügt es, wenn der Schuldner mit einer Rate in Verzug ist, da dann der gesamte titulierte Restbetrag fällig wird. Es ist Aufgabe des Schuldners, nachzuweisen, dass er die Raten pünktlich gezahlt hat (§§ 775 Nr. 4, 5 oder 767 ZPO).[63] **54**

VI. Sicherheitsleistung

Hängt die Vollstreckung von einer dem Gläubiger obliegenden Sicherheitsleistung ab, muss diese grundsätzlich vor Beginn der Zwangsvollstreckung erbracht und formgerecht nachgewiesen sowie eine **Abschrift dieser Nachweisurkunden** dem Schuldner vorher zugestellt werden (§ 751 Abs. 2 ZPO). Wegen der Möglichkeit der Sicherungsvollstreckung (siehe Rn 51) ist dieser Nachweis in der Praxis nur noch selten zu erbringen. **55**

Sofern der Gläubiger jedoch vor Ablauf der **Wartefrist** von zwei Wochen (§ 750 Abs. 3 ZPO) vollstrecken oder einer Sicherheitsleistung des Schuldners zur Abwendung der Vollstreckung gem. § 720a Abs. 3 ZPO zuvorkommen will, hat er den ordnungsgemäßen Nachweis der geforderten Sicherheit zu erbringen. **56**

---

61 BGH vom 5.7.2005, VII ZB 14/05, Rpfleger 2005, 547 = DGVZ 2005, 138 = MDR 2005, 1433 = WM 2005, 1995 = InVo 2005, 504 = ZVI 2005, 406; die bisherige Meinung ist damit überholt.
62 Vgl. Hintzen, ZIP 1991, 474, 477.
63 LG Wiesbaden vom 3.11.1986, 4 T 640/86, Rpfleger 1987, 118 m. Anm. Münzberg, Rpfleger 1987, 207; Schuschke/Walker, Vollstreckung und vorläufiger Rechtsschutz, § 726 Rn 6.

§ 5 Zwangssicherungshypothek

57 Hat der Gläubiger die **Sicherheit in Geld** geleistet (§ 108 Abs. 1 ZPO), führt er den Nachweis durch die **Annahmeanordnung der Hinterlegungsstelle** des AG.

58 Will der Gläubiger die **Sicherheit durch Bankbürgschaft** erbringen, muss das Zustandekommen des Bürgschaftsvertrags ordnungsgemäß nachgewiesen werden. Der Bürgschaftsvertrag ist hierzu dem Schuldner oder seinem Prozessbevollmächtigten zuzustellen.[64] Es genügt die **Zustellung** der Bürgschaftsurkunde **an den Schuldner selbst**, die Zustellung an dessen Prozessbevollmächtigten ist nicht erforderlich.[65] Auch eine **Zustellung „von Anwalt zu Anwalt"** ist als ausreichend anzusehen.[66]

59 Grundsätzlich reicht es aus, wenn dem Schuldner eine **beglaubigte Abschrift** der Bürgschaftsurkunde zugestellt wird. Ausnahmsweise muss die original Bürgschaftsurkunde dann zugestellt werden, wenn sich hieraus der Zusatz ergibt, dass die Bürgschaft mit Rückgabe der Originalurkunde erlischt, da es ansonsten der Gläubiger in der Hand hätte, diesen Erlöschenstatbestand herbeizuführen.[67]

VII. Zug-um-Zug-Leistung

60 Hängt die Zwangsvollstreckung von einer echten Zug-um-Zug-Leistung ab, muss der Gläubiger vor Beginn der Vollstreckung den **Annahmeverzug des Schuldners** formgerecht nachweisen (§ 765 ZPO).[68] Weiterhin müssen die **Nachweisurkunden dem Schuldner vorher zugestellt** werden, sofern nicht der Gerichtsvollzieher bereits mit der Vollstreckung nach § 756 ZPO begonnen hat (§ 765 Satz 2 ZPO).[69]

61 Bei einem **Wechselurteil** (Zahlung gegen Herausgabe des Wechsels) liegt jedoch keine echte Zug-um-Zug-Leistung vor,[70] hierbei handelt es sich nur um eine besondere Form der Quittungserteilung. Der Gläubiger muss in diesem Fall jedoch bei

---

64 Zöller/Stöber, ZPO, § 751 Rn 6; Schuschke/Walker, Vollstreckung und vorläufiger Rechtsschutz, § 751 Rn 9, 10.
65 BGH vom 10.4.2008, I ZB 14/07, NJW 2008, 3220 = Rpfleger 2008, 653; LG Bochum vom 19.7.1984, 7 T 318/84, Rpfleger 1985, 33.
66 LG Mannheim vom 9.9.1988, 4 T 196/88, Rpfleger 1989, 72 = JurBüro 1989, 859; LG Aachen vom 16.3.1982, 5 T 43/82, Rpfleger 1983, 31; LG Hannover, DGVZ 1989, 141; LG Augsburg vom 22.10.1997, 5 T 4335/97, JurBüro 1998, 495 = NJW-RR 1998, 1368 = DGVZ 1998, 122 = Rpfleger 1998, 166; Schuschke/Walker, Vollstreckung und vorläufiger Rechtsschutz, § 751 Rn 10; Zöller/Herget, ZPO, § 108 Rn 11 m. Nachw. auch zur Gegenmeinung.
67 Zöller/Herget, ZPO, § 108 Rn 11.
68 OLG München vom 24.2.2014, 34 Wx 355/13, Rpfleger 2014, 369; OLG Hamm v. 7.6.1983, 15 W 139/83, Rpfleger 1983, 393; OLG Koblenz vom 24.3.1997, 10 W 107/97, Rpfleger 1997, 445; OLG Köln vom 13.12.1996, 2 Wx 43/95, JurBüro 1997, 493 = Rpfleger 1997, 315 = InVo 1997, 188; LG Hamburg vom 29.10.2003, 321 T 76/03, Rpfleger 2004, 159; Münzberg, Rpfleger 1984, 276.
69 Vgl. hierzu OLG Köln vom 23.4.1986, 2 W 67/86, Rpfleger 1986, 393.
70 OLG Frankfurt vom 12.2.1981, 20 W 60/81, Rpfleger 1981, 312.

jeder Vollstreckung dem jeweiligen Vollstreckungsorgan den Wechsel zur Legitimation vorlegen.[71]

In der Praxis tauchen bei einer Zug-um-Zug-Verurteilung hin und wieder Schwierigkeiten auf, den **formgerechten Nachweis des Annahmeverzugs** zu erbringen, wie ein Beispiel des LG Wuppertal[72] zeigt. Hiernach wurde der Schuldner zur Zahlung verurteilt, Zug-um-Zug gegen Rückübertragung veräußerter Grundstücke. Das LG bezweifelte überhaupt die Möglichkeit, den Annahmeverzug des Schuldners urkundlich nachweisen zu können und verwies den Gläubiger auf die Feststellungsklage. In einem nahezu gleich gelagerten Fall bot der **BGH**[73] jedoch eine **praxisgerechte Lösung** unter Zuhilfenahme eines Notars an. Der Hinweis auf eine Feststellungsklage geht insoweit fehl.

VIII. Wartefristen

Bei der Vollstreckung aus bestimmten Titeln, z.B. dem Kostenfestsetzungsbeschluss, der nicht auf das Urteil gesetzt ist, oder der notariellen Urkunde, muss der Gläubiger eine festgelegte **Zwei-Wochen-Wartefrist** einhalten (§ 798 ZPO). Eine Vollstreckung vor Ablauf der Frist führt zur Anfechtbarkeit der Vollstreckungshandlung, nicht zur Nichtigkeit. Der Vollstreckungsrang entsteht jedoch erst nach Fristablauf.[74]

IX. Mindestgrenze

Eine Zwangssicherungshypothek darf nur für einen Betrag von **mehr als 750,00 EUR** ins Grundbuch eingetragen werden (§ 866 Abs. 3 Satz 1 ZPO). Hierdurch soll das Grundbuch von Kleinstbeträgen freigehalten und die Übersichtlichkeit erhalten werden. Kraft Gesetzes können mehrere dem Gläubiger zustehende Forderungen gegen den Schuldner zusammengerechnet werden. Hierbei kann es sich um mehrere titulierte Forderungen handeln, um festgesetzte Kosten oder auch um Kosten der Zwangsvollstreckung i.S.v. § 788 ZPO.[75]

Zinsen bleiben grundsätzlich als **Nebenforderung** unberücksichtigt (§ 866 Abs. 3 Satz 1, 2. Halbs. ZPO). Rückständige Zinsen können bis zur Antragstellung nicht

---

71 OLG Frankfurt vom 12.2.1981, 20 W 60/81, Rpfleger 1981, 312.
72 Vom 12.11.1987, 6 T 956,964/87, Rpfleger 1988, 153.
73 Vom 6.12.199 1, V ZR 229/90, Rpfleger 1992, 207 m. Anm. Hintzen.
74 OLG Hamm vom 28.1.1974, 14 W 108/73, NJW 1974, 1516.
75 Vgl. § 866 Abs. 3 Satz 2 ZPO; MüKo/Eickmann, ZPO, § 866 Rn 10; Musielak/Becker, ZPO, § 866 Rn 4.

kapitalisiert und der Hauptforderung zugerechnet werden.[76] Dies ist nur möglich, wenn die Zinsen selbst kapitalisiert tituliert sind.

66 Sollte das Grundbuchgericht den **Antrag** zunächst nur für **teilweise erledigungsreif** halten (z.B. sind einige Vollstreckungskosten noch nicht belegt), muss zunächst wegen des beanstandungsfreien Betrags der Antrag erledigt werden; wegen der übrigen beanstandeten Beträge kann auch nachträglich noch eine weitere Zwangssicherungshypothek eingetragen werden, auch wenn dieser Betrag unter 750,01 EUR liegt. Es handelt sich hierbei um die Fortsetzung der einmal begonnenen Vollstreckung, die erst jetzt abgeschlossen wird.[77]

X. Verteilungserklärung

1. Wahlrecht des Gläubigers

67 Sollen mehrere Grundstücke des Schuldners mit einer Zwangssicherungshypothek belastet werden, hat der Gläubiger die Wahl, ob er nur ein Grundstück mit der Gesamtforderung belasten will, ansonsten muss er die Forderung auf die Grundstücke (Miteigentumsanteile, Wohnungseigentum etc.) verteilen; eine Gesamtzwangssicherungshypothek ist vollstreckungsrechtlich unzulässig. Allerdings muss nicht zugleich eine Rangfolge dieser Teile für die Befriedigung angeben werden.[78] Der einzelne Betrag nach der Verteilung muss wiederum jeweils den **Mindestbetrag von 750,01 EUR** erreichen (§ 867 Abs. 2 Satz 2, 2. Halbs. ZPO).

68 Die Unzulässigkeit mangels Verteilung gilt aber nicht nur bei der Ersteintragung der Hypothek, sondern auch dann, wenn der Gläubiger zeitlich später auf einem anderen Grundstück des Schuldners nochmals wegen derselben Forderung vollstrecken will.[79]

69 Auch die Eintragung einer sog. „**Ausfallhypothek**" ist unzulässig.[80]

70 Zulässig ist die Eintragung neben einer bereits an einem anderen Grundstück eingetragenen rechtsgeschäftlich bestellten Hypothek. Erst recht ist die Eintragung einer

---

76 OLG München vom 30.9.2011, 34 Wx 356/11, Rpfleger 2012, 138 = FGPrax 2012, 11; OLG München vom 26.1.2012, 34 Wx 433/11, Rpfleger 2012, 383; OLG Hamm vom 8.1.2009, I-15 Wx 291/08, Rpfleger 2009, 447; Schuschke/Walker, Vollstreckung und vorläufiger Rechtsschutz, § 866 Rn 6; Musielak/Lackmann, ZPO, § 866 Rn 4; a.A. LG Bonn, Rpfleger 1982, 75.
77 OLG Karlsruhe, JFG 7, 392; Hintzen, ZIP 1991, 474, 479.
78 BGH vom 14.3.1991, IX ZR 300/90, NJW 1991, 2022 = ZIP 1991, 468 m.w.N.; LG Hechingen vom 15.9.1992, 4 T 86/92, Rpfleger 1993, 169.
79 OLG Düsseldorf vom 28.8.1989, 3 Wx 381/89, Rpfleger 1990, 60 = ZIP 1989, 1363 = EWiR 1990, 201 (Hintzen).
80 OLG Stuttgart vom 15.1.1971, 8 W 6/71, NJW 1971, 898; LG Hechingen vom 15.9.1992, 4 T 86/92, Rpfleger 1993, 169.

Zwangssicherungshypothek zulässig, wenn zur Sicherung der titulierten Forderung an einem anderen Grundstück bereits eine Grundschuld bestellt worden ist.[81]

Steht die Forderung mehreren Gläubigern gemeinsam als **Gesamtgläubiger** zu, kann jeder von ihnen zu seinen Gunsten eine gesonderte Hypothek in voller Höhe verlangen.[82] Haften dem Gläubiger mehrere Schuldner als **Gesamtschuldner**, kann er auf jedem Grundstück eines jeden Schuldners eine Zwangssicherungshypothek in voller Höhe verlangen.[83] 71

Ist die **Zwangssicherungshypothek** bereits im Grundbuch eingetragen und wird das Grundstück nachträglich geteilt, auch z.b. durch Bildung von Wohnungs- oder Teileigentum, hat dies auf den Bestand bereits eingetragener Rechte keinen Einfluss, nunmehr liegt ein Gesamtrecht vor.[84] Hat der Gläubiger den Eigentumsverschaffungsanspruch oder das Anwartschaftsrecht des Schuldners, gerichtet auf Übertragung mehrerer Grundstücke, gepfändet, wird nach Auflassung und Eintragung des Eigentums die Sicherungshypothek als Gesamtrecht auf allen Grundstücken eingetragen.[85] 72

Auf Ersuchen des Versteigerungsgerichts kann ungeachtet des § 867 Abs. 2 ZPO eine **Gesamtsicherungshypothek** nach § 128 ZVG eingetragen werden.[86] 73

Die aufgrund einer einstweiligen Verfügung einzutragende Vormerkung zur Sicherung des Anspruchs auf Einräumung einer **Bauhandwerkersicherungshypothek** zulasten mehrerer Grundstücke mehrerer Gesamtschuldner kann ohne Verteilung des Betrags zur Gesamthaft eingetragen werden.[87] 74

2. Besonderheit: Hausgeldansprüche

Hausgeldansprüche der Wohnungseigentümergemeinschaft gegen einen säumigen Miteigentümer haben in der Befriedigungsreihenfolge in der Zwangsversteigerung nach § 10 Abs. 1 Nr. 2 ZVG seit dem 1.7.2007 eine bevorrechtigte Rangstelle erhalten. § 10 Abs. 1 Nr. 2 ZVG gewährt bei der Vollstreckung in ein **Wohnungs-/Teileigentum** dem Anspruch der anderen Wohnungseigentümer gegen den schuldnerischen Wohnungseigentümer auf Zahlung von **Lasten und Kosten** des gemeinschaftlichen Eigentums oder des Sondereigentums ein Vorrecht. Der Vorrang soll dem Ausfall nicht eintreibbarer Hausgeldansprüche, die von anderen Wohnungs- 75

---

81 BayObLG vom 20.9.1990, 2 Z 96/90, Rpfleger 1991, 53 = MDR 1991, 163; a.A. MüKo/Eickmann, ZPO, § 867 Rn 71.
82 BGH vom 4.3.1959, V ZR 181/57, NJW 1959, 984.
83 MüKo/Eickmann, ZPO, § 867 Rn 69.
84 MüKo/Eickmann, ZPO, § 867 Rn 68; Hintzen, ZIP 1991, 474, 480.
85 Hintzen, ZIP 1991, 474, 480.
86 OLG Düsseldorf vom 28.3.1989, 3 Wx 141/89, Rpfleger 1989, 339.
87 OLG Frankfurt vom 10.5.1995, 20 W 79/95, NJW-RR 1995, 1359 = FGPrax 1995, 138 = Rpfleger 1995, 500.

eigentümern mitgetragen werden müssen, entgegen wirken. Den dinglich Berechtigten gehen damit weitere aus dem Grundbuch nicht ersichtliche Ansprüche vor. Bei den Ansprüchen der Rangklasse 2 handelt es sich – im Gegensatz zu den persönlichen Ansprüchen der Rangklasse 5 – um **dingliche** Befriedigungsansprüche.[88]

76 Erfasst werden neben den Hausgeldansprüchen ferner die durch den Wirtschaftsplan festgelegten **Vorschüsse** auf die anteiligen Lasten und Kosten (§ 28 Abs. 2 WEG) und Zahlungen auf die **Instandhaltungsrückstellung** (§ 21 Abs. 5 Nr. 4 WEG).

77 Die von einer Wohnungseigentümergemeinschaft beantragte Eintragung einer bedingten Zwangshypothek („soweit die zugrunde liegende Forderung nicht dem Vorrecht des § 10 Abs. 1 Nr. 2 ZVG unterfällt") in das Grundbuch ist zulässig.[89] Etwas anders sieht dies das OLG Stuttgart:[90] Auch zur Sicherung von titulierten Hausgeldforderungen, für die ein Vorrecht gemäß § 10 Abs. 1 Nr. 2 ZVG in Betracht kommt, kann eine unbedingte Zwangshypothek eingetragen werden. Der Eintragung einer bedingten Zwangshypothek zur Sicherung von titulierten Hausgeldforderungen, für die ein Vorrecht gemäß § 10 Abs. 1 Nr. 2 ZVG in Betracht kommt, steht der grundbuchrechtliche Bestimmtheitsgrundsatz entgegen.

3. Fehlende Verteilungserklärung

78 Zunächst kann dem Gläubiger nur angeraten werden, vor der Antragstellung festzustellen, wie der **Grundbuchbestand des Schuldners** aussieht. Er sollte sich daher immer einen unbeglaubigten Grundbuchauszug besorgen. Grundstück im Rechtssinn und damit auch selbstständig belastbar ist das im Bestandsverzeichnis unter einer laufenden Nr. gebuchte Grundstück oder der Miteigentumsanteil.

79 *Hinweis*
Es kommt daher in der Praxis immer wieder vor, dass das Grundbuchgericht die fehlende Verteilungserklärung beanstandet, da mehrere Grundstücke im Rechtssinn im Grundbuch auf den Namen des Schuldners gebucht sind. Die fehlende Verteilungserklärung ist eine Zwangsvollstreckungsvoraussetzung, eine rangwahrende Zwischenverfügung i.S.v. § 18 Abs. 1 GBO ist daher unzulässig.[91]

Auch wenn das Grundbuchgericht den Antrag nicht sofort zurückweist und stattdessen eine sog. „nichtrangwahrende" oder „unechte" Zwischenverfügung erlässt, mit der Bitte, die fehlende Verteilungserklärung noch nachzureichen, können wei-

---

88 BGH vom 12.2.2009, IX ZB 112/06, Rpfleger 2009, 407 = NJW-RR 2009, 923;
89 BGH vom 20.7.2011, V ZB 300/10, NZM 2012, 176.
90 OLG Stuttgart vom 4.11.2010, 8 W 83/10, Rpfleger 2011, 267.
91 BGH vom 23.5.1958, V ZB 12/58, NJW 1958, 1090; OLG Frankfurt vom 13.4.2011, 20 W 128/11, BeckRS 2011, 21889.

tere zwischenzeitliche Anträge jederzeit vollzogen werden. Die Folge ist u.U. ein nicht wiedergutzumachender Rangverlust.

Die nachträgliche Verteilungserklärung unterliegt keiner besonderen **Formvorschrift**, es handelt sich um eine vollstreckungsrechtliche Erklärung nach der ZPO.[92]

80

Auch wenn die Eintragung der Zwangssicherungshypothek auf dem Titel vermerkt wird (§ 867 Abs. 1 Satz 1, 2. Halbs. ZPO), kommt es in der Praxis immer wieder zu Fällen einer unzulässigen **Doppeleintragung**.[93] Da eine einmal unzulässige Eintragung nicht Gegenstand weiterer Eintragungen sein kann, kann auch nicht durch nachträglichen Verzicht auf eine der doppelten Eintragungen die Zwangssicherungshypothek nachträglich zulässig werden, die **Eintragungen** sind insgesamt **als unzulässig zu löschen**.[94]

81

> *Hinweis*
> Hat der Gläubiger bereits eine Zwangssicherungshypothek wegen der Gesamtforderung erwirkt und erfährt er jetzt von einem weiteren Grundstück des Schuldners, bleibt ihm die Möglichkeit, ganz oder teilweise auf das Erstrecht zu verzichten (grundbuchrechtlich in notariell beglaubigter Form, § 29 GBO). Die **Verzichtserklärung** reicht er beim Grundbuchgericht mit der Bitte ein, diesen Verzicht im Grundbuch zu vermerken. Mit der Eintragung ist kraft Gesetzes ein Eigentümerrecht entstanden (§ 1168 Abs. 1 und 2 BGB). Nunmehr kann wegen des jetzt wieder freigewordenen Vollstreckungsbetrags eine weitere gesonderte Zwangssicherungshypothek eingetragen werden.

82

Weiterhin sollte der Gläubiger nicht aus den Augen verlieren, dass durch seine Verzichtserklärung für den Schuldner kraft Gesetzes ein Eigentümerrecht entstanden ist, welches wiederum der Vollstreckung unterliegt, z.B. durch Pfändung. Der Gläubiger ist der Erste, der hiervon Kenntnis hat. In dem Nebeneinander von Zwangssicherungshypothek und Pfändung dürfte kein Verstoß gegen das Verbot der Doppelsicherung liegen (§ 867 Abs. 2 ZPO), da es sich hierbei um völlig verschiedene Vollstreckungsarten handelt (Mobiliar- bzw. Immobiliarzwangsvollstreckung).

83

---

92 Schöner/Stöber, Grundbuchrecht, Rn 2195 m.w.N. auch zur Gegenmeinung.
93 LG Mannheim vom 28.2.1980, 6 T 36/79, Rpfleger 1981, 406; BayObLG v. 27.3.1986, 2 Z 102/85, Rpfleger 1986, 372.
94 Vgl. hierzu: BayObLG v. 27.3.1986, 2 Z 102/85, Rpfleger 1986, 372; Musielak/Becker, ZPO, § 867 Rn 10; Hintzen, ZIP 1991, 474, 480; a.A. MüKo/Eickmann, ZPO, § 867 Rn 64, 65 der die Zulässigkeit des Zweitrechts durch Verzicht auf das Erstrecht herbeiführen will, und dann konsequent im eingetragenen Rang nach § 879 BGB.

D. Voreintragung

84 Eine rein grundbuchrechtlich zu beachtende Vorschrift ist § 39 GBO, der Titelschuldner muss vor der Eintragung bereits im Grundbuch als Betroffener voreingetragen sein. Sofern dies nicht der Fall ist, muss das Grundbuch zuvor berichtigt werden. Hierzu hat der Gläubiger ein mittelbares Antragsrecht (§ 14 GBO). Die zur Berichtigung erforderlichen Urkunden muss der Gläubiger vorlegen (§ 792 ZPO; Urkundenherausgabeanspruch). Bei fehlender Voreintragung erlässt das Grundbuchgericht eine **rangwahrende Zwischenverfügung**.[95]

85 Liegt ein **Vollstreckungstitel gegen den Erblasser** vor, der Erbe ist noch nicht im Grundbuch eingetragen, die Zwangsvollstreckung hat aber bereits gegen den Erblasser begonnen, so kann sie in den Nachlass ohne Voreintragung fortgesetzt werden (§ 779 ZPO, § 40 GBO). Verstirbt nunmehr auch der Erbe, soll zur weiteren Zwangsvollstreckung sogar der „Tote" als Berechtigter im Grundbuch einzutragen sein.[96]

E. Gläubiger – mehrere Titelgläubiger

86 Die Bezeichnung des Berechtigten hat nach § 15 GBV im Grundbuch wie folgt zu lauten:

- bei natürlichen Personen Vorname und Familienname, Geburtsdatum und, falls aus den Eintragungsunterlagen ersichtlich, akademische Grade und frühere Familiennamen; ergibt sich das Geburtsdatum nicht aus den Eintragungsunterlagen und ist es dem Grundbuchamt nicht anderweitig bekannt, soll der Wohnort des Berechtigten angegeben werden;
- bei juristischen Personen, Handels- und Partnerschaftsgesellschaften der Name oder die Firma und der Sitz; angegeben werden sollen zudem das Registergericht und das Registerblatt der Eintragung des Berechtigten in das Handels-, Genossenschafts-, Partnerschafts- oder Vereinsregister, wenn sich diese Angaben aus den Eintragungsunterlagen ergeben oder dem Grundbuchamt anderweitig bekannt sind;
- bei der Eintragung einer Gesellschaft bürgerlichen Rechts nach § 47 Abs. 2 der Grundbuchordnung zur Bezeichnung der Gesellschafter die Merkmale gemäß Buchstabe a oder Buchstabe b; zur Bezeichnung der Gesellschaft können zusätzlich deren Name und Sitz angegeben werden.

87 Die Vertretungsverhältnisse einer GbR können auch bei der späteren Löschung einer von ihr erwirkten Zwangssicherungshypothek mit der vollstreckbaren Ausfer-

---

[95] Schöner/Stöber, Grundbuchrecht, Rn 2183, 2185.
[96] Hagena, Rpfleger 1975, 390; Zöller/Stöber, ZPO, § 779 Rn 5; a.A. KG, Rpfleger 1975, 133; offengelassen von BayObLG vom 9.6.1994, 2 Z BR 52/94, Rpfleger 1995, 103 = NJW-RR 1995, 272 = FamRZ 1995, 119.

tigung des Urteils nachgewiesen werden, aufgrund dessen die Eintragung der Hypothek erfolgte.[97]

Die Zwangsvollstreckung gegen eine GbR durch Eintragung einer Zwangshypothek ist ungeachtet der erfolgten Anerkennung der Rechtsfähigkeit der GbR nach § 736 ZPO weiterhin auch aufgrund eines gegen alle Gesellschafter ergangenen Titels zulässig, sofern sich aus dem Titel die gesamtschuldnerische Haftung der Gesellschafter und die Eigenschaft der titulierten Forderung als Gesellschaftsschuld ergibt.[98] Beinhaltet der Vollstreckungstitel (das Urteil) als Gläubigerin eine GbR, ohne auch ihre (alle) Gesellschafter auszuweisen, eignet sich dieser nicht zur Eintragung einer Zwangshypothek. Die fehlende (oder ungenügende) Bezeichnung der Gesellschafter im vorgelegten Titel ist nicht in jedem Fall ein unbehebbarer Mangel.[99]

88

Eine weitere rein grundbuchrechtliche Vorschrift ist § 47 GBO:

89

- Soll ein Recht für mehrere gemeinschaftlich eingetragen werden, so soll die Eintragung in der Weise erfolgen, dass entweder die Anteile der Berechtigten in Bruchteilen angegeben werden oder das für die Gemeinschaft maßgebende Rechtsverhältnis bezeichnet wird.

- Soll ein Recht für eine Gesellschaft bürgerlichen Rechts eingetragen werden, so sind auch deren Gesellschafter im Grundbuch einzutragen. Die für den Berechtigten geltenden Vorschriften gelten entsprechend für die Gesellschafter.

Bei mehreren Berechtigten ist daher stets deren Beteiligungsverhältnis im Grundbuch einzutragen. Sollte diese Angabe ausnahmsweise bereits aus dem Vollstreckungstitel ersichtlich sein, sind weitere Angaben nicht erforderlich (in der Praxis allerdings völlig unüblich). Im Übrigen hat der Gläubiger die fehlende Angabe im Antrag oder nachträglich anzugeben. Hierfür soll **keine besondere Form** erforderlich sein, insbesondere nicht nach § 29 GBO.[100] Diese Auffassung ist jedoch nicht überzeugend. Das OLG Köln beruft sich hierbei ausschließlich auf pragmatische Beweggründe. Die Angabe des Gemeinschaftsverhältnisses regelt die Verfügungsbefugnis bzw. Forderungsberechtigung und kann daher nur von der Gläubigermehrheit gemeinsam unter **Wahrung der grundbuchrechtlichen Formvorschriften** erklärt werden.[101] Ergibt sich aus dem Titel die Bezeichnung „Rechtsanwälte X und Partner", kann eine Eintragung mangels **Identität** überhaupt nicht erfolgen, der Titel ist zu berichtigen.[102]

90

---

97 BGH vom 13.10.2011, V ZB 90/11, Rpfleger 2012,61 = NJW-RR 2012, 532.
98 HansOLG Hamburg vom 10.2.2011, 13 W 5/11, Rpfleger 2011, 426.
99 OLG München vom 30.9.2011, 34 Wx 418/11, Rpfleger 2012, 140.
100 OLG Köln vom 28.10.1985, 2 Wx 37, 38/85, Rpfleger 1986, 91 = MDR 1986, 817; Schuschke/Walker, Vollstreckung und vorläufiger Rechtsschutz, § 867 Rn 7.
101 MüKo/Eickmann, ZPO, § 867 Rn 23; Zöller/Stöber, ZPO, § 867 Rn 3; Hintzen, ZIP 1991, 474, 481.
102 LG Bonn vom 29.9.1983, 5 T 187/83, Rpfleger 1984, 28.

§ 5 Zwangssicherungshypothek

91 Bei einer Zwangshypothek ist diejenige Person als Gläubiger einzutragen, die im Vollstreckungstitel als solcher ausgewiesen ist. Ist Inhaber des Vollstreckungstitels der **Insolvenzverwalter**, so ist dieser als Gläubiger der Zwangshypothek in das Grundbuch einzutragen. Eine materielle Überprüfung des Titels findet dabei nicht statt.[103] Lautet der Titel auf Leistung an einen Dritten, so ist auch dies einzutragen und der Antrag mit dieser Maßgabe zu stellen.[104]

92 Beantragt der **Nachlassverwalter** wegen einer zum Nachlass gehörenden Forderung im Grundbuch des Schuldners die Eintragung einer Zwangssicherungshypothek, so sind als Berechtigte dieser Hypothek nicht der Nachlassverwalter, sondern die Erben einzutragen.[105]

93 Eine **Anwaltssozietät**, die einen Kostenfestsetzungsbeschluss in eigener Sache erwirkt hat, bildet wegen der Honorarforderungen eine Gemeinschaft zur gesamten Hand und ist nicht als Gesamtgläubiger anzusehen.[106]

94 Auch bei **Streitgenossen** soll dies gelten, mangels anderer Anhaltspunkte im Kostenfestsetzungsbeschluss ist von Gesamtgläubigern auszugehen.[107]

95 Nach der Entscheidung des BGH vom 13.9.2001[108] ist eine Zwangshypothek für den Verwalter einer Wohnungseigentumsanlage einzutragen, wenn er in dem zugrunde liegenden Vollstreckungstitel als Gläubiger ausgewiesen ist. Hierbei ist es unerheblich, ob der Verwalter materiell-rechtlicher Forderungsinhaber ist oder ob der Titel von ihm als gewillkürter Verfahrensstandschafter erstritten wurde. Die bisher sehr streitige Frage, wie die **Wohnungseigentümergemeinschaft** als Gläubiger einer Zwangshypothek einzutragen ist, die einen Titel aufgrund rückständigen Hausgeldes gegen einen Miteigentümer erstritten hat, hat sich nach der Entscheidung des BGH[109] vom 2.6.2005 zur (Teil-)Rechtsfähigkeit der WE-Gemeinschaft (... *Die Gemeinschaft der Wohnungseigentümer ist rechtsfähig, soweit sie bei der Verwaltung des gemeinschaftlichen Eigentums am Rechtsverkehr teilnimmt* ...) und nach den am 1.7.2007 in Kraft getretenen Änderungen des WEG (WEG-Novelle) erledigt. Die Berechtigten der Wohnungseigentümergemeinschaft sind somit nicht mehr mit Vornamen, Nachnamen, Geburtsdatum oder Beruf und Wohnort je-

---

103 OLG München vom 23.4.2010, 34 Wx 019/10, Rpfleger 2010, 584.
104 OLG München vom 18.8.2011, 34 Wx 153/11, BeckRS 2011, 21788.
105 OLG Hamm vom 31.5.1988,15 W 212/88, Rpfleger 1989, 17.
106 BGH vom 20.6.1996, IX ZR 248/95, NJW 1996, 2859 = Rpfleger 1996, 525 = BB 1996, 1859 = MDR 1996, 1070 = WM 1996, 1632 = ZIP 1996, 1615; a.A. OLG Saarbrücken, Rpfleger 1978, 227: Gesamtgläubigerschaft nach § 428 BGB.
107 BGH vom 20.5.1985, VII ZR 209/84, Rpfleger 1985, 321.
108 Vom 13.9.2001, V ZB 15/0 in BGHZ 148, 392 = NJW 2001, 3627 = ZfIR 2001, 1029 = Rpfleger 2002, 17 = MDR 2002, 24 = WM 2002, 190 = InVo 2002, 73; krit. hierzu Demharter, ZfIR 2001, 957.
109 BGH vom 2.6.2005, V ZB 32/05, Rpfleger 2005, 521 m. Anm. Dümig = NJW 2005, 2061 = NZM 2005, 543 = WM 2005, 1423 = ZIP 2005, 1233.

weils einzeln im Grundbuch als Gläubiger einzutragen. Es ist jetzt zulässig, die Gläubigerin mit der Bezeichnung „Wohnungseigentumsanlage Merler Allee 17" ohne Aufführung der einzelnen Wohnungseigentümer einzutragen.

Lautet der zugrundeliegende Vollstreckungstitel jedoch auf einen anderen Gläubiger als die Wohnungseigentümergemeinschaft, darf zu deren Gunsten eine Zwangshypothek nicht eingetragen werden. Demzufolge erlaubt der auf „Übrige Eigentümer der WEG" lautende Titel nicht die Eintragung einer Zwangshypothek zugunsten der Wohnungseigentümergemeinschaft.[110]

96

F. Eintragungshindernisse

I. Vollstreckungsbeschränkung

Ist dem Grundbuchgericht bekannt, dass die **Zwangsvollstreckung** aus dem vorgelegten Titel ganz oder teilweise **eingestellt** oder **aufgehoben** ist (§ 775 ZPO), darf es eine Eintragung nicht mehr vornehmen.[111] Eine Zwangssicherungshypothek wird nur dann zur Eigentümergrundschuld, wenn das Urteil, auf dem die Eintragung der Hypothek beruht, selbst aufgehoben wird (§ 775 Nr. 1 ZPO).[112]

97

Ergibt sich bei einem zu belastenden **Erbbaurecht** eine vereinbarte Belastungsbeschränkung aus dem Bestandsverzeichnis des Erbbaugrundbuchs (§ 5 ErbbauRG), wirkt dies auch für und gegen Zwangsvollstreckungsmaßnahmen (§ 8 ErbbauRG). Vor Eintragung der Zwangssicherungshypothek muss der Gläubiger die Zustimmung des Grundstückseigentümers dem Grundbuchgericht – formgerecht – vorlegen. Bei Weigerung kann er nach **Pfändung und Überweisung** des **Zustimmungsanspruchs** aus § 7 Abs. 3 ErbbauRG in gesetzlicher Prozessstandschaft den Zustimmungsersetzungsantrag bei Gericht stellen.[113] Das Zustimmungserfordernis gilt auch dann, wenn der Erbbauberechtigte und Schuldner mit dem Grundstückseigentümer identisch ist (Eigentümererbbaurecht).[114]

98

Einer Eintragung nicht entgegen stehen alle **relativen Verfügungsverbote**, z.B. der Zwangsversteigerungs- oder Zwangsverwaltungsvermerk, der Nacherbenvermerk, der Umlegungs-, Entwicklungs- oder Enteignungsvermerk nach den Vorschriften des BauGB.[115]

99

---

110 OLG München vom 25.4.2013, 34 Wx 146/13, Rpfleger 2013, 611.
111 Zöller/Stöber, ZPO, § 775 Rn 13.
112 OLG Brandenburg vom 23.4. 2001, 8 Wx 12/01, Rpfleger 2001, 487 = InVo 2002, 76.
113 OLG Hamm vom 20.11.1992, 15 W 309/91, Rpfleger 1993, 334 = MDR 1993, 686; LG Köln vom 28.7.1999, 11 T 81/99, Rpfleger 2000, 11; MüKo/Eickmann, ZPO, § 867 Rn 15; Hintzen, ZIP 1991, 474, 482; Stöber, Forderungspfändung, Rn 1535.
114 OLG Hamm v. 21.1.1985, 15 W 18/85, Rpfleger 1985, 233.
115 Vgl. hierzu insgesamt: Hintzen/Wolf, Rn 10.106 ff.

§ 5 Zwangssicherungshypothek

100 Unzulässig ist die Ausübung eines im Grundbuch eingetragenen, aber noch nicht oder nicht vollständig ausgenutzten Rangvorbehalts durch den Vollstreckungsgläubiger.[116]

II. Vollstreckungshindernisse

101 Ist das **Insolvenzverfahren** über das Vermögen des Schuldners eröffnet (§ 27 InsO), sind Einzelzwangsvollstreckungen in das schuldnerische Vermögen unzulässig (§ 89 Abs. 1 InsO). Die Zwangshypothek kann im Grundbuch nicht mehr eingetragen werden, der Gläubiger muss seine titulierte Forderung zur Insolvenztabelle anmelden. Hierbei ist nicht entscheidend, dass der Insolvenzvermerk bereits im Grundbuch eingetragen ist, das Grundbuchgericht hat die Insolvenzeröffnung ab Kenntnis zu beachten.[117]

102 Neugläubiger des Schuldners sind nicht gehindert, in das insolvenzfreie Vermögen des Schuldners zu vollstrecken. Für den Nachweis dieser Voraussetzungen können dem Gläubiger bei seinem Antrag auf Eintragung einer Zwangshypothek Beweiserleichterungen zugestanden werden, insbesondere wenn aufgrund der Löschung des Insolvenzvermerks im Grundbuch die Annahme nahe liegt, dass der Insolvenzverwalter das betroffene Wohnungseigentum aus der Masse freigegeben hat.[118]

103 Hat ein Insolvenzgläubiger **im letzten Monat vor dem Antrag** auf Eröffnung des **Insolvenzverfahrens** oder danach durch Zwangsvollstreckung eine Sicherung an einem zum Verfahren gehörenden Gegenstand erwirkt, ist diese Sicherung mit Verfahrenseröffnung unwirksam (§ 88 Abs. 1 InsO; sog. **Rückschlagsperre**). Wird das Verbraucherinsolvenzverfahren nach § 304 InsO eröffnet, beträgt die Rückschlagsperrenfrist sogar drei Monate, § 88 Abs. 2 InsO.

104 Eine in diesen Zeiträumen im Grundbuch eingetragene Zwangssicherungshypothek ist kraft Gesetzes unwirksam. In entsprechender Anwendung von § 868 ZPO entsteht eine Eigentümergrundschuld (so jedenfalls die überzeugende Meinung).[119] Liegen bei einer Gesamthypothek im Fall von Bruchteilseigentum die Voraussetzungen des § 88 InsO nur hinsichtlich eines Grundstückeigentümers vor, so tritt insoweit die Rechtsfolge des § 868 ZPO jedoch nicht ein.[120]

---

116 BGH vom 4.2.1954, IV ZR 120/53, NJW 1954, 954; Dassler/Schiffhauer/Hintzen, ZVG, § 44 Rn 99.
117 OLG Frankfurt vom 13.4.2011, 20 W 128/11, BeckRS 2011, 21889; Demharter, GBO, § 19 Rn 59 m.w.N.
118 OLG Hamm vom 25.1.2011, I-15 W 674/10, Rpfleger 2011, 431.
119 OLG Düsseldorf vom 25.7.2003, 3 Wx 167/03, Rpfleger 2004, 39; BayObLG vom 15.6.2000, 2 Z BR 46/00, Rpfleger 2000, 448 = DZWIR 2000, 372 = ZIP 2000, 1263 = ZfIR 2000, 633 = NZI 2000, 427; vgl. auch MüKo/Eickmann, ZPO, § 868 Rn 9.
120 OLG Düsseldorf vom 25.7.2003, 3 Wx 167/03, Rpfleger 2004, 39 m. Anm. Deimann.

F. Eintragungshindernisse §5

105 Gegen diese bislang nahezu einhellig vertretene Ansicht ist der BGH mit seiner Entscheidung vom 19.1.2006[121] der Meinung, dass eine von der Rückschlagsperre erfasste Zwangssicherungshypothek erlischt und nicht in entsprechender Anwendung des § 868 ZPO zur Eigentümergrundschuld wird. Der BGH verneint eine die analoge Anwendung von § 868 ZPO rechtfertigende planwidrige Regelungslücke. Weiterhin ist der BGH der Ansicht, dass die zunächst erloschene Zwangssicherungshypothek, sofern sie zwischenzeitlich noch nicht im Grundbuch gelöscht wurde, in entsprechender Anwendung des § 185 Abs. 2 Satz 1, 2. Fall BGB ohne erneute Eintragung wieder auflebt, wenn der Insolvenzverwalter das Grundstück aus der Masse freigibt bzw. das Insolvenzverfahren aufgehoben wird und die Gläubigerforderung noch vollstreckbar ist. Der Rang der materiell neu entstehenden Zwangssicherungshypothek soll sich dabei nicht nach der ursprünglichen Eintragung, sondern nach dem Zeitpunkt der Freigabe richten. Diese **Entscheidung** wird zu Recht kritisiert.[122] Der Konvaleszensgedanke zu § 185 Abs. 2 BGB ist verfehlt, der Rechtsgedanke hinsichtlich der des Wiederauflebens in der vorhandenen Buchposition ist grundbuchrechtlich nicht konsequent, sie führt zu unlösbaren Rangproblemen, in der Zwangsversteigerung sind die Probleme ausgespart worden. Das Versteigerungsgericht wird sich daher in Konsequenz zu dieser Entscheidung des BGH (sie kann ja nicht ohne Weiteres ignoriert werden) an die Grundbuchlage halten. Solange die Zwangssicherungshypothek im Grundbuch eingetragen ist, bleibt eine erlangte Beschlagnahme aufrechterhalten.[123] Das bezieht sich auch auf eine veränderte Rangposition. Erst wenn das Grundbuch Veränderungen vollzogen hat und diese dem Vollstreckungsgericht bekanntgeworden sind, hat es diese zu beachten.

106 Im **Insolvenzeröffnungsverfahren** kann das Insolvenzgericht Sicherungsmaßnahmen erlassen, u.a. die **Untersagung der Zwangsvollstreckung** anordnen (§ 21 Abs. 2 Nr. 3 InsO). Dies ist zwar ein Vollstreckungshindernis, allerdings bezieht sich das Vollstreckungsverbot ausdrücklich nicht auf unbewegliche Gegenstände (§ 21 Abs. 2 Nr. 3, 2. Halbs. InsO).

107 Die **Eintragung der Zwangssicherungshypothek** ist eine Maßnahme der Immobiliarvollstreckung (§ 866 ZPO) und wird daher vom Wortlaut des § 21 Abs. 2 Nr. 3 InsO **nicht** erfasst. Die Eintragung der Zwangssicherungshypothek ist zunächst wirksam, sie unterliegt nach Insolvenzeröffnung jedoch der Möglichkeit der Rückschlagsperre (§ 88 Abs. 1 und 2 InsO).

---

121 Vom 19.1.2006, IX ZR 232/04 in BGHZ 166, 74 = Rpfleger 2006, 253 m. abl. Anm. Demharter = ZInsO 2006, 261 = NJW 2006, 1286 = DNotZ 2006, 514 = MDR 2006, 1070 = WM 2006, 580 = ZIP 2006, 479; auch Bestelmeyer Rpfleger 2006, 387; Keller, ZIP 2006, 1174.
122 Alff/Hintzen, ZInsO 2006, 481; Demharter, in: Anm. zu BGH vom 19.1.2006, IX ZR 232/04, Rpfleger 2006, 253 ff.; Bestelmeyer, Rpfleger 2006, 387; Keller, ZIP 2006, 1174.
123 Das Recht ist bedingt, bedingte Rechte werden in der Versteigerung wie unbedingte Rechte behandelt, daher ist § 48 ZVG analog anzuwenden, jedenfalls bis zum Versteigerungstermin.

§ 5 Zwangssicherungshypothek

108 Ist eine zugunsten eines Gläubigers im Grundbuch eingetragene Zwangssicherungshypothek mit der Eröffnung des Insolvenzverfahrens aufgrund der insolvenzrechtlichen Rückschlagsperre unwirksam geworden, so kann der Insolvenzverwalter ungeachtet der Möglichkeit eines späteren erneuten Wirksamwerdens der Sicherung die Berichtigung des Grundbuchs im Wege des Unrichtigkeitsnachweises betreiben.[124] Zur Löschung im Grundbuch bedarf es entweder der Bewilligung des Gläubigers oder eines den in § 29 Abs. 1 GBO genannten Anforderungen genügenden Unrichtigkeitsnachweises; eine Bescheinigung des Insolvenzgerichts über den Zeitpunkt des Eingangs des Antrags, aufgrund dessen das Insolvenzverfahren eröffnet wurde, ist kein solcher Nachweis.[125]

G. Rechtsbehelf

109 Auch wenn die Eintragung der Zwangssicherungshypothek in erster Linie ein Akt der Zwangsvollstreckung ist, richtet sich die Beschwerde nicht nach der ZPO. Wird der Antrag des Gläubigers ganz oder teilweise zurückgewiesen, steht ihm hiergegen die unbefristete Grundbuchbeschwerde § 71 Abs. 1 GBO zu.[126] Dies gilt gleichermaßen, wenn das Grundbuchgericht eine Zwischenverfügung nach § 18 GBO erlassen hat.[127]

110 Gegen die Eintragung der Zwangssicherungshypothek ist in keinem Fall die **Erinnerung** nach § 766 ZPO oder die sofortige Beschwerde nach § 793 ZPO gegeben. Da sich an die Eintragung gutgläubiger Erwerb anschließen kann, ist diese nur mit der **Grundbuchbeschwerde** und dem Ziel der Eintragung eines Amtswiderspruchs oder einer Löschung von Amts wegen anfechtbar (§ 71 Abs. 2 GBO).[128]

H. Vollstreckung aus der Zwangssicherungshypothek

111 Will der Vollstreckungsgläubiger wegen des **dinglichen Anspruchs** aus der Rangstelle seiner Zwangssicherungshypothek die Zwangsversteigerung betreiben, muss er einen **Duldungstitel** vorlegen (§ 1147 BGB; h.M.). Es besteht hierbei kein Unterschied zu einer rechtsgeschäftlich bestellten Hypothek.[129]

112 Den dinglichen Titel muss der Gläubiger nach der Regelung in § 867 Abs. 3 ZPO nicht im Prozessweg erstreiten oder der Schuldner sich auf Aufforderung der sofor-

---

124 OLG München vom 27.10.2011, 34 Wx 435/11, Rpfleger 2012, 199.
125 BGH vom 12.7.2012, V ZB 219/11, Rpfleger 2012, 613 = NJW 2012, 3574.
126 Für viele: Demharter, GBO, § 71 Rn 12, 26.
127 Für viele: Demharter, GBO, § 18 Rn 53 und § 71 Rn 34.
128 BGH vom 16.4.1975, V ZR 22/74, NJW 1975, 1282; BayObLG vom 7.12.1981, 2 Z 91/81, Rpfleger 1982, 98; KG vom 3.2.1987, 1 W 5441/86, Rpfleger 1987, 301; Demharter, GBO, § 71 Rn 51 m.w.N.
129 Vgl. BGH vom 22.6.1966, VIII ZR 50/66, NJW 1966, 2009.

tigen Zwangsvollstreckung in einer notariellen Urkunde unterwerfen (§ 794 Abs. 1 Nr. 5 ZPO). Es genügt vielmehr die Vorlage des **vollstreckbaren Titels, auf dem die Eintragung der Zwangssicherungshypothek im Grundbuch vermerkt** ist. Einer erneuten Zustellung des Titels bedarf es nicht.[130]

I. Formulierungsvorschlag für die Eintragung einer Zwangssicherungshypothek

▼

An das

Amtsgericht in ▓▓▓ (*Ort*)

– Grundbuchgericht –

In der Zwangsvollstreckungssache ▓▓▓

– ▓▓▓ (*genaue Parteienbezeichnung nebst Prozessbevollmächtigten*) –

wird zugunsten des Gläubigers beantragt, wegen nachstehender Forderung auf dem Grundstück des Schuldners, eingetragen im Grundbuch, ▓▓▓ eine Sicherungshypothek einzutragen.

Die Forderung berechnet sich insgesamt wie folgt:

– ▓▓▓ (*genaue Berechnung nach Hauptforderung, Nebenforderung, Zinsen, festgesetzte Kosten und bisherige Zwangsvollstreckungskosten*) –

Es wird weiterhin beantragt, die Forderung auf die einzelnen Grundstücke des Schuldners wie folgt zu verteilen:

– ▓▓▓ (*genaue Angabe der Teilbeträge nebst Zinsen bzw. genaue Bezeichnung der einzelnen Forderungen, die gesichert werden sollen*) –

Bei mehreren Gläubigern:

Ich beantrage die Gläubiger in/zu ▓▓▓ (*genaue Angabe des Gemeinschaftsverhältnisses oder Bruchteile angeben*) einzutragen.

Zum Nachweis der Forderung und der Kosten sind beigefügt: ▓▓▓

– *sämtliche Vollstreckungsunterlagen beifügen* –

▓▓▓

(*Unterschrift*)

▲

---

130 Musielak/Becker, ZPO, § 867 Rn 11.

J. Checkliste

114
1. Antrag (§ 867 ZPO)
2. Allgemeine Zwangsvollstreckungsvoraussetzungen
    a) Titel
    b) Klausel
    c) Zustellung
3. Besondere Zwangsvollstreckungsvoraussetzungen
    a) Fälligkeit (§ 751 Abs. 1 ZPO)
    b) Sicherheitsleistung (§ 751 Abs. 1 ZPO)
    c) Sicherungsvollstreckung (§§ 720a, 750 Abs. 3 ZPO)
    d) Zug-um-Zug-Leistung (§§ 765, 756 ZPO)
    e) Mindestgrenze (§ 866 Abs. 3 ZPO)
    f) Verteilungserklärung (§ 867 Abs. 2 ZPO)
    g) Wartefrist (§ 798 ZPO)
4. Keine Zwangsvollstreckungshindernisse
5. Voreintragung (§ 39 GBO)
6. Beteiligungsverhältnis (§ 47 GBO)
7. Verfügungsbeschränkungen

§ 6 Arresthypothek

A. Grundlagen

Der Arrest findet zur Sicherung der Zwangsvollstreckung in das bewegliche oder unbewegliche Vermögen des Schuldners wegen einer Geldforderung oder wegen eines Anspruchs statt, der in eine Geldforderung übergehen kann (§ 916 ZPO). Zur Durchsetzung seines Anspruchs muss der Gläubiger diesen titulieren lassen. Während der hierfür benötigten Zeit besteht für den Gläubiger die Gefahr, dass der Schuldner Vermögenswerte veräußert oder auf andere Art der Zwangsvollstreckung entzieht. Der Arrest ist ein Eilverfahren zur Erlangung eines vorläufigen Titels und zur Vollziehung zwecks Sicherung des Gläubigeranspruchs. Das Verfahren gliedert sich in **Anordnung** und **Vollziehung**.

Für die Anordnung des Arrests ist das Arrestgericht zuständig (§ 919 Abs. 1 ZPO). Die Entscheidung über das Arrestgesuch ergeht im Fall einer mündlichen Verhandlung durch Urteil, ohne mündliche Verhandlung durch Beschluss (§ 922 Abs. 1 ZPO). Das Urteil ist den Parteien von Amts wegen zuzustellen (§ 317 ZPO), einen Beschluss, durch den ein Arrest angeordnet wird, hat der Antragsteller im Parteibetrieb zustellen zu lassen (§ 922 Abs. 2 ZPO).

Die Vollziehung des Arrests in ein Grundstück erfolgt durch Eintragung einer Sicherungshypothek für die Forderung (§ 932 ZPO). Auf die Vollziehung des Arrests sind grundsätzlich die allgemeinen Vorschriften über die Zwangsvollstreckung entsprechend anzuwenden (§ 928 ZPO). Nachfolgend werden daher nur die Besonderheiten in Abweichung zur Zwangssicherungshypothek dargestellt, i.Ü. wird auf die dortigen Ausführungen verwiesen.

B. Das Grundbuch als Vollstreckungsorgan

Auch bei der Eintragung einer Arresthypothek wird das Grundbuchgericht in einer Doppelfunktion tätig, sowohl als Vollstreckungsgericht als auch als Gericht der freiwilligen Gerichtsbarkeit (vgl. § 5 Rn 1).

C. Rechtsnatur der Arresthypothek

In dem Arrestbefehl (Arresturteil oder Arrestbeschluss) ist ein **Geldbetrag** festzustellen, durch dessen Hinterlegung die Vollziehung des Arrests gehemmt und der Schuldner zu dem Antrag auf Aufhebung des vollzogenen Arrests berechtigt wird (§ 923 ZPO). Diese Lösungssumme ist der Höchstbetrag, mit dem die Arresthypothek im Grundbuch eingetragen wird (Sicherungshöchstbetragshypothek; § 1190 BGB).

D. Eintragungsantrag

6 Zum Belastungsgegenstand, Rechtsschutzinteresse, Zeitpunkt des Antragseinganges, Inhalt des Antrags und Antragsrücknahme kann auf die Ausführungen in § 5 Rn 6 ff. verwiesen werden.

7 Die Zwangsvollstreckung in ein für diplomatische Zwecke genutztes Grundstück eines fremden Staates ist ohne Zustimmung des fremden Staates unzulässig, sofern es im Zeitpunkt des Beginns der Vollstreckungsmaßnahme hoheitlichen Zwecken des fremden Staates dient.[1] Da die Eintragung einer Arresthypothek aber nicht – wie bei der Anordnung der Zwangsversteigerung – die Beschlagnahme des Grundstücks zur Folge hat, soll eine Eintragung aber doch zulässig sein.[2]

E. Vollstreckungsvoraussetzungen

I. Titel

8 Der Arrestbefehl ist der Vollstreckungstitel. Er ist stets vorläufig vollstreckbar und zur „Vollziehung" geeignet, die Vorschriften über die Zwangsvollstreckung finden entsprechende Anwendung (§ 928 ZPO).

9 **Zinsen** im Titel sind unbeachtlich, da die Lösungssumme nach § 923 ZPO als Höchstbetrag im Grundbuch eingetragen wird.

II. Klausel

10 Arrestbefehle bedürfen grundsätzlich keiner Vollstreckungsklausel. Eine Ausnahme besteht nur dann, wenn die Vollziehung für einen anderen als den in dem Befehl bezeichneten Gläubiger oder gegen einen anderen als den in dem Befehl bezeichneten Schuldner erfolgen soll (§ 929 Abs. 1 ZPO).

III. Zustellung

11 Der Arrestbefehl ist dem Schuldner zuzustellen (§ 750 Abs. 1 ZPO). Allerdings ist die Vollziehung vor der Zustellung des Arrestbefehls zulässig (§ 929 Abs. 3 Satz 1 ZPO). Wurde die Vollziehung vor der Zustellung eingeleitet, muss die Zustellung innerhalb einer Woche nach der Vollziehung erfolgen, da andernfalls die Vollziehung ihre Wirkung verliert (§ 929 Abs. 3 Satz 2 ZPO). Insgesamt müssen Vollziehung und Zustellung innerhalb **eines Monats** erfolgen (vgl. nachfolgend unter Rn 12).

---

[1] BGH vom 28.5.2003, IXa ZB 19/03, Rpfleger 2003, 518 = MDR 2003, 1135 = NJW-RR 2003, 1218 = WM 2003, 1388.

[2] OLG Köln vom 24.3.2004, 2 Wx 34/03, Rpfleger 2004, 478 = FGPrax 2004, 100.

IV. Vollziehungsfrist

Der Arrestbefehl ist innerhalb **eines Monats** zu vollziehen (§ 929 Abs. 2 ZPO). Das Grundbuchgericht hat diese Frist von Amts wegen zu beachten. Die Frist beginnt an dem Tag, an dem der Arrestbefehl verkündet (Urteil) oder der antragstellenden Partei zugestellt ist (Beschluss). Vollstreckungsmaßnahmen, die erst nach Ablauf der Monatsfrist beantragt werden, sind unwirksam.[3]   **12**

Der Antrag auf Eintragung der Arresthypothek gilt i.S.d. § 929 Abs. 2, 3 ZPO als Vollziehung des Arrestbefehls (§ 932 Abs. 3 ZPO). Vollziehung im Sinn dieser Vorschrift ist nicht der Zeitpunkt des Antragseingangs auf Eintragung der Arresthypothek beim Grundbuchgericht,[4] es genügt der Antragseingang beim Amtsgericht.[5] Zur Rangwahrung ist jedoch stets der Antragseingang beim Grundbuchgericht erforderlich (§§ 13, 17 GBO).   **13**

Das Grundbuchgericht prüft nur die Einhaltung der Vollziehungsfrist nach § 929 Abs. 2 ZPO. Erfolgt die Vollziehung vor der Zustellung des Arrestbefehls an den Schuldner, muss die Zustellung innerhalb einer Woche nach der Vollziehung nachfolgen. Das Grundbuchgericht prüft die Einhaltung der fristgerechten Zustellung nicht.[6] Wurde die Frist nicht eingehalten, ist die Eintragung der Arresthypothek auf Antrag des Schuldners zu löschen.[7]   **14**

> *Hinweis*   **15**
> Damit die ranggerechte Eintragung im Grundbuch gewährleistet ist, kann dem Gläubiger nur empfohlen werden, den Antrag direkt beim Grundbuchgericht einzureichen.
>
> Damit Zustellung und Vollziehung gleichzeitig erfolgen können, ist dem Gläubiger weiter zu empfehlen, mehrere Ausfertigungen des Arrestbefehls zu beantragen.

Sofern der Vollziehung des Arrestbefehls Hindernisse entgegenstehen, die vom Grundbuchgericht beanstandet werden, muss der Gläubiger dafür Sorge tragen, dass diese Hindernisse innerhalb der Vollziehungsfrist von einem Monat behoben werden, andernfalls ist die Vollziehung unzulässig.   **16**

---

3 BGH vom 25.10.1990, IX ZR 211/89, NJW 1991, 496.
4 So OLG Düsseldorf vom 11. 12.1996, 3 Wx 512/96, Rpfleger 1997, 259.
5 Vom 1.2.2001, V ZB 49/00 in BGHZ 146, 361 = NJW 2001, 1134 = WM 2001, 534 = ZfIR 2001, 241 = ZIP 2001, 763 = InVo 2001, 186 = Rpfleger 2001, 294 m. Anm. Alff = MDR 2001, 714; so bereits Gleußner, Rpfleger 1995, 66.
6 BayObLG vom 7.4.1993, 2 Z BR 25/93, NJW 1999, 3494 = Rpfleger 1993, 398.
7 BGH vom 10.6.1999, VII ZR 157/98, Rpfleger 1999, 485; BayObLG vom 7.4.1993, 2 Z BR 25/93, Rpfleger 1993, 398.

§ 6 Arresthypothek

V. Sicherheitsleistung

17 Das Gericht kann die Anordnung des Arrestes von einer Sicherheitsleistung abhängig machen (§ 921 Satz 2 ZPO). In diesem Fall muss der Gläubiger **vor der Vollziehung** des Arrests die Sicherheitsleistung erbringen. Das Grundbuchgericht muss den ordnungsgemäßen Nachweis der Sicherheitsleistung vor der Eintragung der Arresthypothek prüfen (§ 751 Abs. 2 ZPO). Eine Sicherungsvollstreckung gem. § 720a ZPO ohne Sicherheitsleistung ist bei der Arresthypothek nicht möglich. Die Zustellung über die Nachweisurkunden der Sicherheitsleistung (§ 751 Abs. 2 ZPO) sind nicht notwendig (arg. § 929 Abs. 3 ZPO).

VI. Mindestgrenze

18 Die Arresthypothek kann nur für einen Mindestbetrag von 750,01 EUR im Grundbuch eingetragen werden (§§ 932 Abs. 2, 866 Abs. 3 ZPO). Der einzutragende Höchstbetrag wird durch die Lösungssumme bestimmt (§ 923 ZPO).

I.Ü. wird auf § 5 Rn 64 ff. verwiesen.

VII. Verteilungserklärung

19 Sollen mehrere Grundstücke des Schuldners belastet werden, muss der Gläubiger die Forderung auf die einzelnen Grundstücke verteilen (§§ 932 Abs. 2, 867 Abs. 2 ZPO).

I.Ü. wird auf § 5 Rn 67 ff. verwiesen.

F. Voreintragung

20 Vgl. § 5 Rn 84 f.

G. Mehrere Gläubiger

21 Vgl. § 5 Rn 86 ff.

H. Eintragungshindernisse

22 Steht dem Antrag auf Eintragung ein Hindernis entgegen, muss das Grundbuchgericht wie folgt unterscheiden:

Handelt es sich um ein **vollstreckungsrechtliches Hindernis**, kann das Grundbuchgericht eine nicht rangwahrende Zwischenverfügung nach § 139 ZPO erlassen, der Gläubiger muss dann dafür Sorge tragen, dass das Hindernis innerhalb der Monatsfrist nach § 929 Abs. 2 ZPO behoben wird. Wird die Monatsfrist nicht eingehalten, muss der Antrag auf Eintragung der Arresthypothek zurückgewiesen werden.[8]

Steht dem Vollzug des Antrags ein **grundbuchrechtliches Hindernis** entgegen, muss das Grundbuchgericht eine rangwahrende Zwischenverfügung nach § 18 Abs. 1 GBO erlassen. In diesem Fall ist eine Beseitigung des Eintragungshindernisses innerhalb der vom Grundbuchgericht gesetzten Zwischenverfügungsfrist zulässig. Der Ablauf der Monatsfrist nach § 929 Abs. 2 ZPO ist unschädlich.[9]

23

Zu Vollstreckungsbeschränkungen bzw. Vollstreckungshindernissen vgl. § 5 Rn 97 ff.

I. Rechtsbehelf

Vgl. § 5 Rn 109 ff.

24

J. Vollstreckung aus der Arresthypothek

Sofern der Gläubiger aus der Arresthypothek die Zwangsversteigerung oder Zwangsverwaltung in das Grundstück betreiben will, benötigt er einen **Duldungstitel** (§ 1147 BGB). Zur Erlangung eines Duldungstitels muss er gegen den Eigentümer klagen[10] (kein Verweis in § 932 Abs. 2 auf § 867 Abs. 3 ZPO).

25

In einer Zwangsversteigerung kann der Gläubiger aus der Arresthypothek nur dann Ansprüche herleiten, wenn die Forderung festgestellt wird. Bis zur Feststellung der Forderung handelt es sich um eine auflösend bedingte Eigentümergrundschuld. Ein auf die Arresthypothek entfallender Erlös wird unter der entsprechenden Bedingung hinterlegt (§§ 119, 120 ZVG).

26

Der Gläubiger kann aus der Arresthypothek keinen gesetzlichen Löschungsanspruch auf eine vorrangige Eigentümergrundschuld geltend machen (§ 932 Abs. 1 Satz 2 ZPO, § 1179a BGB).

27

Um ein vollwertiges Vollstreckungsrechts zu erlangen, kann der Gläubiger die Arresthypothek **in eine Zwangssicherungshypothek umwandeln**.[11] Den entsprechenden Antrag kann der Gläubiger formlos stellen. Vorzulegen ist der vollstreckbare Zahlungstitel, ein rechtskräftiger Vollstreckungstitel ist nicht notwendig.[12] Die Umwandlung einer Arresthypothek in eine Zwangshypothek nach den §§ 866,

28

---

8 OLG Düsseldorf vom 8.3.1978, 3 W 53/78, Rpfleger 1978, 216.
9 Str. in diesem Sinne: OLG Düsseldorf vom 8.3.1978, 3 W 53/78, Rpfleger 1978, 216; Zöller/Vollkommer, ZPO, § 932 Rn 8 m.w.N.; a.A. LG Essen vom 21.8.1985, 7 T 675, 676/85, Rpfleger 1985, 488.
10 BGH vom 15.4.1997, IX ZR 112/96, NJW 1997, 3230 = MDR 1997, 777 = WM 1997, 1045 = ZIP 1997, 1058.
11 LG Zweibrücken vom 22.4.1993, 1 T 10/93, NJW-RR 1995, 512.
12 Zöller/Vollkommer, ZPO, § 932 Rn 5; MüKo/Heinze, ZPO, § 932 Rn 15.

§ 6 Arresthypothek

867 ZPO setzt jedoch voraus, dass der Anspruch, der Grundlage des Arrestes war, mit dem Anspruch identisch ist, der Grundlage des Urteils ist, das der Zwangshypothek zugrunde gelegt werden soll. Eine solche Identität fehlt, wenn der Zahlungsempfänger der beiden Ansprüche nicht übereinstimmt.[13]

29 Sobald die Arresthypothek in eine Zwangssicherungshypothek umgeschrieben ist, kann der Gläubiger den gesetzlichen Löschungsanspruch nach § 1179a BGB gegenüber vor- oder gleichrangigen Eigentümergrundschulden geltend machen. Aus der Zwangssicherungshypothek kann der Gläubiger die Zwangsversteigerung oder Zwangsverwaltung selbstständig betreiben (vgl. § 5 Rn 111).

K. Formulierungsvorschlag für die Eintragung einer Arresthypothek

▼

30 An das

AG in (Ort)

– Grundbuchgericht –

In der Zwangsvollstreckungssache

(genaue Parteienbezeichnung nebst Prozessbevollmächtigten)

wird zugunsten des Gläubigers beantragt, wegen nachstehender Forderung auf dem Grundstück des Schuldners, eingetragen im Grundbuch eine Arresthypothek zum Höchstbetrag von (Lösungssumme) einzutragen.

Es wird weiterhin beantragt, die Forderung auf die einzelnen Grundstücke des Schuldners wie folgt zu verteilen:

(genaue Angabe der Teilbeträge)

Bei mehreren Gläubigern:

Ich beantrage die Gläubiger in/zu (genaue Angabe des Gemeinschaftsverhältnisses oder Bruchteile angeben) einzutragen.

Zum Nachweis sind beigefügt:

(Vollstreckungsunterlagen beifügen)

(Unterschrift)

▲

---

 13 LG Berlin vom 2.7.2008, 86 T 468, 470/08, BeckRS 2008, 14155.

Stichwortverzeichnis

fette Zahlen = Paragrafen, magere Zahlen = Randnummern

Abgetretener Rückgewähranspruch
 4 135 ff.
– pfändbarer Anspruch **4** 137 f.
– Verwertung **4** 143
Altenteil
– Pfändung **2** 71
– Rechtsmehrheit **2** 69 f.
– subjektiv persönliche Reallast **2** 68
– Verwertung **2** 71
Anderweitige Verwertung,
 Miterbenanteil **1** 92 ff.
Anfechtung der Anteilsübertragung,
 Bruchteilsgemeinschaft **1** 163 f.
Anfechtung, Erbteilsübertragung
 1 84 ff.
Antragsrecht
– großes **1** 86
– kleines **1** 86
– Pfändungsgläubiger **1** 80 ff.
– schuldnerischer Miterbe **1** 80 ff.
Antragsrücknahme, Zwangssicherungshypothek **5** 21 ff.
Anwartschaftsrecht **3** 1 ff.
– Doppelpfändung **3** 49
– Fallgestaltung **3** 34 ff.
– Formulierungsvorschlag für
 Pfändung **3** 69
– mehrfache Pfändung **3** 67
– nach der Auflassung **3** 30 ff.
– Pfändung **3** 44
– Rang der Sicherungshypothek
 3 50 ff.
– Sicherung der Pfändung **3** 45 ff.
– Verwertung **3** 64 f.
Arresthypothek **6** 1 ff.
– Eintragungsantrag **6** 6 f.
– Eintragungshindernis **6** 22 ff.

– Klausel **6** 10
– mehrere Gläubiger **6** 21
– Mindestgrenze **6** 18
– Rechtsbehelf **6** 24
– Rechtsnatur **6** 5
– Sicherheitsleistung **6** 17
– Titel **6** 8 f.
– Verteilungserklärung **6** 19
– Vollstreckung **6** 25 ff.
– Vollstreckungsvoraussetzung **6** 8 ff.
– Vollziehungsfrist **6** 12 ff.
– Voreintragung **6** 20
– Zustellung **6** 11
Aufhebung der Grundschuld, Rückgewähranspruch **6** 121 f.
Auflassungsvormerkung, Pfändungsvermerk **3** 23 ff.
Auseinandersetzungsanspruch
– Bruchteilsgemeinschaft **1** 141 ff.
– Miterbenanteil **1** 21 f.
– schuldnerischer Miterbe **1** 69 ff.
Auseinandersetzungsversteigerung, Erbengemeinschaft **1** 78
– Wirkung **1** 90 f.
Ausübungsrecht
– beschränkte persönliche
 Dienstbarkeit **2** 21 ff.
– Nießbrauch **2** 3 ff.

Belastungsgegenstand, Zwangssicherungshypothek **5** 6
Beschränkte persönliche Dienstbarkeit
– Ausübungsrecht **2** 21 ff.
– Formulierungsvorschlag für
 Pfändung **2** 99
– Insolvenz **2** 41
– Kündigung **2** 38 f.

183

Stichwortverzeichnis

- Pfändung 2 30 f.
- Sicherung der Pfändung 2 32 ff.
- Verwertung 2 36 f.
- Wertersatz 2 40
Bestellung, Sequester 3 7 ff.
Briefbesitz, Hypothek 4 39 ff.
Briefrecht, künftiges Eigentümerrecht 4 80 ff.
Bruchteilsgemeinschaft
- Anfechtung der Anteilsübertragung 1 163 f.
- Auseinandersetzungsanspruch 1 141 ff.
- Ehegattenzustimmung 1 165 ff.
- Nießbrauch 1 169 ff.
- Pfändung 1 153 ff.
- Pfändungswirkung 1 154 ff.
- Sicherung der Pfändung 1 154 ff.
- Teilungsversteigerung 1 160 ff.
- Verwertung 1 160 ff.
- Zugewinngemeinschaft 1 141 ff.

Dauernutzungsrecht 2 83 ff.
- Pfändung 2 84
- Verwertung 2 85 f.
Dauerwohnrecht 2 83 ff.
- Formulierungsvorschlag für Pfändung 2 104
- Pfändung 2 84
- Verwertung 2 85 f.
Doppelpfändung
- Anwartschaftsrecht 3 49
- Formulierungsvorschlag für Pfändung 3 70

Ehegattenzustimmung
- Bruchteilsgemeinschaft 1 165 ff.
- Gesellschaft bürgerlichen Rechts 1 136 ff.
Eigengläubiger, Erbenermittlung 1 6

Eigentümergrundschuld 4 57 ff.
- künftige Eigentümergrundschuld 4 58 ff.
- künftiges Eigentümerrecht 4 73 ff.
- offene Eigentümergrundschuld 4 58 ff., 59
- Pfändung 4 60 f.
- Verwertung 4 62 ff.
- vorläufige Eigentümergrundschuld 4 58, 67 ff.
Eigentumverschaffungsanspruch 3 1 ff.
- Fallgestaltung 3 18 ff.
- Formulierungsvorschlag für Pfändung 3 68
- mehrfache Pfändung 3 66
- Pfändung 3 5 f.
- Rang der Sicherungshypothek 3 50 ff.
- Sequesterbestellung 3 7 ff.
- Sicherung der Pfändung 3 16 ff.
- Sicherungshypothek 3 28 f.
- Verwertung 3 64 f.
- vor der Auflassung 3 3 ff.
Einheitsbeschluss, Hypothek 4 13 ff.
- Fremdgrundschuld 4 504
- Pfändung und Überweisung 4 13 ff.
Eintragung Arresthypothek, Formulierungsvorschlag 6 30
Eintragung der Pfändung, Nießbrauch 2 13
Eintragung des Verfügungsverbots, Nießbrauch 2 13
Eintragung einer Zwangssicherungshypothek, Formulierungsvorschlag 5 113
Eintragung im Grundbuch, Pfandrecht am Erbanteil 1 54 ff.
Eintragungsantrag
- Arresthypothek 6 6 f.
- Zwangssicherungshypothek 5 6 ff.

Stichwortverzeichnis

Eintragungshindernis
- Arresthypothek **6** 22 ff.
- Zwangssicherungshypothek **5** 97 ff.

Erbbaurecht **2** 72 ff.
Erbbauzins **2** 79 ff.
- Formulierungsvorschlag für Pfändung **2** 103
- Pfändbarkeit **2** 80
- Pfändung **2** 81
- Sicherung der Pfändung **2** 82
- Verwertung **2** 82

Erbenermittlung
- Eigengläubiger **1** 6
- Nachlassgläubiger **1** 5
- Pfändung in Rechtsgemeinschaften **1** 1

Erbengemeinschaft
- Auseinandersetzungsversteigerung **2** 78
- Miterbenanteil **1** 19 f.

Erbteilsübertragung, Anfechtung **1** 84 ff.
Erfüllung des Rückgewähranspruchs
- Aufhebung der Grundschuld **4** 121 f.
- Rückübertragung der Grundschuld **4** 123 ff.
- Verzicht auf die Grundschuld **4** 128 ff.

Fälligkeit, Zwangssicherungshypothek **5** 53 f.
Fehlende Verteilungserklärung, Zwangssicherungshypothek **5** 78 ff.
Formulierungsvorschlag
- Eintragung Arresthypothek **6** 30
- Eintragung Zwangssicherungshypothek **5** 113

Formulierungsvorschlag für Pfändung
- Anwartschaftsrecht **3** 69
- beschränkte persönliche Dienstbarkeit **2** 99
- Dauerwohnrecht **2** 104
- Doppelpfändung **3** 70
- Eigentumverschaffungsanspruch **3** 71
- Erbbauzins **2** 103
- Gesellschaftsanteil **1** 140
- Grundschuld **4** 163
- Hypothek **4** 162
- künftige Eigentümergrundschuld **4** 165
- Miteigentumsanteil **1** 176
- Nacherbenanteil **1** 100
- Nachlassanteil **1** 98
- Nießbrauch **2** 98
- offene Eigentümergrundschuld **4** 164
- Pflichtteilsanspruch **1** 97
- Rückgewähranspruch **4** 166
- subjektiv dingliche Reallast **2** 101
- subjektiv persönliche Reallast **2** 102
- Vorerbenanteil **1** 99
- Vorkaufsrecht **2** 100
- Wiederkaufsrecht **2** 105

Fremdgrundschuld
- Einheitsbeschluss von Pfändung und Überweisung **4** 54
- Grundschuld **4** 47 ff.
- Pfändung **4** 47 ff.
- Verwertung **4** 55 f.

Gesellschaft bürgerlichen Rechts
- Ehegattenzustimmung **1** 136 ff.
- Gesellschaftsanteil **1** 101 ff.
- Gewinnanteil **1** 113 ff.
- Kündigungsrecht **1** 116 f.
- Pfändung **1** 105 ff.
- Rechte des Gläubigers **1** 112
- rechtsgeschäftliche Verwertung **1** 126 ff.
- Sicherung des Pfandrechts **1** 118 ff.
- Teilungsversteigerung **1** 132 ff.

185

Stichwortverzeichnis

- Verwertung **1** 124 ff.
- Wirkung der Pfändung **1** 108 ff.
- zwangsweise Verwertung **1** 132 ff.

Gesellschaftsanteil
- Formulierungsvorschlag für Pfändung **1** 140
- Gesellschaft bürgerlichen Rechts **1** 101 ff.
- Pfändung **1** 103

Gewinnanteil, Gesellschaft bürgerlichen Rechts **1** 113 ff.

Gläubiger, Grundbuchberechtigter **5** 86 ff.

Grundbuch
- Sperre **1** 64 f.
- Vollstreckungsorgan **5** 1 ff.
- Zwangssicherungshypothek **5** 1 ff.

Grundbuchberechtigter
- Gläubiger **5** 86 ff.
- Klauselumschreibung **1** 4
- Zwangssicherungshypothek **5** 86 ff.

Grundbuchberichtigung, Pfandrecht am Erbanteil **1** 56

Grundbucheintragung, Hypothek **4** 45

Grunddienstbarkeit **2** 2

Grundpfandrecht, Grundschuld **4** 47 ff.

Grundschuld
- Eigentümergrundschuld **4** 57 ff.
- Formulierungsvorschlag für Pfändung **4** 163
- Fremdgrundschuld **4** 47 ff.
- Grundpfandrecht **4** 47 ff.

Grundstück, gutgläubiger Erwerb **1** 53

Gutgläubiger Erwerb, Grundstück **1** 53

Hausgelder (Zwangshypothek) **5** 75 ff.

Herausgabe, Hypothekenbrief **4** 25 ff.

Hypothek **4** 3 ff.
- Briefbesitz **4** 39 ff.
- Einheitsbeschluss **4** 13 ff.
- Formulierungsvorschlag für Pfändung **4** 162
- Grundbucheintragung **4** 45
- Teilpfändung **4** 39 ff.
- Verwertung **4** 46
- Verwertung durch Zwangsversteigerung **4** 46
- Vorpfändung **4** 43 f.
- Zinsen **4** 11 f.

Hypothekenbrief, Herausgabe **4** 25 ff.

Hypothekenforderung **4** 9 f.
- Pfändung **4** 3 ff.
- Überweisung **4** 9 f.

Hypothekenzinsen, Pfändung **4** 11 f.

Immobiliarzwangsvollstreckung, Erbbaurecht **2** 72

Insolvenz, b.p. Dienstbarkeit **2** 41

Insolvenz, Nießbrauch **2** 19 f.

Insolvenzeröffnungsverfahren
- Vollstreckungshindernis **5** 106
- Zwangssicherungshypothek **5** 106

Insolvenzverwalter, Sequesterbestellung **3** 8

Klausel
- Arresthypothek **6** 10
- Zwangssicherungshypothek **5** 41 ff.

Klauselumschreibung, Grundbuchberichtigung **1** 4
- Pfändung in Rechtsgemeinschaften **1** 9

Kündigung, beschränkte persönliche Dienstbarkeit **2** 38 f.

Kündigungsrecht, Gesellschaft bürgerlichen Rechts **1** 116 f.

Künftige Eigentümergrundschuld
- Briefrecht **4** 80 f.
- Formulierungsvorschlag für Pfändung **4** 165
- Pfändung **4** 138 ff.
- Teilpfändung **4** 83 f.

Stichwortverzeichnis

Künftiger Erbanteil, Miterbenanteil
1 23
Künftiges Eigentümerrecht **4** 73 ff.
- Briefrecht **4** 80 ff.
- Pfändung **4** 78 f.
- Teilpfändung **4** 83 f.

Mehrere Gläubiger, Arresthypothek
6 21
Mehrfache Pfändung
- Anwartschaftsrecht **3** 66
- Eigentumverschaffungsanspruch **3** 66
- Nachlassanteil **1** 66 f.
Mindestgrenze
- Arresthypothek **6** 18
- Zwangssicherungshypothek **5** 64 ff.
Miteigentumsanteil, Formulierungsvorschlag für Pfändung **1** 175
Miterbenanteil
- anderweitige Verwertung **1** 92 ff.
- Auseinandersetzungsanspruch **1** 21 f.
- Erbengemeinschaft **1** 19 ff.
- künftiger Erbanteil **1** 23
- Nacherbschaft **1** 24 ff.
- Pfändung **1** 33 ff.
- Pfändung in Rechtsgemeinschaften **1** 18 ff.
- Pfändungsumfang **1** 39 ff.
- Pfändungswirkung **1** 39 ff.
- Pflichtteilsanspruch **1** 29 ff.
- rechtsgeschäftliche Verwertung **1** 74 ff.
- Sicherung des Pfandrechts **1** 54 ff.
- Testamentsvollstrecker **1** 35
- Verwertung **1** 68 ff.
- Vor- und Nacherbfolge **1** 87 ff.
- zwangsweise Verwertung **1** 78 ff.

Nacherbenanteil
- Formulierungsvorschlag für Pfändung **1** 100
- Pfändbarkeit **1** 24
Nacherbschaft, Miterbenanteil **1** 24 ff.
- Pfändbarkeit **1** 25
Nachlassanteil
- Formulierungsvorschlag für Pfändung **1** 98
- mehrfache Pfändung **1** 66 f.
- Übertragung **1** 49 f.
Nachlassgegenstand, Übertragung **1** 51 ff.
Nachlassgläubiger
- Erbenermittlung **1** 5
- Pfändung in Rechtsgemeinschaften **1** 8
- Vollstreckung **1** 8
Nachlassverwalter, Zwangssicherungshypothek **5** 92
Namensänderung **5** 45
Nießbrauch **2** 3 ff.
- Ausübungsrecht **2** 3 ff.
- Bruchteilsgemeinschaft **1** 169 ff.
- Eintragung der Pfändung **2** 13
- Eintragung des Verfügungsverbots **2** 13
- Formulierungsvorschlag für Pfändung **2** 98
- Insolvenz **2** 19 f.
- Pfändung **2** 6 ff.
- Sicherung der Pfändung **2** 11 ff.
- Verwaltung **2** 18
- Verwertung **2** 17 f.

Offene Eigentümergrundschuld **4** 59
- Formulierungsvorschlag für Pfändung **4** 164

Pfändbarer Anspruch, abgetretener Rückgewähranspruch **4** 137 f.

187

Stichwortverzeichnis

Pfändbarkeit
- Erbbauzins **2** 80
- Nacherbenrecht **1** 24
- Nacherbschaft **1** 25

Pfändung
- Altenteil **2** 71
- Anwartschaftsrecht **3** 44
- beschränkte persönliche Dienstbarkeit **2** 30 f.
- Bruchteilsgemeinschaft **1** 153 ff.
- Dauernutzungsrecht **2** 84
- Dauerwohnrecht **2** 84
- Eigentümergrundschuld **4** 60 f.
- Eigentumverschaffungsanspruch **3** 5 f.
- Erbbauzins **2** 81
- Fremdgrundschuld **4** 47 ff.
- Gesellschaft bürgerlichen Rechts **1** 105 ff.
- Gesellschaftsanteil **1** 101
- Hypothekenforderung **4** 3 ff.
- Hypothekenzinsen **4** 11 f.
- künftiges Eigentümerrecht **4** 78 f.
- Miterbenanteil **1** 33 ff.
- Nießbrauch **2** 6 ff.
- relatives Verfügungsverbot **1** 40
- Rückgewähranspruch **4** 102 ff.
- subjektiv dingliche Reallast **2** 56 ff.
- subjektiv persönliche Reallast **2** 65 f.
- Vorkaufsrecht **2** 45 f.
- Wiederkaufsrecht **2** 92 ff.

Pfändung des Anwartschaftsrechts aus der Auslassung, Schaubild **3** 72

Pfändung des Eigentumverschaffungsanspruchs, Schaubild **3** 71

Pfändung in Rechtgemeinschaften, Klauselumschreibung **1** 9
- Erbenermittlung **1** 1
- Miterbenanteil **1** 19 ff.
- Nachlassgläubiger **1** 8
- Testamentsvollstreckung **1** 12

Pfändung und Überweisung, Einheitsbeschluss **4** 13 ff.

Pfändung von Rechten der Abt. II im Grundbuch, Schaubild **2** 106

Pfändung von Rechtsgemeinschaften, Schaubild **1** 171

Pfändungsbeschluss, Zustellung **1** 34

Pfändungsgläubiger, Antragsrecht **1** 80 ff.

Pfändungsumfang, Miterbenanteil **1** 39 ff.

Pfändungsvermerk, Auflassungsvormerkung **3** 23 ff.

Pfändungswirkung
- Bruchteilsgemeinschaft **1** 154 ff.
- Miterbenanteil **1** 39 ff.

Pfandrecht am Erbanteil
- Eintragung im Grundbuch **1** 54 ff.
- Grundbuchberichtigung **1** 56

Pflichtteilsanspruch, Formulierungsvorschlag für Pfändung **1** 97
- Miterbenanteil **1** 29 ff.

Rang der Sicherungshypothek
- Anwartschaftsrecht **3** 50 ff.
- Eigentumverschaffungsanspruch **3** 50 ff.

Rangvorbehalt **2** 88 ff.

Reallast **2** 49 ff.
- subjektiv dingliche Reallast **2** 50 ff.
- subjektiv persönliche Reallast **2** 63 ff.

Rechtsbehelf
- Arresthypothek **6** 24
- Zwangssicherungshypothek **5** 109

Rechtsgeschäftliche Verwertung, Gesellschaft bürgerlichen Rechts **1** 126 ff.
- Miterbenanteil **1** 74 ff.

Rechtsmehrheit, Altenteil **2** 69 f.

Rechtsschutzinteresse, Zwangssicherungshypothek **5** 8 ff.

Stichwortverzeichnis

Relatives Verfügungsverbot, Pfändung
1 40
Rückgewähranspruch
- Abtretung 4 135 ff.
- Formulierungsvorschlag für Pfändung 4 166
- Pfändung 4 102 ff.
- Sicherung der Pfändung 4 135 f.
- Verwertung 4 110 ff.
- Wirkung der Erfüllung 4 121 ff.
- Wirkung der Pfändung 4 115 ff.
Rückübertragung der Grundschuld, Rückgewähranspruch 4 123 ff.

Schaubild
- Pfändung des Anwartschaftsrechts aus der Auslassung 3 72
- Pfändung des Eigentumverschaffungsanspruch 3 71
- Pfändung von Rechten der Abt. II im Grundbuch 2 106
- Pfändung von Rechtsgemeinschaften 1 177
- Vollstreckung im Todesfall 1 18
- Wirkung der Erfüllung des Rückgewähranspruchs 4 132
Schuldnerischer Miterbe
- Antragsrecht 1 80 ff.
- Auseinandersetzungsanspruch 1 69 ff.
- Vorerbe 1 72 f.
Sequester
- Aufgaben 3 11 ff.
- Bestellung 3 7 ff.
- Vergütung 3 9
Sequesterbestellung
- Eigentumverschaffungsanspruch 3 7 ff.
- Insolvenzverwalter 3 8
- Zwangsverwalter 3 8
Sicherheitsleistung
- Arresthypothek 6 17

- Zwangssicherungshypothek 5 55 ff.
Sicherung der Pfändung
- Anwartschaftsrecht 3 45 ff.
- beschränkte persönliche Dienstbarkeit 2 32 ff.
- Bruchteilsgemeinschaft 1 154 ff.
- Eigentumverschaffungsanspruch 3 16 ff.
- Erbbauzins 2 82
- Nießbrauch 2 11 ff.
- Rückgewähranspruch 4 133 f.
- subjektiv dingliche Reallast 2 59
- subjektiv persönliche Reallast 2 65 f.
- Vorkaufsrecht 2 46
- Wiederkaufsrecht 2 92 ff.
Sicherung des Pfandrechts, Gesellschaft bürgerlichen Rechts 1 118 ff.
- Miterbenanteil 1 54 ff.
Sicherungshypothek, Eigentumverschaffungsanspruch 3 28 f.
Sicherungsvollstreckung, Zwangssicherungshypothek 5 51
Staatenimmunität 5 7
Subjektiv dingliche Reallast
- Formulierungsvorschlag für Pfändung 2 101
- Pfändung 2 56 ff.
- Sicherung 2 59
- Verwertung 2 60 ff.
Subjektiv persönliche Reallast 2 63 ff.
- Altenteil 2 68
- Formulierungsvorschlag für Pfändung 2 102
- Pfändung 2 65 f.
- Sicherung der Pfändung 2 65 f.
- Verwertung 2 67

Teilpfändung, Hypothek 4 39 ff.
- Bruchteilsgemeinschaft 1 160 ff.

189

Stichwortverzeichnis

- Gesellschaft bürgerlichen Rechts
  1 132 ff.
- künftige Eigentümergrundschuld
  4 83 f.
- künftiges Eigentümerrecht 4 83 f.
  Testamentsvollstrecker, Miterbenanteil
  1 35, 83
  Testamentsvollstreckung, Pfändung in
  Rechtsgemeinschaften 1 12, 83
  Titel
- Arresthypothek 6 8 f.
- Zwangssicherungshypothek 5 24 ff.

Übertragung
- Nachlassanteil 1 49 f.
- Nachlassgegenstand 1 51 ff.
Übertragungsrecht, Vorkaufsrecht
  2 42 ff.
Unbefristete Grundbuchbeschwerde,
  Zwangssicherungshypothek 5 109

Verfahrenskostenhilfe 5 15
Vergütung, Sequester 3 9
Verteilungserklärung
- Arresthypothek 6 19
- Zwangssicherungshypothek 5 67 ff.
Verwertung
- abgetretener Rückgewähranspruch
  4 143
- Altenteil 2 71
- Anwartschaftsrecht 3 64 f.
- beschränkte persönliche
  Dienstbarkeit 2 36 f.
- Bruchteilsgemeinschaft 1 160 ff.
- Dauernutzungsrecht 2 85 f.
- Dauerwohnrecht 2 85 f.
- Eigentümergrundschuld 4 62 ff.
- Eigentumverschaffungsanspruch
  3 64 f.
- Erbbauzins 2 82
- Fremdgrundschuld 4 55 f.

- Gesellschaft bürgerlichen Rechts
  1 124 ff.
- Hypothek 4 46
- Miterbenanteil 1 68 ff.
- Nießbrauch 2 17 f.
- Rückgewähranspruch 4 110 ff.
- subjektiv dingliche Reallast 2 60 ff.
- subjektiv persönliche Reallast 2 67
- Vorkaufsrecht 2 47
- Wiederkaufsrecht 2 95 f.
Verzicht auf die Grundschuld, Rück-
  gewähranspruch 4 128 ff.
Vollstreckung
- Arresthypothek 6 25 ff.
- Nachlassgläubiger 1 8
- Zwangssicherungshypothek
  5 111 f.
Vollstreckung im Todesfall, Schaubild
  1 18
Vollstreckungsbeschränkung, Zwangs-
  sicherungshypothek 5 97 ff.
Vollstreckungshindernis
- Insolvenzeröffnungsverfahren
  5 106
- Zwangssicherungshypothek
  5 101 ff.
Vollstreckungsorgan, Grundbuch
  5 1 ff.
Vollstreckungsvoraussetzung
- Arresthypothek 6 8 ff.
- Zwangssicherungshypothek 5 24 ff.
Vollziehungsfrist, Arresthypothek
  6 12 ff.
Vor- und Nacherbfolge, Miterbenanteil
  1 87 ff.
Voreintragung
- Arresthypothek 6 20
- Zwangssicherungshypothek 5 84 f.
Vorerbe, schuldnerischer Miterbe
  1 72 f.
Vorerbenanteil, Formulierungsvor-
  schlag für Pfändung 1 99

190

Stichwortverzeichnis

Vorkaufsrecht
- Formulierungsvorschlag für Pfändung 2 100
- Pfändung 2 45
- Sicherung der Pfändung 2 46
- Übertragungsrecht 2 42 ff.
- Verwertung 2 47

Vorläufige Eigentümergrundschuld 4 67 ff.

Vormerkung 2 87

Vorpfändung, Hypothek 4 43 f.

Währung, Zwangssicherungshypothek 5 34 f.

Wahlrecht des Gläubigers, Zwangssicherungshypothek 5 67 ff.

Wartefrist, Zwangssicherungshypothek 5 63

Wertersatz, beschränkte persönliche Dienstbarkeit 2 40

Widerrufsvergleiche 5 43

Wiederkaufsrecht 2 91 ff.
- Formulierungsvorschlag für Pfändung 2 105
- Pfändung 2 92 ff.
- Sicherung der Pfändung 2 92 ff.
- Verwertung 2 95 f.

Wirkung der Erfüllung des Rückgewähranspruchs, Schaubild 4 132

Wirkung der Erfüllung, Rückgewähranspruch 4 121 ff.

Wirkung der Pfändung, Gesellschaft bürgerlichen Rechts 1 108 ff.
- Rückgewähranspruch 4 115 ff.

Zinsen im Titel, Zwangssicherungshypothek 5 33 f.

Zug-um-Zug-Leistung, Zwangssicherungshypothek 5 60 ff.

Zugewinngemeinschaft, Bruchteilsgemeinschaft 1 141 ff.

Zustellung
- Arresthypothek 6 11
- Pfändungsbeschluss 1 34
- Zwangssicherungshypothek 5 41 ff.

Zustimmung des Ehegatten siehe Ehegattenzustimmung

Zwangshypothek, Ausfall-Zwangshypothek 5 13

Zwangssicherungshypothek
- Antragsrücknahme 5 21 ff.
- Belastungsgegenstand 5 6
- Checkliste 5 114
- Eintragungsantrag 5 6 ff.
- Eintragungshindernisse 5 97 ff.
- Fälligkeit 5 53 f.
- fehlende Verteilungserklärung 5 78 ff.
- Formulierungsvorschlag 5 113
- Grundbuch 5 1 ff.
- Grundbuchberechtigter 5 86 ff.
- Hausgelder 5 75 ff.
- Insolvenzeröffnungsverfahren 5 106
- Klausel 5 41 ff.
- Mindestgrenze 6 54 ff.
- Nachlassverwalter 5 92
- Rechtsbehelf 5 109
- Rechtsschutzinteresse 5 8 ff.
- Sicherheitsleistung 5 55 ff.
- Sicherungsvollstreckung 5 51
- Titel 5 24 ff.
- unbefristete Grundbuchbeschwerde 5 109
- Verteilungserklärung 5 67 ff.
- Vollstreckung 5 111 f.
- Vollstreckungsbeschränkung 5 97 ff.
- Vollstreckungshindernis 5 101 ff.
- Vollstreckungsvoraussetzung 5 24 ff.
- Voreintragung 5 84 f.
- Währung 5 34 f.

Stichwortverzeichnis

- Wahlrecht des Gläubigers 5 67 ff.
- Wartefristen 5 63
- Zinsen im Titel 5 30 f.
- Zug-um-Zug-Leistung 5 60 ff.
- Zustellung 5 48 ff.

Zwangsversteigerung, Hypothek 4 46

Zwangsverwalter, Sequesterbestellung 3 8

Zwangsweise Verwertung, Gesellschaft bürgerlichen Rechts 1 132 ff.
- Miterbenanteil 1 78 ff.

11. JUNI 2019

Im Lesesaal vom bis